湖南省社会科学成果评审委员会自筹资金课题
“近代湖南女训著作的整理与研究”（XSP19YBC100）结题成果

近代湖湘经典女训著作

《曾氏女训》《聂氏重编家政学》笺注

［清］刘　鉴　曾纪芬　著
阳海燕　唐红卫　笺注

湘潭大学出版社

出版说明

1. 此书中《曾氏女训》正文以光绪三十三年（1907）刊本为底本，参考光绪三十四年（1908）、民国元年（1912）、民国八年（1919）刻本等；《聂氏重编家政学》正文以光绪三十年（1904）刊本为底本。在校对标点时，对原书的异体字、避讳字、通假字、错字、衍字、漏字等进行了相关处理。

2. 生字生词均在每章第一次出现时注释，后面不再重复注释；且尽可能地把复杂、生僻的典故标明出处。对重要的地名、人物及晦涩难懂的字词进行出注，力求通顺、扼要。

3. 此书牵涉不少比较复杂、有争议的术语名词，虽然主观上希望尽可能注释清楚，但客观上限于学识、精力，仍有不少只能留待将来修订补充。

4. 此书的读者定位为中学及其以上文化基础的湖湘文化爱好者，所以注释稍显烦琐。

导　读

女训，又名女诫、闺范，是中国传统女性文化特别是女性伦理道德文化宝库中极其重要的部分，集中反映了中国传统社会对女性的礼教规范和言行准则。自从汉代班昭《女诫》面世以来，历代女训著作层出不穷。刘鉴编撰的《曾氏女训》、曾纪芬编撰的《聂氏重编家政学》是晚清的经典女训著作，涵盖了现代女子教育的全部内容，处处洋溢着现代女性教育的思想光辉，颇有价值。

刘鉴编撰《曾氏女训》3卷。刘鉴（1852—1930），女，字惠叔，又字慧卿，湖南长沙人。曾国藩之弟曾国荃的儿媳。出身官宦世家，曾祖、祖父、父亲三代考取进士五人，祖父刘权之历任礼部尚书、兵部尚书、军机大臣、协办大学士、体仁阁大学士、太子少保。幼承庭训，刘鉴诗词文赋样样俱工，琴棋书画无不涉及。嫁入曾家之后，综合曾家和刘家的家教优点，主持曾氏家族的子女教育，培养了一大批优秀人才。《曾氏女训》出版之后，风靡一时。民国四年（1915）湖南巡按使沈金鉴曾向国务院提出："有《曾氏女训》一书，理解详明，措词纯正，足以造就贤母良妻。可与曹大家之《女诫》相为表里，而尤切于近今世道用，拟编入女子修身家事等教科书中。"国务卿陆征祥批示："由政事堂批令交教育部查照办理。"传世版本有光绪三十三年（1907）、光绪三十四年（1908）、民国元年（1912）、民国五年（1916）、民国八年（1919）等刻本。

曾纪芬编撰《聂氏重编家政学》2卷。曾纪芬（1852—1942），女，号崇德老人，湖南湘乡县荷塘（今属双峰县）人。曾国藩的季女。幼承家学，工书，善诗文，后嫁给聂缉槼。曾纪芬嫁入聂家之后，综合曾家和聂家的家教优点，主持聂氏家族的子女教育，培养了一大批优秀人才。

我们辩证地借鉴学习中国古代女训的女德教育、家风培育、人才培养等多方面的优秀传统，将有助于女性教育、家风建设、道德文化建设等中国特色社会主义文化建设。

目　录

上编：《曾氏女训》笺注

下编：《聂氏重编家政学》笺注

上编：《曾氏女训》笺注

自　叙

历观[1]史册[2]记载，周[3]以阴礼[4]教六宫[5]，为王道[6]化行[7]之始；故二南[8]所歌，后夫人[9]则有《葛覃》[10]《卷耳》[11]之俭勤[12]，大夫妻[13]则有《采蘩》[14]《采蘋》[15]之敬慎[16]。当其时，徽音[17]所播，不仅行于里巷[18]乡闾[19]，而天下亦因之以治，妇德[20]之关系亦云大矣。迄[21]乎时代递嬗[22]，去圣邈远[23]，事实既不可求，仪型[24]寖及于坠[25]。且以“女子无才便是德”[26]之腐论[27]，汩[28]人性灵[29]、阻人进化，其害伊于胡底[30]？殊不知女子之失，非患有才；特患有才而不学、有才而不善所学。故同一教育，不能同一造就[31]。高之则为班左徐苏[32]，卑之则为鱼朱卓李[33]。彼流芳[34]、遗臭[35]之判，在自修与夫自弃，非才之误也。《诗》[36]有师氏[37]之告，《礼》[38]有姆教[39]之从；何可以少数悖道[40]之女，遂易视[41]巾帼[42]之众，致其不学无术[43]，忠不足以卫国、孝不足以事长[44]、慈不足以怀幼[45]、明不足以干家[46]。毕生程度惟在室累父母，出嫁累夫子[47]而已，可胜叹哉[48]？然而剥极必复[49]，物理之常；困而思亨[50]，人事之变。自戊戌[51]以还[52]，我中华建议维新[53]，遂有兴女学[54]、戒缠足[55]之盛举[56]创始于沪粤[57]，效法[58]遍行省[59]，吾女界[60]乃有读书之一日。不意[61]甲乙[62]之际，湘中二三女校未及毕业，又为当道[63]之压力所阻；虽热心教育家旋有家塾[64]之建，而攻新讦旧[65]，莫定从违[66]。鄙人[67]固陋[68]，兼困宿疾[69]；当立校之初，不能有所献替[70]。而况[71]既停之后，其能从事补苴[72]哉？但念诸孙女方当就学[73]之岁，无经籍[74]以闲[75]之，诚恐[76]弃本崇末[77]，歧途自误。不揣[78]荒疏[79]，拟编垫课[80]数则，以为陶冶[71]之助。而庸识浅见[82]，强事[83]操觚[84]，既昧知新[85]，又难温故[86]。爰[87]本先哲[88]遗规[89]，有贤女然后有贤妇，有贤妇然后有贤母，有贤母然后有贤子孙，三义细绎[90]成文。其他家常[91]琐屑[92]、无可征引[93]者，凭管见[94]臆说[95]以足之，敷衍[96]拉杂[97]在所不计[98]也。顾以二竖劳形[99]、双丸催暮[100]，作而复辍[101]者四。序于兹，迩者[102]顿惫[103]略起，乃屏器[104]伏案[105]，勉力[106]终篇[107]。分女范[108]、妇职[109]、母教[110]、家政[111]四门，凡十章，计一百二十四课，每课以二百字为率[112]，取其便于点读[113]。惟是[114]理朴[115]辞轻[116]，不足[117]鸣世用[118]。以《曾氏女训》署其笺，施之家庭、启迪[119]蒙幼[120]，或庶几[121]焉。所愿教之者，略文[122]释义[123]，俾知[124]取法将来于应尽之职，不致陨越[125]，则私衷[126]慰幸[127]，匪可[128]言宣[129]矣！

丁未[130]冬十月既望[131]，适湘乡曾氏、长沙刘鉴[132]书。

注

[1] 历观：逐一地看。[2] 史册：史书，记载历史的书籍。[3] 周：此处指周王朝（前1046—前256）。[4] 阴礼：旧时指

妇女应循守的礼仪。[5] 六宫：古代皇后的寝宫有正寝一、燕寝五，合为六宫；借指后妃及其所住的地方。[6] 王道：儒家提出的一种以仁义治天下的政治主张，与霸道相对。[7] 化行：教化施行。[8] 二南：指《诗经》中的《周南》《召南》。周南是周公统治下的南方地域，召南是召公统治下的南方地域，二南包括长江、汉水、汝水流域的诗歌。[9] 后夫人：生卒年、家世不详，周宣王姬静的宠妃。后夫人有美色，得到周宣王的专宠。周宣王每天在她的房里早睡迟起、疏于政事，姜后通过傅母去批评她。后来不仅使周宣王发愤勤政，后夫人也改过。以后，周宣王召幸时，听到鸡啼，由乐师击鼓报晓，后夫人听到鼓声即起身，并催周宣王起床，成为周朝宫闱的美谈。[10]《葛覃》：《诗经·周南》中的一首诗。古代学者多认为诗中的女子是一位妇德、妇言、妇容、妇功俱佳的后妃，诗写后妃出嫁前的准备，赞美她的美德，视为实施道德教化的经典之作。近现代学者认为此诗为一首描写女子准备回家探望爹娘的诗，叙述她在采葛制衣时看见黄雀聚鸣而引起与父母团聚的企望，在得到公婆及丈夫的应允后就告诉了家里的保姆，开始洗衣，整理行装，准备回娘家。近现代学者理解这首诗为劳动人民的诗歌。[11]《卷耳》：《诗经·周南》中的一首诗，写一位女子在采集卷耳的劳动中想起了她远行在外的丈夫，想象他在外经历险阻的各种情况；《毛诗注疏》曰：“《卷耳》，后妃之志也，又当辅佐君子，求贤审官，知臣下之勤劳。内有进贤之志，而无险诐私谒之心，朝夕思念，至于忧勤也。”[12] 俭勤：节俭而勤劳。[13] 大夫妻：卿大夫的妻子。[14]《采蘩》：《诗经·召南》中的一首诗，是一首反映人们为祭祀而劳作的诗。主要叙写为采办祭祀所需的用来燎烧的蒿草，主人公大费周章地去寻找和采办的经过及完成祭祀过程的辛劳。《毛诗序》曰："采蘩，夫人不失职也。夫人可以奉祭祀，则不失职矣。"是以为此乃贵族夫人自咏之辞，说的是尽职"奉祭祀"之事。［15］《采蘋》：《诗经·召南》中的一首诗，描述了女子采摘蘋草、水藻，置办祭祀祖先等活动，真实记载了当时女子出嫁前的一种风俗。古代学者受"诗教"的影响，根据《礼记·昏义》"古者妇人先嫁三月，祖庙未毁，教于公宫；祖庙既毁，教于公室。教以妇德、妇言、妇容、妇功。教成之祭，牲用鱼，芼之以蘋藻，所以成妇顺也"，认为是贵族之女出嫁前去宗庙祭祀祖先的诗。例如《毛诗序》云："《采蘋》，大夫妻能循法度也。能循法度，则可以承先祖、共祭祀矣。"［16］敬慎：恭敬而谨慎。［17］徽音：令闻美誉，多用于形容女子美德。［18］里巷：街头巷尾。［19］乡闾：古以二十五家为闾，一万二千五百家为乡，因以"乡闾"泛指民众聚居之处；借指家乡，故里。［20］妇德：妇女的德行。［21］迄：到。［22］递嬗：依次更替，逐步演变。［23］去圣邈远：相去圣人久远。邈远：久远，遥远。［24］仪型：楷模，典范。［25］寖及于坠：渐渐至于败坏。［26］女子无才便是德：妇女无须有才学，只需有顺从丈夫的妇德。［27］腐论：迂腐的言论。［28］汩：沉没。［29］性灵：天性灵智，泛指人的精神、思想、情感等内心的感受。［30］伊于胡底：到什么地步为止（对不好的现象表示感叹）。语本《诗经·小雅·小旻》："我视谋犹，伊于胡底？"［31］造就：培养使有成就。［32］班左徐苏：班昭、左芬、徐惠和苏蕙。班昭（约 49—约 120）：一名姬，字惠班，扶风安陵（今陕西咸阳）人，班彪之女，班固、班超之妹，曹世叔（名寿）妻。早寡，续成《汉书》。皇帝数召入宫，令皇后、贵人师事，号曰曹大家。著有《女诫》七篇，流传颇广。左芬（约253—300）：字兰芝，齐国临淄（今山东临淄）人。左思之妹。少好学，善属文。晋武帝司马炎听闻，纳入后宫，后进封为贵嫔，世称左嫔妃。著有文集，已失传。徐惠（627—650）：湖州长城（今浙江省长兴县）人。年少时便才华出众，唐太宗听说后，纳入后宫。贞观后期曾上疏极谏，剖析常年征伐、大兴土木之害。太宗驾崩之后，哀慕成疾而病逝，被追封贤妃，陪葬昭陵石室。苏蕙：字若兰，前秦时期女诗人，后嫁于秦州刺史窦滔。回文诗之集大成者，传世之作仅一幅用不同颜色丝线绣制的织锦《璇玑图》。［33］鱼朱卓李：鱼玄机、朱淑真、卓文君和李清照。鱼玄机（844—866）：初名鱼幼微，字蕙兰。长安（今西安）鄠杜人。性聪慧，有才思，好读书，尤工诗。咸通初嫁于李亿为妾，被弃。咸通七年（866）进咸宜观出家，改名鱼玄机。著有《鱼玄机集》传世。卓文君：本名卓文后，西汉时期蜀郡临邛（今四川省邛崃市）人。卓文君姿色娇美，通音律，善抚琴。寡后寄居父家，与司马相如私奔，所著《白头吟》诗句“愿得一心人，白头不相离”流传至今。李清照（1084—1155）：北宋齐州章丘（今山东章丘）人，居济南。出身于书香门第，擅长诗词，出嫁后与丈夫赵明诚共同致力于书画金石的搜集整理，有“千古第一才女”之称。赵明诚死后，李清照再嫁，颇受非议。［34］流芳：流传美名。［35］遗臭：流传恶名。［36］《诗》：此处指《诗经》，现存的最早的一部诗歌总集，收集了西周初年至春秋中叶（前11世纪至前6世纪）的诗歌。相传经过孔子的整理，成为儒家的经典。［37］师氏：周代官名，掌辅导王室、教育贵族子弟以及朝仪得失之事。

借指学官或教师。[38]《礼》：此处指《礼记》，成书于汉代，为西汉礼学家戴圣所编，是中国古代一部重要的典章制度选集，成为儒家的经典。[39]姆教：女师传授妇道于女子。[40]悖道：悖逆道德。[41]易视：轻视。[42]巾帼：古代妇女的头巾和发饰，借指妇女。[43]不学无术：没有学问，因而没有办法。[44]事长：事奉长辈。[45]怀幼：安抚幼儿。[46]干家：当家。[47]夫子：此处指丈夫。[48]可胜叹哉：岂能感叹得尽？[49]剥极必复：剥卦阴盛阳衰，复卦阴极而阳复；比喻物极必反，否极泰来。[50]困而思亨：困窘至极则思考而转向通达。[51]戊戌：戊戌（1898）变法。 [52]以还：以后，以来。[53]维新：施行善政而新获天命，常指变旧法、行新政。[54]女学：女子学校。[55]缠足：中国古代的一种陋习，是用布将女性双脚紧紧缠裹、使之畸形变小。[56]盛举：盛大的举动，大规模的、隆重的活动。[57]沪粤：上海和广东。[58]效法：学习，模仿。[59]行省：中国古代的一级行政区划单位，可简称为“省”。[60]女界：女性世界，对妇女的总称。[61]不意：不料，意想不到。[62]甲乙：引申为称誉，赞扬。[63]当道：居要位，指掌握政权的人。[64]家塾：旧时请老师到家里来教授自己子弟的私塾。[65]攻新讦旧：攻击新学，告讦旧学。[66]莫定从违：不可确定依从或违背。[67]鄙人：鄙陋、卑贱的人，常为自己的谦称。[68]固陋：见闻浅陋。[69]宿疾：旧病，一向有的病。[70]献替：“献可替否”的省略，进献可行者，废去不可行者。[71]而况：何况。[72]补苴：补缀、缝补，引申为弥补缺漏。[73]方当就学：将要上学。[74]经籍：经书典籍，泛指图书。[75]闲：同“娴”，熟习，通晓。[76]

诚恐：唯恐，只怕。［77］弃本崇末：放弃最重要的根本部分，而去追求细端末节。［78］不揣：不自量，多用作谦词。［79］荒疏：因缺乏练习而生疏。［80］垫课：临时的课本。［81］陶冶：烧造陶器、冶炼金属，比喻修养品格、对人的性格和思想进行培养。［82］庸识浅见：庸俗短浅的见识。［83］强事：勉强地从事。［84］操觚：执笔写作。觚：木简，古人在木简上写字。［85］既昧知新：既愚昧不懂获得新知识。［86］温故：温习旧知识。［87］爰：于是。［88］先哲：先世的贤人。［89］遗规：以前遗留下来的法度、规则。［90］䌷绎：抽引、理出丝缕的头绪。［91］家常：寻常，普通。［92］琐屑：细小、琐碎的事情。［93］无可征引：没有引证文献。［94］管见：管中窥物，比喻所见浅小，多用为自己意见的谦词。［95］臆说：只凭主观私见而毫无根据的谈论。［96］敷衍：办事不切实，仅顾表面应付、应酬。［97］拉杂：不论好坏，都同样处理。［98］在所不计：无论如何不计较。［99］二竖劳形：疾病劳累形体。二竖：语本《左传·成公十年》："公疾病，求医于秦，秦伯使医缓为之，未至，公梦疾为二竖子，曰：'彼良医也，惧伤我，焉逃之?'其一曰：'居肓之上，膏之下，若我何?'"后借指病魔、疾病。［100］双丸催暮：日月催促时光。双丸：两个弹丸，借指日月。语出元代朱德润《题陈直卿一碧万顷》诗："日月双丸吐，江山万古愁。"［101］作而复辍：写作而又停止。辍：停止。［102］迩者：近来。［103］顿惫：困顿疲惫。［104］屏嚣：屏蔽吵闹。［105］伏案：趴在桌子上（读书、写字、作文）。［106］勉力：尽力，努力。［107］终篇：写完或读完一篇文章。［108］女范：女性的仪范。［109］妇职：妇女的职责。［110］母教：母亲对子女的教育。[111] 家政：家庭事务的管理工作。[112] 为率：作为表率、模范。[113] 点读：标点并朗读。[114] 惟是：只是。[115] 理朴：道理朴实。[116] 辞轻：文辞轻松。[117] 不足：不能，不可以。[118] 世用：为世所用。[119] 启迪：启发开导。[120] 蒙幼：蒙昧幼稚的儿童。[121] 庶几：表示希望的语气词，或许可以。[122] 略文：简要的叙述。[123] 释义：解释文义。[124] 俾知：使知道。[125] 陨越：颠坠，丧失。[126] 私衷：内心。[127] 慰幸：非常欣慰。[128] 匪可：不可，不能。匪：非，不。[129] 言宣：表达，表白。[130] 丁未：此处指1907年丁未岁。[131] 既望：阴历每月十五为望，十六为既望。[132] 刘鉴（1852—1930），字惠叔，湖南长沙人。刘若珪之女，曾国荃次子曾纪官之妻。生长于数代书香门第、官宦世家，幼时受过良好的家学教育，诗词文赋、琴棋书画均有涉猎，享有才女的美誉；后承担起曾氏家族几房子孙教育的重任，对于曾氏后裔成才起了重要作用。

总　论

无论居何等[1]时代，吾女子具国民母之资格，分所当尊[2]也明矣，而反卑之者，何哉？或归咎[3]于失学也。今既兴学矣，不闻进行之褒，而有流弊[4]之毁，或亦教育之根本未善欤[5]？夫男女虽殊，秉性[6]则一。有刚强，有柔懦[7]。刚强者则志远大，柔懦者则志细微。吾女子但能兴家计[8]以培国本[9]，家兴而国自强；储材器[10]以挽世风[11]，材储而世自治。由细微而跻[12]远大，尚得以柔懦目之耶？顾书既脱稿[13]，客或讯[14]之，曰："当斯翻新逞异[15]之秋，乃袭拘迂腐旧[16]之说；姑毋论[17]社会之用舍[18]，即子之家人子姓[19]果能遵循不越乎？"曰："七年蓄艾，用治三年之疾[20]。不差胜[21]，艾之不蓄耶？"不积跬步，无以至千里[22]。不积细流，无以成江河[23]。见果思因[24]，种因得果[25]，终将达其目的耳！"曰："然则女学日新矣！女德日进矣！女权亦有发达之会乎？"曰："是未之敢必[26]，或亦在理想之间欤？盖妇道[27]修，则姑与夫有惠爱[28]而无苛求[29]，压制之风气除矣。母教立，则子若女有智勇[30]而无颓惰[31]，国民之人格胜矣。学业充，则遇事敢为、当仁不让[32]，男女之抱负[33]均矣。工艺娴，则有恃于己、无仰于人，尊卑之分位敌矣。夫然后家益完全之福，国涤半教之羞。道德之自由，知思之平等，不几[34]合乾元[35]为一气乎？鉴也不才[36]，未问而强立知，不足与斯文[37]并轨[38]。一得之愚[39]，或蒙我二万万[40]同胞刍荛[41]之采，固非[42]始愿[43]所及，亦实企予[44]望之耳。”

注

[1] 何等：什么样的。[2] 分所当尊：本分以内所应该尊敬。[3] 归咎：归纳总结过错原因。归：合并，归纳。咎：过失，罪过。[4] 流弊：某事引起的坏作用。[5] 欤：文言句末语气助词，表示疑问、感叹、反诘等语气。[6] 秉性：本性，先天秉有的性情。[7] 柔懦：优柔懦弱。[8] 家计：家庭的生计。[9] 国本：国家的根本。[10] 材器：才能与器识。[11] 世风：社会风气。[12] 跻：上升。[13] 脱稿：著作完成。[14] 讯：询问。[15] 翻新逞异：从旧的变出新的，炫耀奇异。[16] 拘迂腐旧：拘执迂腐，腐败陈旧。[17] 姑毋论：姑且不论，暂且不论。[18] 用舍：使用和舍去。[19] 子姓：子孙。[20] 七年蓄艾，用治三年之疾：本指蓄藏多年之艾以治久病，后比喻应长期积蓄以备急用。语本《孟子·离娄上》：“今之欲王者，犹七年之病求三年之艾也；苟为不畜，终身不得。”[21] 差胜：稍微超过。[22] 不积跬步，无以至千里：不积累一步半步的行程，就没有办法达到千里之远。[23] 不积细流，无以成江河：不积累细小的流水，就没有办法汇成江河大海。[24] 见果思因：佛教术语，见到结果而思考原因。[25] 种因得果：佛教术语，种下何种因缘，必得相应之后果。[26] 未之敢必：不能肯定必然。[27] 妇道：妇人应遵守的道德规范。[28] 惠爱：仁爱。[29]

苛求：过严地要求。[30] 智勇：智谋与勇敢。[31] 颓惰：衰颓怠惰。[32] 当仁不让：原指以仁为任，无所谦让；后指遇到应该做的事就积极主动去做，不推让。[33] 抱负：远大的志向、理想。[34] 不几：没有希望，不可希求。几：通“冀”。[35] 乾元：乾之元，即是天道伊始之意。[36] 不才：没有才能的人，常用作对自己的谦称。[37] 斯文：礼乐制度教化。[38] 并轨：两车并排行进，引申指两种或两种以上的事物同时存在。[39] 一得之愚：谦辞，称自己对某一问题的一点见解。[40] 万万：一万个万，亿。[41] 刍荛：割草砍柴，谦称自己是草野鄙陋的人。[42] 固非：原非，本来就不是。[43] 始愿：最初的愿望。[44] 企予：伫立。企：踮起脚。予：犹“而”，助词。

第一章　女范篇·修身十课

修身者，齐家[1]之本，达道[2]之阶。古人申之、述之，为后学[3]之劝也详矣。女子秉质[4]虽殊，行己[5]则一阃[6]以内，正伦理[7]、广开化[8]、懔贞操[9]、崇俭德[10]，皆其任也。特摭拾[11]绪余[12]，以为模范。诚能率由[13]不倍[14]，惩骄惰[15]而严礼法[16]；贻罹[17]之虑，庶乎[18]免矣。

注

[1] 齐家：治家。[2] 达道：明白、彻悟道理。[3] 后学：后来的学人。[4] 秉质：受于自然的资质。[5] 行己：立身行事。[6] 阃：门槛，借指妇女居住的内室。[7] 正伦理：端正伦理道德。[8] 广开化：推广教化。开化：启发教化。[9] 懔贞操：戒惧女子不失身、不改嫁的封建社会道德观念。懔：戒惧，警惕。[10] 崇俭德：推崇节俭的美德。[11] 摭拾：收取，采集。[12] 绪余：抽丝后留在蚕茧上的残丝，借指事物之残余或主体之外所剩余者。[13] 率由：遵循，沿用。[14] 不倍：不背叛，不背弃。倍：通“背”。[15] 骄惰：骄纵怠惰。[16] 礼法：礼仪法度。[17] 贻罹：留下忧患。[18] 庶乎：几乎，差不多，将近。

第一课　严幼学

昔所望于女子者，有韫椟[1]之贞，无厉阶[2]之失：议酒食、供祭祀、备缝纫而已。今则以国家之贫弱系，人才之消长用；求正本清源[4]之道，为强国保种之策，女子之责乃重矣。非借图史[5]之告戒，师保[6]之裁成[7]，而克任其艰巨哉？斯幼学[8]之不可不严也！昔宋儒言教女之道，六岁始习女红[9]之小者，七岁诵读，九岁讲解，亦小学、大学之次第[10]也。但女子及笄而字[11]，志学[12]之年已不若男子之宽展[13]，又须为阃政[14]之预备；故尤当及时努力，以速其成。将来由女而妇，由女而母，纵不足补偏救敝[15]；而家庭之部署[16]，亦必有可观也。

注

［1］韫椟：把东西放在柜子里藏起来。语本《论语·子罕》："有美玉于斯，韫椟而藏诸，求善贾而沽诸？"［2］厉阶：祸端、祸患的来由。［3］消长：增减，盛衰。［4］正本清源：从根本上整顿，从源头上清理。比喻从根源上加以整顿清理。［5］图史：图书和史籍。［6］师保：古时任辅弼帝王和教导王室子弟的官，有师有保，统称"师保"。［7］裁成：栽培，教育而成就之。［8］幼学：幼时的学业。语本《礼记·曲礼上》："人生十年曰幼学。"郑玄注："名曰幼，时始可学也。"因称十岁为"幼学之年"。［9］女红：女子所做的针线、纺织、刺绣、缝纫等工作。

[10] 次第：次序，顺序。[11] 及笄而字：十五岁以后出嫁。及笄：古代汉族女子满15周岁结发，用笄贯之。字：许配，出嫁。[12] 志学：致力于学习。 [13] 宽展：宽大舒展，宽裕。[14] 阃政：妻子掌管的家政。[15] 补偏救敝：弥补偏差，救治弊病。偏：偏差，不正确。弊：毛病，害处。[16] 部署：安排，布置。

第二课 循礼教

夫女子之德，必循礼[1]率教[2]，始为可称。故昔人[3]女训诸书，幼则有同席之戒，长则有夜行之规。且无论群居[4]索处[5]，必时时检束[6]。心不欲为耳目所变，迹不欲为中外所疑。行修而言道[7]，何有越矩[8]之虑哉？昔鲁敬姜不逾阈而与季孙言[9]，齐贞姜不弃约而从使者行[10]，不为今日之借镜[11]乎？况家庭之内，止于孝事尊长[12]、友让昆弟[13]、庄临婢仆[14]、恭接姻娅[15]，尤分所应为[16]，非有奇特者。《曲礼》[17]曰："道德仁义，非礼不成。教训正俗，非礼不备。"际此[18]风气翻新、科学传习，不无异同，是在慎思明辨[19]，以合修身之道焉。

注

[1] 循礼：遵守礼法。[2] 率教：遵从教导。[3] 昔人：古人，前人。[4] 群居：成群聚居，众人共处。[5] 索处：独居，单处。[6] 检束：检点约束。[7] 行修而言道：行为有修

养，说话有道理。[8] 越矩：超越规矩。[9] 鲁敬姜不逾阈而与季孙言：鲁敬姜不跨出门槛和侄孙季康子谈话，从而避嫌疑。事迹载刘向《列女传》："鲁季敬姜者，莒女也。号戴已。鲁大夫公父穆伯之妻、文伯之母，季康子之从祖叔母也。……康子尝至敬姜，辟门而与之言，皆不逾阈。" [10] 齐贞姜不弃约而从使者行：齐贞姜不背弃约定而从使者行以逃命，从而守义死节。事迹载刘向《列女传》："贞姜者，齐侯之女，楚昭王之夫人也。王出游，留夫人渐台之上而去。王闻江水大至，使使者迎夫人，忘持符，使者至，请夫人出，夫人曰：'王与宫人约令，召宫人必以符。今使者不持符，妾不敢从使者行。'使者曰：'今水方大至，还而取符，则恐后矣。'夫人曰：'妾闻之：贞女之义不犯约，勇者不畏死，守一节而已。妾知从使者必生，留必死。然弃约越义而求生，不若留而死耳。'于是使者反取符，还则水大至，台崩，夫人流而死。王曰：'嗟夫！守义死节，不为苟生，处约持信，以成其贞。'乃号之曰贞姜。" [11] 借镜：借他人言行以作为自己的警戒。[12] 孝事尊长：孝顺地侍奉尊贵的长辈。[13] 友让昆弟：友好地谦让兄弟。[14] 庄临婢仆：严肃地对待男女奴仆。[15] 恭接姻娅：恭敬地接待姻亲。[16] 分所应为：本分以内所应该做的事。[17]《曲礼》：指具体细小的礼仪规范，《礼记》的一部分。[18] 际此：适逢这种时候。[19] 慎思明辨：谨慎地考虑并且分辨清楚。

第三课　孝父母

《礼》：“子事父母，如事舅姑[1]。”盖女子有三从[2]之义，在家以父母为重，出嫁以舅姑为尊。然十五、二十即近笄年，是事舅姑之日长、奉庭闱[3]之日短也。《诗》云：“哀哀父母，生我劬劳[4]。”为人子者，兴思[5]及此，曷容[6]懈怠[7]？且一旦于归[8]，若居址相近者，犹得时常省视[9]、稍遂瞻依[10]。或道阻且长者，匪特[11]平时艰于往返；即父母遇疾相招，非尊亲[12]之待养，抑孕育之羁身[13]，趋赴[14]不能，徒劳魂梦。以故为女子者，必于未嫁之时竭尽其道，已嫁则滞碍多端、殊难自主。总之，作女必端庄[15]婉顺[16]，以承父母之志；作妇必温恭[17]贤孝[18]，以增父母之光，斯谓能事矣。

注

[1] 舅姑：夫之父母，俗称公婆。[2] 三从：幼从父、嫁从夫、夫死从子。[3] 庭闱：内舍，多指父母居住处。[4] 哀哀父母，生我劬劳：可怜的爹和娘，生养我们子女非常辛劳。劬劳：劳苦，辛劳。[5] 兴思：思考，构思。[6] 曷容：怎么容得。[7] 懈怠：松懈懒惰。[8] 于归：女子出嫁。语本《诗经·周南·桃夭》：“之子于归，宜其室家。”[9] 省视：看望，探望。[10] 瞻依：瞻仰依恃，表示对尊长的敬意。[11] 匪特：非特，不仅，不但。[12] 尊亲：敬称自己的父母。语出《孟子·万章

上》："孝子之至，莫大乎尊亲。"［13］羁身：困身，因故不能分身。［14］趋赴：奔赴，前往。［15］端庄：端正庄重。［16］婉顺：温柔和顺。［17］温恭：温和恭敬。［18］贤孝：贤惠孝顺。

第四课　敬兄嫂

兄弟自小相亲，无不相爱者。嫂则来自他姓，较兄弟则疏薄[1]矣。且好尚每殊[2]，性质各别。求其情义相孚[3]，盖已难矣。况为小姑者，每倚亲庭[4]爱护，不免妄自尊大[5]。小有不合，生嫌隙[6]。明或逞其压力，暗或施其谗谮[7]。姑嫂离心，则兄弟不协，亦世俗之常情也。殊不知继父母而亲我者，兄嫂也。岂宜恃眼前城社[8]，伤后日松萝[9]？故贤达[10]之女，知礼兄必不慢嫂。视嫂能得母心，则不生忌刻[11]；不得母心，则善为周旋。若此之行，匪独[12]姑嫂谊合、手足情亲，而嫂之姻戚[13]感其淑德[14]，亦必嘉悦[15]颂扬[16]，名誉亦称矣。

注

［1］疏薄：疏远淡薄。［2］好尚每殊：爱好和崇尚每每不一样。［3］相孚：相符。［4］亲庭：父母。［5］妄自尊大：形容人过分狂妄地夸大自己，以为自己了不起，轻视别人。［6］嫌隙：因猜疑或不满而产生的隔阂、仇怨。［7］谗谮：恶言中伤。［8］城社：比喻靠山（含贬义）。［9］松萝：女萝，地衣门植

物，体呈丝状，直立或悬垂，灰白或灰绿色，基部多附着在松树或别的树的树皮上。借指女性出嫁之后与娘家的依附关系。[10]贤达：贤能通达之人，有才德、声望的人。[11]忌刻：为人刻薄善妒。[12]匪独：不单是，不只是。[13]姻戚：姻亲。[14]淑德：美德，贤德。[15]嘉悦：高兴并赞许。[16]颂扬：称颂褒扬。

第五课　兼德业

凡今之人，勉女子之德则淑慎[1]温良[2]；授女子之业则缝纫纺绩，不及其他也。而征诸典籍，如卫夫人[3]之书、管夫人[4]之画、宋尚宫[5]之文学、谢道韫[6]之词章、平阳主[7]之娘子军、朱序母[8]之夫人城，皆女子中之允文允武[9]、历历可稽[10]者。以此类推，吾女子既具敏慧之资、专一之性，苟能[11]善干造就，虽未敢颉颃[12]古媛[13]，亦自可别于庸俗。惟当体认[14]真切，总期不悖[15]先王[16]之礼法与姆师[17]之典训[18]，德必可以风世[19]，业必可以造家。古人云："王化始于闺门[20]，家人利在女贞[21]。"果于幼时即修省[22]振作[23]，以后之进步，容有限量[24]哉？

注

[1]淑慎：贤淑谨慎。[2]温良：温和善良。[3]卫夫人：(272—349)，本名卫铄，字茂漪，河东安邑（今山西夏县）人。

晋代书法家，“书圣”王羲之的书法老师。[4] 管夫人：即管道昇（1262—1319），字仲姬，浙江德清人，一说华亭（今上海松江）人。元代著名的书画家。嫁赵孟頫为妻，封吴兴郡夫人，世称管夫人。擅画墨竹梅兰。[5] 宋尚宫：即宋若昭（？—825），清阳贝州（今河北清河）人。出身儒学世家，擅诗文。唐穆宗召入宫，掌管六宫文学，教导诸皇子公主，曾任职尚宫，故称宋尚宫。[6] 谢道韫：字令姜，陈郡阳夏（今河南省太康县）人。宰相谢安的侄女，嫁王羲之次子王凝之。颇有文才，所著诗、赋、诔、讼，流传于世。凭借“未若柳絮因风起”的咏雪故事，人称“咏絮之才”。[7] 平阳主：（？—623），陇西狄道（今甘肃省临洮县）人。唐高祖李渊第三女。才识胆略过人，大业末年为了策应晋阳起兵，聚拢关中豪杰，发动司竹起兵，统领“娘子军”建功立业，挑选精兵与李世民会师于渭河北岸，共同攻破长安。唐朝建立后，册封平阳公主。[8] 朱序母：东晋名将朱焘之妻、朱序之母韩氏，朱序守襄阳时，曾因城墙西北角不够坚固，率妇女筑补助城“夫人城”，协助晋兵防守。[9] 允文允武：形容既能文又能武。[10] 历历可稽：清楚明白地可以考察。[11] 苟能：假如能够。[12] 颉颃：泛指不相上下，相抗衡。[13] 古媛：古代的名媛淑女。[14] 体认：体会，认识。[15] 不悖：不相冲突。[16] 先王：古代圣王。[17] 姆师：古时以妇道教女子的女师。[18] 典训：准则性的训示。[19] 风世：劝勉世人。[20] 王化始于闺门：国王良好的教化是出自女子的门户，是母亲教导的。王化：天子的教化、德化。闺门：宫苑、内室的门，妇女所居之处。[21] 家人利在女贞：家庭的利益和谐是从女子的贞静、贞洁开始的。[22] 修省：修身反省。[23] 振作：使精神饱满，情绪高昂。[24] 限量：限定止境。

第六课　习勤劳

夫女子未嫁，虽无井臼[1]之责；而服劳[2]习勤[3]之义，则不可不尽。常见女子在室，每自居以客，而父母亦客之。养就娇痴[4]，不知庶务[5]，非所宜也。善教女者，匪惟[6]日常工作不可苟简[7]；行有余力，尚当[8]挈之左右，藉参家政。如理出纳[9]则使助书算[10]，近庖厨[11]则使助烹饪，执麻枲[12]则使助纺绩，制衣服则使助缝纫。味孔子"爱之，能勿劳乎[13]"之旨。当执务[14]之际，宁数数[15]休之，不使安于颓惰[16]。盖人心一惰，万事废弛[17]。美质[18]且暴弃[19]矣，遑问[20]其余乎？昔鲁文伯之母[21]尝言："瘠土之民劳，劳则思，思则善心生。"足见"勤"之一字，不独兴家，兼可养德也。

注

[1] 井臼：汲水舂米，泛指操持家务。[2] 服劳：服侍效劳。[3] 习勤：习惯勤劳。[4] 娇痴：天真可爱而不解事。[5] 庶务：各种事务。[6] 匪惟：非但，不只，不是。[7] 苟简：苟且简单。[8] 尚当：尚且应当。[9] 出纳：财物的收入和支出。[10] 书算：书写和计算。[11] 庖厨：厨房。[12] 麻枲：麻的种植、纺绩之事。[13] 能勿劳乎：能够不付出操劳吗？[14] 执务：操持，担任。[15] 数数：多次，屡次。[16] 颓惰：衰颓怠

惰。[17] 废弛：荒废，衰败。[18] 美质：美好的品质。[19] 暴弃：自暴自弃。[20] 遑问：不必问及。[21] 鲁文伯之母：即鲁季敬姜，鲁大夫公父穆伯之妻、文伯之母。

第七课　简妆饰

凡贵家女子，当少小之年，居覆育[1]之下，父母爱如拱璧[2]，兄弟礼若嘉宾，饰选珍奇，衣裁纨绮[3]，逞异翻新，无求不遂。古人有言："既为象箸[4]，必为玉杯，象箸玉杯必将食熊蹯豹胎[5]，固势使然[6]也。"女子所关，虽不若斯重大；但无厌之索[7]、骄纵[8]之性既具，华簪[9]丽服必思游山玩水、炫耀于人，亦情所恒有也。勿谓妆饰之微，不关紧要。一人作俑[10]，诸人效尤[11]。耗费金钱，侈靡[12]风俗，实为家政之蠹[13]。昔明德马皇后[14]有言："吾为天下母，身服大练[15]，食不求甘；左右但着布帛[16]，无香薰之饰者，欲以身率下[17]也。"女子欲修俭德，可弗服膺[18]斯语耶！

注

[1] 覆育：抚养，养育。[2] 拱璧：两手合抱的大块璧玉，比喻非常珍贵的宝物。[3] 纨绮：精美的丝织品。[4] 象箸：象牙制作的筷子。[5] 熊蹯豹胎：熊掌和豹的胎儿，借指珍奇的食品。[6] 使然：使其如此。[7] 无厌之索：无法满足的索求。索：索求。厌：满足。[8] 骄纵：骄傲放纵。[9] 华簪：华贵的

冠簪。[10] 作俑：首开恶例。俑：古代制造陪葬用的偶像。[11] 效尤：仿效坏的行为。[12] 侈靡：铺张奢侈。[13] 蠹：蛀虫，引申以喻侵蚀或消耗财富的人或事。[14] 明德马皇后：马氏（1332—1382），南直隶凤阳府宿州（今安徽宿州）人。滁阳王郭子兴的养女，明太祖朱元璋的结发妻子。勤俭持家，以身作则，慈德昭彰。[15] 大练：粗帛，粗糙厚实的丝织物。[16] 布帛：丝、麻、棉织物的总称。[17] 以身率下：以自身为下属表率。[18] 服膺：衷心信服，铭记在心。

第八课　娴艺术

夫商业之发达，半资工业之竞争。以环球[1]之广，四万万人民之众，女子实居其半。既与男子具平等之智识[2]，自不难求平等之艺术，而但坐食[3]投闲[4]，贻[5]丈夫内顾[6]之忧，则家何由兴？家不兴，则国何由富？足见女子不学，匪独一身之害；其影响且由家而波及一国，可勿慎与？昔之女子，除织纴[7]缝裳之外，躬操井臼[8]而已。今之女校，有书算[9]、格致[10]、图画、舆地[11]，有裁缝、刺绣、编织、造花，更有乐歌以涵养其德性[12]，体操以发育其精神。果能娴习[13]不懈，专精一艺已足自强。而况[14]兼行并进，日盛月新，何患生存之无术哉？

注

[1] 环球：全世界。[2] 智识：智力，识见。[3] 坐食：

不劳而食。[4] 投闲：置身于清闲境地。[5] 贻：遗留。[6] 内顾：旧时形容没有妻子，身在外又要顾虑家事。[7] 织纴：织作布帛。[8] 躬操井臼：亲自操持家务。井臼：汲水舂米，泛指操持家务。[9] 书算：书写算数。[10] 格致：清朝末年讲西学的人用它做物理、化学等自然科学的总称。[11] 舆地：地理。[12] 德性：道德品性。[13] 娴习：熟习。[14] 而况：何况。

第九课　禁嬉游

《礼》："女子十年不出[1]，所以严内外、慎行止[2]也。"盖女非妇，若既无馌耕[3]之举，又无出汲[4]之劳。故宜及日乎闺门之内，当定省[5]之余，针黹[6]之暇；或习书数[7]，或助庖厨。体亲心[8]而全女德，无过是[9]也。切勿[10]浓妆艳服[11]，今日驱车，明朝泛桌[12]，受人指摘[13]，致损门楣[14]。况当广兴女学之时？凡我巾帼，已有自强机会。不惟对于家庭有应谋之生计，即对于世界亦有当尽之义务。纵令[15]焚膏继晷[16]，犹恐[17]年不我待[18]。而顾可玩景涉园[19]，以旷其光阴乎？曹大家[20]有云："无聚会群辈[21]，无看视[22]门户，亦示禁之谓也。"

注

[1] 女子十年不出：女孩子长到十岁，就不能像男孩子那样外出。[2] 行止：行动，活动。[3] 馌耕：为耕作者送饭。[4] 出汲：出外汲水。汲：从井里打水，取水。[5] 定省：子女早晚

向亲长问安。[6] 针黹：缝纫、刺绣等针线工作。[7] 书数：书写算数。[8] 亲心：亲人之心。[9] 无过是：不外乎此，没有胜过这。[10] 切勿：务必不要。[11] 浓妆艳服：形容妇女打扮得十分艳丽。[12] 泛枲：泛舟游玩。[13] 指摘：指责，批评。[14] 门楣：门户上的横木。旧时富贵之家门楣高大，因以“门楣”喻门第。[15] 纵令：即使。[16] 焚膏继晷：点燃灯烛来接替日光照明，形容夜以继日地勤奋学习、工作等。膏：油脂，指灯烛。晷：日影，日光。[17] 犹恐：仍然担心。[18] 年不我待：年岁不会等待我们，指要珍惜并充分利用时间。[19] 玩景涉园：游玩景点，跋涉园林。[20] 曹大家：即班昭（约45—约117），字惠班，扶风安陵（今陕西省咸阳市）人。班固、班超之妹，曹世叔之妻。博学高才，完成班固未竟的《汉书》。汉和帝即位，多次召班昭入宫，并让皇后和贵人们视为老师，号“大家”，故称曹大家。[21] 群辈：朋辈，同类。[22] 看视：探望；问候。

第十课　戒迷信

仙佛[1]之说，自秦汉[2]以来，上而王侯[3]、下而士庶[4]，尊崇供养，难更仆数[5]。岂以男子不解之迷信，而独戒之于深闺[6]弱质[7]？不亦失于轻重之权[8]乎？殊不知女子以贞静[9]为主，无故不窥外庭，焉得[10]赴会朝香[11]、抛头露面[12]。其所以然者，皆缘未闻《诗》《礼》[13]，昧于圣道[14]。不知穷通[15]由于命定，而谓富贵可以倖求[16]。东寺上幡[17]，西寺献匾。或延僧礼谶[18]于萱堂[19]，或结伴皈依[20]于竹院[21]。耗金钱，饱蠹民[22]，尚属余事。特少艾[23]缁流[24]，晤言[25]酬对[26]，殊乖[27]礼法耳。释氏[28]云："欲知前世因，今生受者是。欲知后世因，今生作者是[29]。"三复斯言[30]，无轮回[31]之惑，自无迷信之失。保名誉，节虚縻[32]，两得其道矣。

注

［1］仙佛：神仙和佛祖，借指道教和佛教。［2］秦汉：秦朝和汉朝。［3］王侯：帝王诸侯，泛指显贵者。［4］士庶：士人庶民，泛指百姓民众。［5］难更仆数：形容人或事物很多，数也数不过来。［6］深闺：妇女所居住的内室。［7］弱质：虚弱的体质，薄弱的才能。借指女子。［8］轻重之权：轻重的权衡。［9］贞静：端庄娴静。［10］焉得：怎能。［11］赴会朝香：赶赴庙会，朝拜香火。［12］抛头露面：露出头和面孔，指妇女出现在大庭广众之中。［13］《诗》《礼》：《诗经》和《礼记》。［14］圣道：圣贤之道。［15］穷通：困厄与显达。［16］倖求：侥幸以求。［17］幡：一种用竹竿等挑起来垂直挂着的长条形旗子。［18］礼谶：封建迷信和宗教中的将要应验的预言、预兆。［19］萱堂：母亲的居室。［20］皈依：信仰佛教人的入教仪式。［21］竹院：栽竹的庭院，借指寺庙。［22］蠹民：害人的人或事物。［23］少艾：年轻美丽的女子。［24］缁流：僧徒。僧尼多穿黑衣，故称。［25］晤言：相见对谈。［26］酬对：应酬对答。［27］殊乖：非常违背。［28］释氏：佛姓释迦的略称，借指佛或

佛教。[29] 欲知前世因，今生受者是。欲知后世因，今生作者是：佛教认为生命有前世、今生、来世，想要知道前世的所种之因（所作所为），今生的遭遇就是所结之果；想要知道来世的遭遇，今生的所作所为就是所种之因。[30] 三复斯言：反复体会这句话。三复：多次反复。斯：此，这。[31] 轮回：佛家认为世间众生，莫不辗转生死于六道之中，生死像轮子旋转的过程。[32] 虚縻：犹虚糜，损耗、浪费。

第二章　妇职篇·敬事十课

敬事者，凡妇道所执之事，必出之以敬也。《礼》云：“妇顺备[1]而后家可长久。”其所系之重，可概见[2]已。故当夙夜兢兢[3]，懔父母之戒，无违命令，无违宫事[4]，充其能力以尽当职[5]。本治而末理，讵[6]非教之所及乎？

注

［1］顺备：孝顺俱备。［2］概见：窥见其概貌。［3］兢兢：小心谨慎的样子。［4］宫事：妇女在家庭中承担的事务。［5］当职：应当担任的职责。［6］本治而末理：根本做好了，枝节就理清了。［7］讵：岂，难道。

第一课　谨事奉

妇事舅姑之道，《内则》[1]已详。兹所宜谨者，乃难易之殊耳。盖事盛年之舅姑，请衽请席[2]、捧匜[3]授巾、问衣寒燠[4]，慈以旨甘[5]，易也。事衰病之舅姑，抑搔苛痒[6]，料量[7]医药，调护饥饱，扶持先后，难也。然非诚意体贴，能免愆尤[8]之丛集[9]耶？且尊长之性质，亦宽严各别。奉宽和之舅姑，固宜从令[10]。奉严肃之舅姑，尤宜顺命[11]。勿得违戾[12]是非，争分曲直[13]也。总之，真有孝养之诚，自有事奉之法。昔唐夫人夺子乳以乳姑[14]，姜诗妇因邻母以致脍[15]。一则姑慈而妇孝，一则姑不慈而妇愈孝。苦心孤诣[16]，百世流芳[17]。修妇职者，其师之。

注

［1］《内则》：《礼记》篇名，内容为妇女在家庭内必须遵守的规范和准则。［2］请衽请席："请席何方，请衽何趾"的省略，意思是（为长者、尊者）铺坐席（的时候）要请示面向哪个方位，铺卧席的时候要询问脚朝哪个方向。席：坐席。衽：卧席。［3］匜：古代盥器。形如瓢，与盘合用，用匜倒水，以盘承接。［4］寒燠：冷热。［5］旨甘：美好的食物，常指养亲的食品。［6］抑搔苛痒："疾痛苛痒，而敬抑搔之"的省略，意思是按摩抓搔疥疮。抑搔：按摩抓搔。苛痒：疥疮，一种刺痒的皮肤病。［7］料量：称量，安排。［8］愆尤：罪过。［9］丛集：汇集，聚集。［10］从令：听从命令。［11］顺命：服从命令。［12］违戾：违背。［13］曲直：弯曲和平直，比喻是非、有理无理。［14］唐夫人夺子乳以乳姑：唐夫人用自己的奶汁喂养年老无齿的婆婆。事见《二十四孝》记载："唐崔山南曾祖母长孙夫人，年高无齿。祖母唐夫人，每日栉洗，升堂乳其姑。姑不粒食，数年而康。一日疾笃，长幼咸集，乃宣言曰：'无以报新妇恩，愿子孙妇如新妇孝敬足矣。'"［15］姜诗妇因邻母以致脍：姜诗之

妻被遣后，依然日夜纺织赚钱买鱼肉美食，通过邻居馈赠的方式以孝养婆婆。脍：细切的肉、鱼。《列女传》记载："广汉姜诗妻者，同郡庞盛之女也。诗事母至孝，妻奉顺尤笃。母好饮江水，水去舍六七里，妻常溯流而汲。后值风，不时得还，母渴，诗责而遣之。妻乃寄止邻舍，昼夜纺绩，市珍馐，使邻母以意自遗其姑。如是者久之，姑怪问邻母，邻母具对。姑感惭呼还，恩养愈谨。"［16］苦心孤诣：苦心地钻研，到了别人达不到的地步。苦心：苦心地钻研。孤诣：别人所达不到的境地。［17］百世流芳：美名永传于后世。

第二课　继祭祀

妇者，承宗祀[1]者也。故闲家[2]之道，以敬祖宗为先。敬祖宗在修祭法，祭法立则家礼行，家礼行则百事举。曾子[3]曰："慎终追远[4]，民德归厚[5]矣。"己之德厚，民且化之。而况一家之子姓，有不率遵成宪[6]乎？是以主妇于治理一切，必尽悫尽敬[7]，以致其诚。凡祭器如俎豆[8]、尊罍[9]之属，祭品如枣脩[10]、榛栗[11]之类，宜特别珍藏，勿混淆杂置。祭之先日[12]，主妇必躬督家众[13]，祭器则洁浣[14]，祭品则虔修[15]。牲牷[16]酒醴[17]备于外，仁孝[18]思慕[19]积于中。当祭之时，告其明信[20]，申其悃款[21]；长幼序立[22]，雍容[23]肃拜[24]，而不失其伦，则先灵[25]永享矣。

注

［1］宗祀：对祖宗的祭祀。［2］闲家：家庭的伦理道德规范。［3］曾子：（前505—前435），姒姓，曾氏，名参，字子舆。孔子晚年弟子之一，倡导的以“孝恕忠信”为核心的儒家思想，“修齐治平”的政治观、“内省慎独”的修养观、“以孝为本”的孝道观至今仍具有极其宝贵的社会意义和实用价值。因在儒学发展史上占有重要的地位，后世尊其为“宗圣”，仅次于“复圣”颜渊。［4］慎终追远：旧指慎重地办理父母丧事，虔诚地祭祀远代祖先。终：人死。远：祖先。［5］民德归厚：民众的德行归于忠厚。［6］率遵成宪：遵循原有的法律、规章制度。［7］尽悫尽敬：尽力恭谨恭敬。悫：恭谨。［8］俎豆：古代祭祀、宴飨时盛食物用的礼器。［9］尊罍：泛指酒器。［10］枣脩：枣子与肉脯。［11］榛栗：榛子和栗子。［12］先日：先一日，前一日。［13］家众：古代贵族的仆人、家臣。［14］洁浣：清洁浣洗。［15］虔修：谨慎遵循。［16］牲牷：古代祭祀用的纯色全牲，泛指祭品。［17］酒醴：酒和醴，泛指各种酒。［18］仁孝：仁爱孝顺。［19］思慕：思念追慕。［20］明信：诚心敬意。［21］悃款：诚挚。［22］序立：按秩序站立。［23］雍容：形容仪态温雅大方。［24］肃拜：一种古代的礼仪。两膝齐跪而举手下手，为九拜之一。［25］先灵：祖先的神灵。

第三课　遵敬顺

孔子曰："妇人，伏于人也。"故宜遵敬顺[1]之道，防纵恣[2]之作。能敬则无媟黩[3]，能顺则无侮慢[4]。夫夫妇妇，而家道正矣。是以明礼之妇，房室周旋，恒自警惕[5]。夫至则立，夫召则对。不称尔我，俨如宾客。此数者，由今喻古，彼冀缺[6]妻之奉餐饭、鲍宣[7]妻之挽鹿车[8]，不是过也。且妇女荏弱[9]，必赖丈夫之赡养。为夫者，或借艺术以积赀财[10]，或恃力作[11]以谋升斗[12]，俱属辛苦所成，尤宜勤俭匡扶[13]，俾安职业。夫如生计[14]不裕，当耐心相处，勿生怨怼[15]。夫如游荡[16]败家，当苦口[17]切谏[18]。谏如不听，必暗设保全之法。为妇者，虽不可忘敬以亵彝伦[19]，亦不可徒顺以失祖业[20]，是又在贤妇变通行之耳。

注

［1］敬顺：敬重顺从。［2］纵恣：肆意放纵。［3］媟黩：亵狎轻慢。［4］侮慢：傲慢侮辱。［5］警惕：警觉戒备。［6］冀缺：郤缺的别名。春秋时晋人。因其父芮封冀，故又称冀缺。臼季见其耕于冀野，夫妻相敬如宾，荐之于晋文公，后代赵盾为政。事迹载《春秋左传·僖公三十三年》。［7］鲍宣：（前30—3），字子都，渤海高城（今河北盐山）人。汉哀帝时，为豫州牧，征为谏大夫，对哀帝宠信外戚子弟及幸臣董贤等，谏争甚

切。后拜司隶，因摧辱丞相，下狱，博士弟子王威等千余人上书营救，得减灭髡钳。王莽秉政，因宣不附己，以事逮之入狱，自杀。妻少君，虽出身富贵，但勤劳节俭。[8] 鹿车：古代的一种粗陋的小车。[9] 荏弱：柔弱。[10] 赀财：钱财，财物。赀：通“资”。[11] 力作：努力劳作。[12] 升斗：升和斗，容量单位，比喻微薄的薪俸。[13] 匡扶：匡正扶持。[14] 生计：生活上的种种开支用度等事务，泛指生活。[15] 怨怼：怨恨。[16] 游荡：闲游放荡。[17] 苦口：反复不断的劝告。[18] 切谏：直言极谏。[19] 彝伦：伦常，封建宗法社会的伦理道德。[20] 祖业：祖宗的事业、功业或产业。

第四课　明教育

古人有言：“人材之成，自儿童始。”未就外傅[1]之先，与有密切关系者，厥惟[2]母氏[3]。故作女时，必有良善[4]教育，方能作妇。妇职克修，母仪斯立。大凡[5]儿童之优劣，实由母氏之作养[6]。盖幼稚之性，浑然太璞[7]，恒以先入之言为主。故当随其资质，审其欲恶，绳以善道。稍长有知识，即示以伦常[8]之义理[9]、贤圣[10]之阶梯。日渐月摩[11]，天性自然开朗。切勿溺爱姑息[12]，动恐[13]儿童受屈，任其嬉戏废学，纵其傲慢犯上[14]；迨及[15]老大无成[16]，悔之已晚。盖子女之不上达[17]，大半为母骄惯[18]所误。故昔人于母道[19]，不取其慈，而取其教，防此失也。

注

[1] 外傅：古代贵族子弟到一定年龄出外就学，所从之师称外傅。[2] 厥惟：只有。厥：语首助词。[3] 母氏：母亲。[4] 良善：优良。[5] 大凡：大概，大抵。[6] 作养：培养，培育。[7] 太璞：未经雕琢的玉，常引申为事物的天然本性。[8] 伦常：封建宗法社会的伦理道德。[9] 义理：合于一定的伦理道德的行事准则。[10] 贤圣：圣贤，道德才智极高的人。[11] 日渐月摩：一天天逐渐地受到磨练，而渐渐受到影响。[12] 姑息：无原则地宽容。[13] 动恐：动不动就害怕。[14] 犯上：冒犯、违抗尊长。[15] 追及：等到。[16] 老大无成：年纪已大、已老，却无所成就。[17] 上达：上进，向上发展。[18] 骄惯：溺爱纵容。[19] 母道：为母之道。

第五课 和妯娌[1]

夫兄弟以情亲也，妯娌以义合也。由异姓而成眷属[2]，事奉同、祭祀同、井臼同，想当因义以笃好[3]矣。而偏不然者，其理无他。或因尊长钟爱而生忌[4]，或因婢妪[5]谗谮[6]以交恶[7]。或袒护[8]子女，或竞争财物。种种私见，以致参商[9]。妯娌失欢，则兄弟不友，诚伦理之患也。语云：“家和万事兴。”为冢妇[10]者，年既长而更事[11]多，必开诚布公[12]，详示其娣[13]，辞婉而意不夸，娣自感悦[14]服从，化除畛域[15]。为介妇者[16]，毋存敌耦[17]之见，一应请于冢妇，事务任其劳，衣食推其美，尽其在己，不问在人，则钟礼郝法[18]不足专美[19]矣，庸有[20]龃龉[21]之虑哉？

注

[1] 妯娌：哥哥的妻子和弟弟的妻子的合称。[2] 眷属：家眷亲属。[3] 笃好：十分爱好。[4] 生忌：产生忌恨。[5] 婢妪：丫鬟女仆。[6] 谗谮：恶言中伤。[7] 交恶：交情变坏。[8] 袒护：偏袒维护，出于私心而无原则地支持或庇护。[9] 参商：参星与商星，二者在星空中此出彼没，古人以此比喻彼此对立，不和睦。[10] 冢妇：嫡长子的正妻。[11] 更事：经历世事。[12] 开诚布公：以诚心待人，坦白无私；打开自己的心扉，真诚待人。[13] 娣：古时妇人称丈夫的弟妇。[14] 感悦：感动喜悦。[15] 畛域：界限、范围，比喻成见、偏见。[16] 介妇：古代宗法制度称嫡长子以外的儿子之妻。[17] 敌耦：匹敌。[18] 钟礼郝法：妇德贤淑之典。事载南朝宋刘义庆《世说新语·贤媛》："王汝南少无婚，自求郝普女……既婚，果有令姿淑德……王司徒妇，钟氏女，太傅曾孙，亦有俊才女德。钟郝为娣姒，雅相亲重。钟不以贵凌郝，郝亦不以贱下钟。东海家内，则郝夫人之法；京陵家内，范钟夫人之礼。" [19] 专美：独享美名。[20] 庸有：岂有。[21] 龃龉：牙齿上下对不上，比喻意见不合。

第六课　接尊卑

一家之众，有析箸[1]分爨[2]者，有聚族同居[3]者。款接[4]之谊，亦妇人当职[5]，非可怠惰[6]也。若翁之兄弟，谓之伯翁、叔翁；姑之妯娌，谓之伯姑、叔姑。承奉[7]之礼，虽少杀[8]于翁姑[9]，要当言温而貌恭[10]，情周而念挚[11]，以笃亲亲[12]之本。或为老而独者，更当曲致[13]忱悃[14]，备其缺乏，俾安颐养[15]。妯娌之子，谓之犹子[16]。对待之间，宜自敬其身，而示以慈和[17]正大[18]之矩，彼自戒慎[19]而服从矣。或为幼而孤者，尤当视如己子，饮食教诲，俾成材器[20]。至于事姑姊[21]以敬，接叔妹[22]以诚，御婢仆以恩，待宾客以礼，皆训诫[23]所及者。得兼尽其道，匪独[24]一家之福，且为美俗[25]之助焉。

注

[1] 析箸：分家。箸：筷子。[2] 分爨：分家。爨：炉灶。[3] 聚族同居：同家族或宗族的人聚集在一起居住。[4] 款接：殷勤接待。[5] 当职：担任职责。[6] 怠惰：懈怠懒惰。[7] 承奉：承命奉行。[8] 少杀：稍衰，稍差。[9] 翁姑：公公和婆婆。[10] 言温而貌恭：言语温和而态度恭敬。[11] 情周而念挚：情谊周到而心意诚恳。[12] 亲亲：爱自己的亲属。[13] 曲致：详尽表达。[14] 忱悃：真心诚意。[15] 颐养：保养，安养。[16] 犹子：侄子。[17] 慈和：慈祥和蔼。[18] 正大：正

直大方。［19］戒慎：警惕谨慎。［20］材器：才能与器识。［21］姑姊：父亲的姐姐，即姑姑。［22］叔妹：丈夫的妹妹，即小姑。［23］训诫：告诫，教导。［24］匪独：不单是，不只是。［25］美俗：淳美的风俗。

第七课　隆师保[1]

师保者，掌化育[2]之权。一入家门，子弟志向因之以定，德业[3]因之以成。责至重，分至严也。为母氏者，于子弟既深期望，必申诚敬[4]。夫敬非他，但唯隆其脩脯[5]、厚其供给，亦事之易为者。盖妇职所重者，主中馈[6]、议酒食也。一日三餐，必修必洁[7]。世家[8]右族[9]虽有庖丁[10]供役[11]，主妇亦当随时察阅。司事[12]者有所畏惧，方免[13]草率之弊。子弟无论长幼，必令与师共食，亦免私膳之嫌。夏令[14]凉棚，冬令[15]炉炭，按时周备[16]，俾适起居[17]。主果尽道奉师，师必专心教弟。种瓜得瓜，种豆得豆，其理不爽。为父兄者，如非远游[18]，亦宜常亲函丈[19]，一则联宾东[20]之雅谊[21]，二则审儿童之进步，诚一举而两得焉。勉之勉之，毋外斯语。

注

［1］师保：古时任辅弼帝王和教导王室子弟的官，有师有保，统称“师保”。泛指老师。［2］化育：教化培育。［3］德业：德行与功业。［4］诚敬：诚恳恭敬。［5］脩脯：干肉，借指

致送老师的薪金。[6] 中馈：家中供膳诸事。[7] 必修必洁：必定美好洁净。[8] 世家：世代做官的人家，泛指世代显贵的家族。[9] 右族：豪门大族，有名望的大家族。[10] 庖丁：庖人，厨师。[11] 供役：供给劳役。[12] 司事：办事。[13] 方免：方能免除。[14] 夏令：夏季。[15] 冬令：冬季。[16] 周备：周到，完备。[17] 起居：日常生活作息。[18] 远游：到远方游历。[19] 函丈：古代讲学者与听讲者，坐席之间相距一丈。后用以称讲席。[20] 宾东：宾客与主人。[21] 雅谊：浓情厚意。

第八课　款亲邻

亲者，骨肉之相关也；邻者，乡里之至近也。酬酢[1]往来，均当肃其礼仪、丰其款待[2]，其谊始申。大凡男宾至，则主人延候于外庭，主妇筹备于内室，一茶一点必取甘鲜。有应留餐之客，不可迟延[3]简慢[4]。或请命家主，或自己酌量[5]。不论肉臛[6]蔬芥[7]，概须烹饪适宜，更须简便迅速，勿使来宾久待不欢。簋簠[8]匙箸[9]，浣濯[10]如新，陈诸几席[11]，自见光彩。朱柏庐[12]先生云："器具质而洁，瓦缶[13]胜金玉。饮食约而精，园蔬愈珍馐[14]。"即是理也。至若[15]女宾[16]之聚叙[17]，则姑前妇后，逊让殷勤。或备酒呈汤，或杀鸡为黍，量家计之厚薄，审姻娅[18]之亲疏。温言[19]笑貌[20]，曲尽周旋，则能事可称矣。

注

[1] 酬酢：宾主互相敬酒，泛指交际应酬。[2] 款待：殷勤接待。[3] 迟延：拖延耽搁。[4] 简慢：怠慢失礼。[5] 酌量：本指计量酒米，后泛指斟酌估量。[6] 肉臛：肉羹。[7] 齑芥：切碎的腌菜、芥菜。齑：指捣碎的姜、蒜、韭菜等。芥：芥菜。[8] 簋簠：簋与簠，盛黍稷的祭器。[9] 匙箸：勺子和筷子。[10] 浣濯：洗涤。[11] 几席：几和席，为古人凭依、坐卧的器具。[12] 朱柏庐：即朱用纯（1627—1698），字致一，号柏庐。江苏昆山县人。明诸生，入清隐居教读，潜心治学。以程朱理学为本，提倡知行并进，躬行实践。著有《治家格言》《愧讷集》《大学中庸讲义》。[13] 瓦缶：瓦器。[14] 珍馐：珍奇名贵的食物。[15] 至若：至于。[16] 女宾：女客。[17] 聚叙：聚会叙谈。[18] 姻娅：姻亲。[19] 温言：温和的话语。[20] 笑貌：含笑的面容。

第九课　育诸子

诸子者，有承嗣[1]之子，有妾妊[2]之子，有前室[3]之子，皆与己子异腹各乳者。抚字[4]偶疏，动滋物议[5]。然嗣子[6]必无子，方始继之。纵勿见爱，亦不致相恶。庶子[7]则各母其母，为正嫡[8]者只须憎爱无偏，饮食教诲而已。所易毁誉[9]者，独前室之子耳。盖其自小孤露[10]，劬劳顾复[11]，全资[12]后母之力，务宜视如己出[13]，宁厚毋薄，衣食同、教养同，俾其忘无母之戚，均有母之乐，母道斯得矣。但持平之论[14]，责母之慈，亦当责子之孝。勿以非其所生，辄怀疑自贰[15]。勤训诫，则谓之刻；过珍惜，又谓之假，固属[16]褊心[17]未化。要亦古人衣芦[18]守柰[19]之虐，贻为口实[20]。今人既不内省[21]，且多尤效[22]，以致孝慈兼悖，良可慨已[23]。世果有齐二子母坐少纵长之义[24]，程文巨妻推己及人之恕[25]，至性相感，不收冰鲤雀炙[26]之效，未之有也。

注

［1］承嗣：继承为嫡长子。［2］妾媵：小妾。［3］前室：前妻。［4］抚字：抚养。［5］物议：众人的议论，多指非议。［6］嗣子：有继承权的嫡长子。［7］庶子：正妻以外的媵、妾、情妇所生的儿子。［8］正嫡：正室，嫡妻。［9］毁誉：毁谤和称赞。［10］孤露：孤单无所荫庇，指丧父、丧母或父母双亡。［11］劬劳顾复：非常辛勤劳苦地照顾抚育。劬劳：劳苦，辛勤。［12］全资：完全依靠。［13］视如己出：像对待亲生子女那样地爱护。［14］持平之论：公正的意见。［15］自贰：自别于人。［16］固属：固然属于。［17］褊心：心胸狭窄。［18］衣芦：后母用芦苇填塞闵损的棉衣，后母虐待丈夫前妻之子的常用典故。事载《二十四孝》："周闵损，字子骞，早年丧母。父娶后母，生二子，衣以锦絮；妒损，衣以芦花。父令损御车，体寒，手无法握住缰绳。父查知故，欲出后母。损曰：'母在一子寒，母去三子单。'母闻，悔改。"［19］守柰：后母命令王祥守着果树；后母虐待丈夫前妻之子的常用典故。事见《晋书·王祥传》："有丹柰结实，母命守之，每风雨，祥辄抱树而泣。"［20］贻为口实：

给人家留下了话柄。贻：遗留。口实：话柄。[21] 内省：内心的省察。[22] 尤效：仿效，学样。[23] 良可慨已：真是值得感叹感慨啊。[24] 齐二子母坐少纵长之义：吕坤《闺范》记载："齐义继母，齐二子之母也。当宣王时，有人斗死于道，二子立其傍，吏坐焉。兄曰：'我杀之。'弟曰：'我杀之。'期年不决。言之王，王曰：'皆赦之，是纵有罪；皆罪之，是诛无辜。'使相问其母，母泣而对曰：'杀其少者。'相曰：'何谓也？'母曰：'少者，妾子也。长者，前妻之子也。其父疾且死，属托也。妾曰善视之。妾既诺矣，岂可以忘？且杀兄活弟，是废公也；背言忘信，是欺死也。'因泣下沾襟。相告，王皆赦之，尊其母曰'义母'。"[25] 程文巨妻推己及人之恕：吕坤《闺范》记载："程文巨妻李穆姜，南郑人，安众令程文巨之妻也。有二子，而前妻四子，以穆姜非所自出，谤毁日积。穆姜衣食抚字，皆倍所生。或谓母：'四子甚矣，何以慈为？'对曰：'四子无母，吾子有母，设吾子不孝，宁忍弃乎？'长子兴，疾困笃，母亲调药膳，忧劳憔悴。兴愈，呼三弟谓曰：'继母慈仁，出自天性。吾兄弟禽兽其心，惭负深矣。'遂将三弟诣县，陈母之德，状己之罪，乞就刑。县言之郡，郡守表异其母，四子许令自新，皆为孝子。"推己及人：用自己的心意去推想别人的心意，设身处地替别人着想。[26] 冰鲤雀炙：此处指孝子王祥之事。《晋书·王祥传》："王祥，字休征，琅邪临沂人。……母常欲生鱼，时天寒冰冻，祥解衣将剖冰求之，冰忽自解，双鲤跃出，持之而归。母又思黄雀炙，复有黄雀数十飞入其幕，复以供母。乡里惊叹，以为孝感所至焉。"

第十课　约家奴[1]

凡阀阅[2]之家、贵介[3]之族，鲜不[4]广用家奴者；但多奴多累，约之不严，转致偾事[5]。盖主人则养尊处优[6]、颐指气使[7]，有驱策[8]而无教令[9]。仆辈[10]则愚顽[11]成性、争利避劳，明搪塞[12]而暗把持[13]。容之则恣意妄为[14]，责之则流言[15]怨谤[16]。主人无势则傲慢无礼，主人有势则假威凌人[17]。相习成风[18]而效忠谨役者，不多见矣。故当详审[19]驾驭之法，遇有在外口角[20]争竞之事，有礼且当禁戒，况未必有礼耶？慎勿为体面立崖岸[21]、曲护[22]其短，长小人之志，生不测之变[23]。一旦召祸[24]，责归家主，损名败誉者有之，破财蒙怨[25]者有之。与其追悔于事后，不若防范于事前也。然主人或多公务，不暇[26]考察，是在主妇相助为理。宁使勤劳操作，毋任游手好闲[27]。正家法，免是非，无出乎此也。

注

[1] 家奴：家中的仆役。[2] 阀阅：有功勋的世家巨室。阀：也作“伐”，指功劳。阅：指经历。[3] 贵介：尊贵，高贵。[4] 鲜不：很少不。[5] 偾事：败事。[6] 养尊处优：生活在富贵优裕的环境中。[7] 颐指气使：不说话，只用面部表情来示意；形容有权势者指挥别人时的傲慢神气。[8] 驱策：驾驭鞭策，指驱使、役使。[9] 教令：原则规定。[10] 仆辈：仆人们。

[11] 愚顽：愚昧顽固。[12] 搪塞：敷衍了事。[13] 把持：揽权专断，不让别人参与。[14] 恣意妄为：随心所欲，胡作非为。恣意：任意，随意。妄为：胡作非为。[15] 流言：广为流传而无根据来源的说法。[16] 怨谤：怨恨非议。[17] 假威凌人：倚仗别人的权势来欺压、恐吓人。[18] 相习成风：都习惯于某种做法或看法，而成为一种风习。[19] 详审：周详审慎。[20] 口角：争吵。[21] 崖岸：山崖堤岸。[22] 曲护：委曲袒护。[23] 不测之变：无法预料的变故。[24] 召祸：招来灾祸。[25] 蒙怨：招致怨恨。[26] 不暇：没有空闲。[27] 游手好闲：游荡懒散，不愿参加劳动。

第三章　妇职篇·养老八课

凡一家尊长，若祖父母、若父母，溯自壮岁[1]以来，经营部署，力瘁心劳[2]。暮年[3]待养之时，为子及妇，寸草春晖[4]，曷酬[5]罔极[6]？且子道之承奉[7]，容有未尽之处。妇则常侍左右，属以斯任，宜无不称此。古人所谓："以身孝，不如以妻子孝也。"

注

[1] 壮岁：壮年。[2] 力瘁心劳：费尽力又操尽心。[3] 暮年：晚年，老年。[4] 寸草春晖：小草微薄的心意，报答不了春日阳光的深情；比喻父母的恩情沉重，难以报答。[5] 曷酬：怎样酬答。[6] 罔极：无穷。[7] 承奉：承命奉行。

第一课　体贴

养老要义，体贴为先。未寒问衣，未饥问食，不令有过时之盼望，固得其道矣。而尚宜推求[1]者，则分忧[2]、顺性[3]二义也。乃人生境遇难齐，或老人、子女之间，有长富少贫[4]者，有季丰仲啬[5]者，有室女[6]需奁赠[7]者，有嫁女处窘乡[8]者。再则有私亲[9]密友[10]待哺[11]者，皆为朝夕切念[12]之事。为子及妇，如自居饶裕[13]，切不可心存鄙吝[14]，必量力资助以适其意。又老人最爱孙曾[15]，室中必常储果饵[16]，既便自食，又敷分布。三餐珍馔[17]亦然，博含饴[18]之乐，符问与[19]之孝，亦先贤[20]之余绪[21]也。或力有不逮[22]，则令孩童膳于他室，免老人生怜，食不下咽。事虽细微，要亦妇职所不可忽也。其外居，常侍奉。务宜愉色[23]婉容[24]，致敬致乐。即老人言语重复，必耐心缓对，不可冲突。已亦有老之将至之日，始知理有固然[25]也。

注

［1］推求：寻求，追究。［2］分忧：分担、排解忧患。［3］顺性：顺从天性。［4］长富少贫：年长的富贵而年少的贫穷。［5］季丰仲啬：老三丰裕大方而老二贫困小气，借指兄弟贫富不均。［6］室女：未婚女子。［7］奁赠：陪嫁的财物。［8］窘乡：贫困地区。［9］私亲：亲近的亲属。［10］密友：亲密的朋友。［11］待哺：等待食粮。［12］切念：渴想，急切想念。［13］饶裕：富饶丰裕。［14］鄙吝：鄙俗吝啬。［15］孙曾：孙子和曾孙，泛指后代。［16］果饵：糖果饼饵等食品。［17］珍馔：珍美的食物。［18］含饴：含饴弄孙。［19］问与：关心问候。［20］先贤：以前的圣贤，已经去世的有才德的人。［21］余绪：留传给后世的部分。［22］不逮：不及，不足。［23］愉色：和愉的神色。［24］婉容：和婉的容态。［25］固然：本来就如此，理应如此。

第二课　养志

古人事亲，有养志[1]、养口体[2]之别。今人事亲，养口体且难，况养志乎？孟子有云：“事亲若曾子者，可也。”盖谓其一酒肉之微，不违其亲，他可类推矣。故凡执事奉之道者，饮食忠养而外，必宜善继善述[3]，以乐其心；为箕为裘[4]、以绍其业。有田宅则保守而扩充之，有器物则什袭[5]而珍藏之，有所敬则敬之，有所爱则爱之。父母顾之，未有不欣然色喜者。再则重身体、立名节，非法不言，非道不行，以求出忠入孝。俾庭帏[6]训教，炳耀[7]千秋，较五鼎[8]之奉，犹为胜之，即养志之谓也。以上数端，固人子之当为，亦赖贤妻之内助焉。修妇职者，其勉之。

注

[1] 养志：指曾子对父亲恭敬孝顺地用酒肉承欢养志。典故出自《孟子·离娄》：“曾子养曾皙，必有酒肉；将彻，必请所与；问有余，必曰‘有’。曾皙死，曾元养曾子，必有酒肉；将彻，不请所与；问有余，曰‘亡矣’——将以复进也。此所谓养口体者也。若曾子，则可谓养志也。事亲若曾子者，可也。”[2] 口体：口和身体。[3] 善继善述：子孙能够发扬父母的基业。善继：善于继承，语本“善继人之志”。“善述”：善于叙述，语本“善述人之事者也”。[4] 为箕为裘：语本《礼记·学记》：“良

冶之子必学为裘，良弓之子必学为箕。”比喻子弟能继承父兄的事业。[5] 什袭：原指把物品一层层地包起来，后形容珍重地收藏。[6] 庭帏：父母居住处，借指父母。[7] 炳耀：光辉灿烂。[8] 五鼎：古代行祭礼时，大夫用五个鼎，分别盛羊、豖、肤（切肉）、鱼、腊五种供品，借指官僚贵族的生活。

第三课 起居

早眠晏起，老者之常然。亦有血液就枯，心经失养，而难熟寐[1]者。夜既失眠，昼必多倦。侍奉者，当于可中[2]之时，劝其小卧，以补夜眠之不足。睡后宜肃静，不可惊扰。醒后宜少息，方可进食。遇风和日暖，亦当婉请出外，逍遥步履[3]，或拄杖以观花，或携孙以曝背[4]，皆足以怡情养性[5]。但适可而止[6]，不使过劳耳。平居[7]之时，或遇亲邻[8]省视[9]，宜先探意旨[10]，喜见则延之进，不喜则善为辞。盖老者不以筋骨为礼，逊让[11]拜揖[12]均于卫生有碍。是在为卑幼者诚意体贴，专心防护，不可丝毫勉强。至若燂汤[13]请浴，宜夏秋，不宜冬春，以防寒气之感触。当浴，门毋内楗[14]，恐有倾跌[15]，以便扶持。总之，随时随地，念兹在兹[16]，以全副精神贯注，不蹈疏忽之愆[17]，斯尽养老之义矣。

注

[1] 熟寐：熟睡。[2] 可中：日、月将升到中天。[3] 步

履：行走。[4] 曝背：以背向日取暖。[5] 怡情养性：怡养性情。[6] 适可而止：到适当的程度就停下来，不要过头。[7] 平居：平日，平素。[8] 亲邻：亲朋邻里。[9] 省视：看望，探望。[10] 意旨：心志，心意。[11] 逊让：谦让，退让。[12] 拜揖：打躬作揖。[13] 燂汤：烧热水。[14] 内楗：内锁。楗：插门的木棍子。[15] 倾跌：跌倒。[16] 念兹在兹：泛指念念不忘某一件事情。念：思念。兹：此，这个。[17] 愆：过失。

第四课　饮食

《内则》云："妇事舅姑，饘酏[1]、酒醴[2]、芼羹[3]、菽麦[4]、蕡稻[5]、黍粱[6]、秫[7]唯所欲。"盖养老，非此不足致其诚孝也。《语》云："卫生起于庖厨。"无论肥甘淡素，总宜烹调合法，得其真味，自滋荣养。虽有谓老人消化力甚似小儿者，乃因老人齿牙残缺，不利咀嚼；小儿脾胃薄弱，未易镕煅[8]。故坚硬之品，均有未宜。究竟小儿多跳跃，大可借运动以行食。老人恒坐卧，每以艰步履而停食。其相将拟例[9]者，以世人多重幼稚之哺养[10]，而略高年之调护[11]。甚愿以保幼之心保老人，非真相符合也。大抵老人食性，宜到口酥融[12]，庶免[13]哽咽。宋尚宫《论语》云："饭要软蒸，肉宜熟煮。"言浅义深，殊可味也。

注

[1] 饘酏：厚粥和薄粥，泛指粥。[2] 酒醴：酒和醴，泛

指各种酒。[3] 芼羹：菜和肉做的羹。[4] 菽麦：豆与麦。[5] 蕡稻：大麻和稻谷。[6] 黍粱：黄米和高粱。[7] 秫：古指有黏性的谷物。[8] 镕煅：消化。[9] 拟例：比方，类比。[10] 哺养：喂养。[11] 调护：调养护理。[12] 酥融：润滑柔软。[13] 庶免：以免，或许可以避免。

第五课　衣服

老人营卫[1]内亏，莫御外侮[2]。寒则比人先寒，热则比人先热。夏葛冬裘[3]，宜应时储备。宁可衣成而寒未到，不可寒到而衣未成。常著之便服，宜安置座右，以便不时加减。有余之家，寒进狐貉[4]，热进纱罗[5]，理必然也。其次羔羊[6]之御，苎绢[7]之需，亦不可使有匮乏。大凡贴体之衣，冬宜软厚，夏宜轻滑，春秋宜单简。温凉适中，则无臃肿之患。履袜[8]尤宜宽舒，既免阻滞血脉，且得跬步[9]轻便。至于取收一切，必时时留意。污则濯[10]之，蔽则更制[11]。《礼》云："冠带垢，和灰请浣；衣裳绽裂，纫针请补缀，子女之职也。"家计有丰啬[12]，奉养无二理。事父母、舅姑者，其善为之。

注

[1] 营卫：中医指血气之作用。[2] 外侮：外界的侵犯、欺凌。[3] 夏葛冬裘：夏天穿凉爽的葛衣，冬天穿暖和的裘衣。[4] 狐貉：狐、貉的毛皮制成的皮衣。[5] 纱罗：轻软细薄的丝

织品的通称。[6] 羔羊：此处指羔羊皮。[7] 苎绢：用苎、娟织成的布匹。苎：多年生草本植物，纺织夏布的重要原料。绢：用生丝织成的帛。[8] 履袜：鞋子和袜子。[9] 跬步：举步，迈步。[10] 濯：洗。[11] 更制：改制。[12] 丰啬：丰裕和节俭。

第六课　疾病

人至花甲[1]，脑气已衰，感觉渐钝，寒燠[2]饥饱每自忽略，是在为子妇者殷勤侍奉。慎其衣服，调其饮食，防范于未病。审其症候，辨其虚实，看护于既病。但老人风烛[3]残年[4]，望秋蒲柳[5]，何可久撄[6]啾唧[7]？少有不安，即当在意，勿论轻重也。唯高年性质，多恃阅历，不信人言，恒有讳疾拒医[8]之举。劝之每致触其嗔怒[9]，顺之又恐迟延失治。际此时间，务当起敬起孝。悦则复劝，诚意相感，自荷允从[10]。然医必知名素谂[11]者，庶悉平时禀赋[12]，治标[13]固本[14]，方有把握。入室诊视[15]，先宜致嘱[16]，纵遇疑难，勿形忙迫[17]，免老人心惊自虑，更易奏效。病中或有烦恼嗔责[18]，侍者当曲意[19]承顺[20]，始终不怠。主妇尤宜舍置[21]余事，以合药制饵为务，疾止复初。

注

[1] 花甲：六十岁。[2] 寒燠：寒热。[3] 风烛：风中飘

摇的灯烛。[4] 残年：余剩的年岁。[5] 望秋蒲柳：即将到秋天的衰老的蒲柳。蒲柳：蒲和柳皆望秋先凋，引申为早衰。[6] 撄：触犯。[7] 啾唧：小病。[8] 讳疾拒医：隐瞒疾病，不愿医治。[9] 嗔怒：恼怒。[10] 允从：允诺，依从。[11] 素谂：平素知悉。[12] 禀赋：人所具有的智力、体魄等素质、天赋。[13] 治标：处理表面上的枝节末处。[14] 固本：稳固根本。[15] 诊视：察看诊断，为了解病情而进行检查。[16] 致嘱：嘱托致意。[17] 忙迫：仓皇迫促，忙碌紧张。 [18] 嗔责：嗔怪责备。[19] 曲意：尽情尽意，委曲己意而奉承别人。[20] 承顺：遵奉顺从，敬奉恭顺。[21] 舍置：舍弃，丢开。

第七课 住室

大抵老人喜修洁[1]而恶喧嚣[2]，所居之室宜干燥幽静，干燥则不至潮滑步履，幽静则不至惊扰梦魂。窗宜向南，其次向东。风日既佳，光线亦正。住宿其间，自然爽适[3]。院宇[4]宜宽敞，广植花木，多养禽鱼，俾供玩赏。每日洒扫宜勤，碍足之物随时检点，常用之物安置左近[5]。务使取携顺便，而无跌绊[6]之虞。逢湿热之候，宜常焚松柏，辟除不洁之气，庶免疫疠[7]之侵。其应时之布署，夏必纱橱、短榻、清簟、疏帘，冬必厚幕、重茵、红炉、活火，以为温清[8]之助。床帐、衾枕、几案、琴书，诸宜整齐精雅。既壮观瞻[9]，又获受用，诚一举而众善备焉。

注

［1］修洁：整齐洁净。［2］喧嚣：喧哗吵闹。［3］爽适：畅快舒服。［4］院宇：房屋院落。［5］左近：邻近，附近。［6］跌绊：绊倒跌摔。［7］疫疠：瘟疫。［8］温凊：寒暖，借指生活起居。［9］观瞻：观赏。

第八课　游戏

凡享耆颐[1]之寿者，每有反老还童[2]之致。其好尚[3]间若孩婴[4]，或爱银钱微利，或爱果饵小敬，务宜曲意揣摩[5]，以博其欢。供奉鲜衣美食[6]之外，如奇花异卉[7]、笼鸟盆鱼、解颐[8]稗史[9]、适用陈设，投所好以进之。若问其价值，不妨给[10]以甚廉，免使惜费而不欲数献也。他如掷红打吊[11]等事，闲家之道虽有未宜，若老人偶思消遣，亦当黾勉[12]承顺。或少备赀本[13]，交旁侍之人暗中相让，俾老人获胜而喜、含笑加餐，亦莫非儿辈之幸福。且游戏之举，必得孩童相共，乃有天然机趣[14]，而又不宜太稚。遇娱耳悦目[15]之事，或知仿效于老人之前，为斑衣[16]之续，亦承颜[17]之一助也。然幼稚无知，恒视母行为进退，能善为引导，尤足匡己[18]之不逮[19]焉。

注

［1］耆颐：高年上寿。［2］反老还童：从老年返回童年。［3］好尚：爱好和崇尚。［4］孩婴：孩童幼儿。［5］曲意揣摩：

尽情尽意地忖度估量。[6] 鲜衣美食：穿的是华丽的衣服，吃的是美味的食品；形容生活优裕。[7] 奇花异卉：稀奇少见的花草。[8] 解颐：开颜欢笑。颐：下巴。[9] 稗史：记载轶闻琐事的书。[10] 绐：欺哄，欺骗。[11] 掷红打吊：赌博游戏。[12] 黾勉：努力，勉力。[13] 赀本：做买卖的本钱。赀：通"资"。[14] 机趣：风趣，巧妙天然的风致。[15] 娱耳悦目：使心情愉快，耳目舒畅。[16] 斑衣：服彩衣，此处指老莱子穿五彩衣以娱亲的典故。《艺文类聚》卷二十引《列女传》："老莱子孝养二亲，行年七十，婴儿自娱，着五色采衣。尝取浆上堂，跌仆，因卧地为小儿啼，或弄乌鸟于亲侧。"[17] 承颜：顺承尊长的颜色，借指侍奉尊长。[18] 匡己：匡助自己。[19] 不逮：不足之处，过错。

第四章　母教篇·始基八课

始基者，母教之初也。自孩童呱呱[1]在抱，以及能食能言，扶床学步，能解意旨[2]即解训迪[3]。渐当酌教养、哺育之宜，度嬉戏、歌舞之节，以及培植之隐显、衣食之损益，各具浅理以为取法。《语》云："少成若天性，习惯成自然。"[4]固不得而略也。

注

［1］呱呱：形容小儿哭声，借指幼儿。［2］意旨：尊者的意愿和要求。［3］训迪：教诲启迪。［4］少成若天性，习惯成自然：小的时候养成的习惯，就像人的天性一样自然、坚固。

第一课　胎教

《列女传》云："古者妇人妊子[1]，寝不侧[2]，坐不边[3]，立不跸[4]，不食邪味[5]，割不正不食[6]，席不正不坐[7]，目不视邪色[8]，耳不听淫声[9]。夜则令瞽诵，道正事[10]。"如此，则生子形容[11]端正，才德过人矣。盖儿在胎内感觉知识，与母同善恶智愚，悉由母传授。故母之性善，儿所禀恒善；母之性恶，儿所禀恒恶。母智，儿亦多智；母愚，儿亦多愚。此授受自然之理，如刻漏[12]之不差黍粒[13]者。《诗》云："为熊为罴，男子之祥[14]。为虺为蛇，女子之祥[15]。"感诸梦寐[16]，形诸占筮[17]。其义匪轻也。是以有身之妇，必整躬[18]饰性[19]，以正母仪[20]之始焉。

注

［1］妊子：怀孕。［2］寝不侧：睡觉不侧身。［3］坐不边：不坐座具的边缘。［4］立不跸：不一只脚站立。［5］不食邪味：不吃气味不正的食物。［6］割不正不食：食物切割不端正，则不吃。［7］席不正不坐：坐席摆得不端正，则不坐。［8］目不视邪色：眼睛不看不正的颜色。［9］耳不听淫声：耳朵不听淫靡的声音。［10］夜则令瞽诵，道正事：夜晚就让盲人朗读诗词，讲述符合正道的事情。［11］形容：形体容貌。［12］刻漏：古计时器。以铜为壶，底穿孔，壶中立一有刻度的箭形浮标，壶中水滴漏渐少，箭上度数即渐次显露，视之可知时刻。［13］不差黍粒：形容丝毫不差。［14］为熊为罴，男子之祥：生男孩的征兆。罴：熊的一种。［15］为虺为蛇，女子之祥：生女孩的征兆。虺：古书上说的一种毒蛇。［16］梦寐：睡梦。［17］占筮：古以蓍草卜问祸福，后亦泛指占卜活动。［18］整躬：整饬自己的言行仪态。［19］饰性：修饰自己的性格品德。［20］母仪：人母的仪范。

第二课　胎养

胎既有教，亦当有养。凡属妇道，不论已孕、未孕，常宜德性[1]温良[2]，无违敬戒[3]。俾一家之内，姑喜而夫悦，叔恭而妹敬；自有一种慈和气象，蕴于胸而见于面。娠者[4]逢之，当愈觉怀抱宽舒[5]、肤体[6]充发。切勿恃孕以自骄，昏不定[7]，晨不省[8]，安坐深居，放弃规矩。尊长虽能体谅，抚躬[9]亦增愧怍[10]。且求生产迅速，亦当常习运动，以流通血脉。试看贫家之妇，终日操作，临盆[11]无不顺利者，即运动之效也。若富家之妇，未孕尚不治事，岂有既孕反劳之理？不过盥余饭后随意疏散，或缓步庭阶以吸清气，或调弄禽鸟以助灵机。再则慎寒暑、节饮食，使无疾病之侵，则胎元[12]更足矣。

注

［1］德性：道德品性。［2］温良：温和善良。［3］敬戒：警戒，戒备。［4］娠者：怀孕的人。［5］宽舒：舒畅。［6］肤体：身体发肤。［7］抚躬：反躬，反躬自问。［8］昏不定：晚间不服侍父母就寝。［9］晨不省：早上不向父母请安。［10］愧怍：惭愧，羞愧。［11］临盆：临产，孩子即将出生。［12］胎元：中医谓母体中培养胎儿的元气。

第三课　哺育

儿之初生，全恃乳哺调匀，方滋发达。古者大夫之子有食母[1]，士之妻自养其子。今则有赀财[2]者，无不有食母，图安逸也。殊不知天之生人，其自然食品即随其母之身，禀赋[3]同而性质合，其补益自较他乳为胜。如另雇食母，逸则逸矣，而若辈[4]舍己子以乳人子，强半[5]出身艰苦。根器[6]既殊，贤愚莫卜[7]。幸遇乳汁充足者，小孩尚得果腹[8]。亦有乳汁短少者，每自饰[9]无为。有只图一己之利益，不管他儿之饥饱。迨至[10]主妇觉察，儿已受馁[11]多时。另换他乳，则认生不食；添补粥饭，则停滞致病，此犹害之显者。又或跌扑[12]惊伤，匿不以告。受疾莫知所自，医不得法，残废终身，悔之无及[13]。似此种种，确有凭见[14]，非臆造[15]也。愿为母者，苟非胎密乏乳，慎勿委子女于他人，则小孩幸福长保矣。

注

[1] 食母：乳母，奶妈。[2] 赀财：钱财，财物。[3] 禀赋：人所具有的智力、体魄等素质、天赋。[4] 若辈：这些人，这等人。[5] 强半：大半，多半。[6] 根器：人的禀赋、气质，家世、出身。 [7] 莫卜：无法预测。卜：占卜，引申为预测。[8] 果腹：使肚子饱。[9] 自饰：自我掩饰。[10] 迨至：及至，等到。[11] 受馁：挨饿。[12] 跌扑：跌跤，摔倒。[13]

悔之无及：后悔也来不及了。[14] 凭见：凭据。[15] 臆造：凭主观编造。

第四课 培植

夫培者，养也；植者，种也。今取树艺[1]之功，用以譬初基[2]之教育者。缘花木赖培植，以滋条畅；儿童赖培植，以滋长养，事异而理同也。但花木之培植，在择土地之宜，审灌溉之益，作棚幛[3]以防风雨，备药物以去蚁螟[4]，并芟繁[5]除蔓[6]以固其根本。种种用意，亦犹儿童。居母腹则谨胎教，在怀抱则慎乳哺，迨[7]其稍长则授以书史、习以礼仪，更谨疾慎药[8]以护持之，体仁存恕[9]以庇荫[10]之。举凡三朝[11]、周岁[12]，惟具酒果，薰沐[13]抱子告于祖先，宁辞宾以却贺[14]，毋宴客以伤生[15]。即移此项费用周济无告[16]，为之积福。其次戒暴殄[17]，不轻剪新帛缝裳，不侈用珍宝饰帽。既崇俭朴，又远灾害，亦母氏所宜知也。昔袁了凡[18]之妻为儿制冬衣，省绵易絮[19]，分惠[20]寒无衣者，而己儿得寿，非培植之验欤？

注

[1] 树艺：种植树木。[2] 初基：初始。[3] 棚幛：帐篷。[4] 蚁螟：蚂蚁和螟虫。[5] 芟繁：去掉繁杂部分。芟：除去。[6] 除蔓：除掉枝蔓。[7] 迨：等到。[8] 谨疾慎药：慎重对待疾病，谨慎地用药。[9] 体仁存恕：躬行仁恕之道。[10] 庇

荫：（树木）遮住阳光，比喻尊长的袒护或祖先的保佑。［11］三朝：指婴儿出生后第三天，旧俗这一天为婴儿洗三；产妇属头胎的，其母家要送礼给婿家。［12］周岁：年满一岁。［13］薰沐：熏香和沐浴。［14］却贺：辞却祝贺。［15］伤生：杀生，伤害生命。［16］无告：有痛苦而无处诉说的人。［17］暴殄：任意浪费、糟蹋。［18］袁了凡：即袁黄（1533—1606），嘉兴府嘉善县（今属浙江）人。万历十四年（1586）进士，历官至兵部职方主事。所著《了凡四训》流传甚广。［19］省绵易絮：节省丝绵，易换棉絮。绵：丝绵。絮：棉絮。［20］分惠：利益、好处分给他人。

第五课　嬉戏

嬉戏者，儿童之常态也。虽手舞足蹈、哗笑欢呼，亦当随其兴会[1]，不必恐吓[2]拘束，阻其灵机。惟尊长安睡及有客在坐，宜肃静耳。其一应玩物，必取少具理想者，如七巧图[3]、九连环[4]、皮球、纸鸢[5]等类，更察其性之所近，暗为赞助。如喜揖逊[6]，则为备杯盘，教以酬酢[7]。喜图画，则为备丹粉[8]，教以模仿。喜纵跳，则导以体操大式。喜演说，则导以传记嘉言[9]。在在[10]皆可增益智识，扩充见闻。但不许折伤花木、践踏虫蚁，以养其仁爱之心；不许损毁器物、涂抹书籍，以防其败坏之渐。其外打吊掷骰[11]、养鹁斗鸡[12]，均宜禁其尝试。此时幼稚，不关紧要，将来优劣成败系焉；勿以嬉戏之微而略之，则好尚端严[13]，帅初之教正矣。

注

[1] 兴会：兴致。[2] 恐吓：吓唬。[3] 七巧图：七块板组成，可拼成许多图形的儿童智力玩具。[4] 九连环：九个连在一起的需要认真思考才能取下的儿童智力玩具。[5] 纸鸢：风筝。[6] 揖逊：揖让，宾主相见的礼仪。[7] 酬酢：主客互相敬酒，泛指应酬。酢：客人用酒回敬主人。[8] 丹粉：红色的粉末，泛指绘画颜料。[9] 嘉言：善言，美言。[10] 在在：处处。[11] 打吊掷骰：泛指字牌、麻将之类的赌博。[12] 养鹑斗鸡：泛指饲养鹌鹑、公鸡之类动物以斗架，根据其输赢而赌钱。[13] 端严：端庄严谨。

第六课 歌舞

孩提[1]之童，未有不好歌舞者。盖天籁之发、天机之动，亦风咏[2]之遗也。当兴致蓬勃之际，或随声选辞以抑扬之，或整衣振袖而利导之。歌则去俚俗[3]而存雅正[4]，舞则戒历乱[5]而尚雍容[6]。先代有勺象之舞[7]、歌诗之教[8]，所以端少仪[9]也。近代有乐歌[10]之习、体操之练，所以启初学也。然则歌舞之教，今古略同[11]矣。况乎[12]歌则达志趣[13]、宣幽隐[14]，舞则畅筋骸、通血脉。斯时虽出之于儿戏，他日舞大夏[15]、歌采齐[16]，铿然[17]以鸣佩玉[18]，其进退俯仰之节，亦莫不肇端[19]于童年。乃知鸠车竹马[20]之初，即为修礼作乐之渐，教子者其可忽耶？

注

[1] 孩提：幼儿。[2] 风咏：讽诵吟咏。[3] 俚俗：粗俗，世俗。[4] 雅正：典雅纯正。[5] 历乱：纷乱，杂乱。[6] 雍容：形容仪态温雅大方。[7] 勺象之舞：古代的文舞名和武舞名。《礼记·内则》：“十有三年，学乐，诵诗，舞勺。成童，舞象，学射御。”郑玄注：“先学勺，后学象，文武之次也。成童，十五以上。”孔颖达疏：“舞勺者，熊氏云：‘勺，钥也。’言十三之时，学此舞勺之文舞也。舞象，谓舞武也。熊氏云：‘谓用干戈之小舞也。’”[8] 歌诗之教：诗歌的教化。[9] 少仪：少年的礼仪习惯。[10] 乐歌：音乐歌曲。[11] 略同：本质上、从大的方略上是相同，大略相同。[12] 况乎：何况，况且。[13] 志趣：志向与情趣。[14] 幽隐：隐晦，隐蔽。[15] 大夏：周代“六舞”之一，相传本为夏禹时代的乐舞。[16] 采齐：古乐曲名。[17] 铿然：形容声音响亮有力。[18] 佩玉：佩戴的玉器。[19] 肇端：发端，开端。[20] 鸠车竹马：儿童的两种玩具，借指童年。鸠车：儿童玩乐之车。竹马：儿童当马骑的竹竿。

第七课　衣服

衣服者，所以章身[1]也。必因时制宜[2]，毋为妖异[3]华靡[4]。毋致窄小绷束[5]，以贻沐猴而冠[6]之诮[7]。大凡小儿之衣，宜少用绸绫[8]，多用布素[9]。一则示以俭朴，二则便于浣濯[10]。更宜教以爱护之法，每日加减之际，务须随手摺叠、贮之箧笥[11]。饮食浣漱[12]，先用洁巾遮掩，以免油污水渍。晏子[13]一狐裘[14]三十年，虽意在以俭化俗，亦其爱惜有道，是以经久不敝[15]。谚云："惜衣有衣穿"[16]，信不诬[17]也。至婴孩襁褓[18]，或用母氏旧服，或乞老人敝衣，酌量改制，不徒惜福增寿，而且柔软合身。装絮宁薄毋厚，既免运动不灵，又免过暖多汗，实保幼之心法也，主妇其并志之。

注

[1] 章身：遮蔽身体。章：通"障"，遮蔽。[2] 因时制宜：根据不同时期的具体情况，采取适当的措施。[3] 妖异：美艳奇异。[4] 华靡：华美奢侈。[5] 绷束：绷紧拘束。[6] 沐猴而冠：猕猴戴帽子。比喻外表虽装扮得很像样，但本质却掩盖不了。[7] 诮：讥讽。[8] 绸绫：丝绸制品。[9] 布素：布衣素服。布指质地，素指颜色，形容衣着俭朴。[10] 浣濯：洗涤。[11] 箧笥：藏物的竹器（多指箱和笼），在古代主要是用于收藏文书或衣物。[12] 浣漱：洗涤，涤除。[13] 晏子：晏婴（？—前500），姬姓（一说子姓），晏氏，字仲，谥"平"，史称"晏子"。夷维（今山东省高密市）人。历任齐灵公、庄公、景公三朝，辅政长达五十余年。春秋时期齐国著名政治家、思想家、外交家。[14] 狐裘：用狐皮制的外衣。[15] 经久不敝：经历了很久却依然不破旧。敝：破旧。[16] 惜衣有衣穿：爱惜衣服，才有衣服穿。[17] 不诬：不妄，不假。[18] 襁褓：包裹婴儿的被子和带子。

第八课　饮食

孩提之时，肠胃脆弱，饮食最难消化。故当食不宜乳，当乳不宜食。未离乳哺，切忌晕腥油腻。既离乳哺，亦忌生硬稠黏[1]，防其积滞[2]也。迨至稍长，脾阳[3]渐健，食量亦增，每日之餐膳，或以园蔬益其清气，或以肉臛[4]滋其营卫[5]。有余之家固不必矫情非薄，亦不可专致肥甘[6]。每见溺爱之母，一日三餐必为儿另制珍膳[7]，养成饕餮[8]。一餐无肴，即难下箸。在家犹可刁求[9]，出外恒致枵腹[10]。善教子者，非独以此为鉴。而食时规矩，亦应从幼纠正。席有异味[11]，在塾必敬师长，在家必让尊亲；不得有己无人、争先恐后，不许占人坐次、夺人匙箸[12]，不许狂餐大嚼、横吞直哽[13]，尤不可任其汤汁淋漓、油手抹桌，既污己衣，又惹人厌，戒之戒之。

注

[1] 稠黏：浓厚而黏糊。[2] 积滞：积聚滞留。[3] 脾阳：脾的运化功能及在运化活动过程中起温煦作用的阳气，是人体阳气在脾脏功能方面的反映，主要体现在食欲的好坏。[4] 肉臛：肉羹。[5] 营卫：中医学名词。营指由饮食中吸收的营养物质，有生化血液、营养周身的作用。卫指人体抗御病邪侵入的机能。[6] 肥甘：肥美的食品。[7] 珍膳：珍贵的食物。[8] 饕餮：传说中的一种凶恶贪食的野兽，比喻贪婪地吞食。[9] 刁求：刁

钻的要求。[10] 枵腹：空腹，饥饿。[11] 异味：不同寻常的美味。[12] 匙箸：勺子和筷子。[13] 横吞直哽：形容吃东西的贪婪丑相。

第五章　母教篇·循序八课

循序者，循母教之次序也。大凡为学之道，必视儿童年齿[1]之长幼，以定造就之缓急。撮其要旨[2]，厥有三焉。曰毋欲速、毋躐等[3]、毋偏重。从初级以达强仕[4]，由浅及深，由近及远，由粗及精，分年致其功用，庶近[5]积寸成匹[6]之理焉。

注

［1］年齿：年龄。［2］要旨：主要的意思，重要的意旨。［3］躐等：超越等级，不按次序。［4］强仕：四十岁的代称。语本《礼记·曲礼上》："四十曰强，而仕。"［5］庶近：近似，差不多。［6］积寸成匹：积累一点一点的丝，不停地纺织，才会成为成丈成匹的绸缎；比喻积少成多，积小成大。

第一课　初级

夫太初[1]者，气之始也。人无贤愚，同一初性。苟教育之不豫[2]，将性为习移而至于相远。犹水之混于泥沙，非著力陶汰，莫克导于清流。故必从幼作养[3]，遏其骄纵[4]，防其泰侈[5]，强其筋骨，壮其胆略[6]；使之能从俭约，能甘淡薄、能耐寒暑、能胜恐吓[7]。将来就学习艺，庶无[8]委靡不振[9]之态。盖天生蒸民[10]，原无一定之位置。贵至卿相[11]，贱至舆台[12]，均瞻志向之高下与造就之优劣耳。况初级之教，不务艰深。为母者无非于对待之间，留意检点，在在[13]开其颖悟[14]。无论一饮食、一嬉戏、一举动，皆可验其机智。昔者王戎辨苦李[15]、黄琬对日食[16]，以及文彦博之灌注浮球[17]、司马光之投石破瓮[18]，国瑞[19]圣童[20]慧由天悟，后此之功名德望[21]，不已于儿时征之耶？

注

［1］太初：哲学术语，代表无形质，只有先天一炁，比混沌更元始的宇宙状态。［2］不豫：不事先预备。［3］作养：培养，培育。［4］骄纵：骄傲放纵。［5］泰侈：骄纵奢侈。［6］胆略：勇气和谋略。［7］恐吓：威胁，吓唬。［8］庶无：或许可以没有。［9］委靡不振：形容精神不振，意志消沉。委靡：颓丧。［10］蒸民：百姓群众。［11］卿相：卿和相的统称，借指达官贵人。［12］舆台：舆和台，古代奴隶社会中两个低的等级的名称，后来泛指奴仆及地位低下的人。［13］在在：处处。［14］颖悟：聪明智慧。［15］王戎辨苦李：王戎幼时辨别苦李的故事。典故出自《世说新语·雅量》：“王戎七岁，尝与诸小儿游。看道边李树多子折枝，诸儿竞走取之，唯戎不动。人问之，答曰：‘树在道旁而多子，此必苦李。’取之，信然。”［16］黄琬对日食：黄

琬幼时回答日食的故事。典故出自《后汉书·黄琬传》:“建和元年正月日食……太后诏问所食多少,琼思其对而未知所况。琬年七岁,在傍,曰:‘何不言日食之余,如月之初?’琼大惊,即以其言应诏。”[17]文彦博之灌注浮球:文彦博幼时把水灌入树洞中而球浮出的故事。据《邵氏闻见录》卷九记载:“文潞公幼时与群儿击球,入柱穴中,不能取,公以水灌之,球浮出。”[18]司马光之投石破瓮:指司马光砸缸救人的故事,据《宋史》卷三三六记载:“光生七岁,凛然如成人……群儿戏于庭,一儿登瓮,足跌没水中,众皆弃去,光持石击瓮破之,水迸,儿得活。其后京、洛间画以为图。”[19]国瑞:国家的喜庆吉兆。[20]圣童:神童。[21]德望:德行与声望。

第二课　蒙幼[1]

古人有言云:“行远必自迩,登高必自卑[2]。”故小学、大学之经验,非造端于蒙幼,不为功也。为父母者,务详求其理。当儿童未就外傅[3]之先,能识字必令领会字义,能读书必使详明句读[4]。言语不许虚诳[5],举动宜有程式[6]。《语》云:“教子婴孩”,即此时也。且儿童烂缦[7]天真,初无偏好;耳濡目染[8],无非家庭之实践。慎勿明袒暗护,忤慢[9]尊亲[10],以导其犯上[11];观剧斗牌[12],旷废[13]职业,以导其荒嬉[14]。朝于斯、夕于斯,俾之师良模[15]、秉法戒[16];虽顽劣之儿,亦且潜移默化[17],况纯谨[18]者乎?至乐莫如教子,贤母氏其善为之。

注

［1］蒙幼：蒙昧幼稚的儿童。［2］行远必自迩，登高必自卑：走远路要从近处开始，登高山须从低处开始。［3］外傅：古代贵族子弟到一定年龄出外就学，所从之师称外傅。［4］句读：文言文辞休止、行气与停顿的特定呈现方式，不仅是现行白话文中的句号与逗号的统称。［5］虚诳：欺蒙，欺骗。［6］程式：一定的标准。［7］烂缦：本意为光彩四射、色泽绚丽，形容天真纯美。［8］耳濡目染：经常听到、看到，不知不觉地受到影响。濡：沾湿。染：沾染。［9］忤慢：违抗怠慢。［10］尊亲：尊贵的亲人，常指父母。［11］犯上：做出冒犯长辈或上级的事情。［12］观剧斗牌：看戏打牌。［13］旷废：荒废，耽误。［14］荒嬉：玩乐而荒废。［15］良模：良好的模范。［16］法戒：法则及警戒，楷式和鉴戒。［17］潜移默化：指人的思想或性格不知不觉受到感染、影响而发生了变化。［18］纯谨：纯正谨慎。

第三课　小学

古者儿童八岁入小学，习礼、乐、射、御、书、数之文，执洒扫、应对、进退之节。逐渐薰陶，俾获智与年长之益。今则以儿童之资分[1]为限，聪慧者则就傅[2]早，鲁钝[3]者则就傅迟。无一定之年，亦无一定之教。欲蒙养[4]之端也，难矣。矧[5]当少慕父母之时，一旦远慈母而近严师，未有不怀退避者。斯时为母者，勿谓已趋缝帐，责任全轻。须知昔人断机之戒[6]，不已负笈[7]从师乎？故当于晨夕之间，加意督勉[8]。不许早眠晏起[9]、托疾旷功[10]，不许借端[11]出塾、举动自由。内室[12]不假辞色[13]，函丈[14]坐以春风[15]。小孩不生依恋，一意向前，则蒸蒸日上[16]矣。

注

［1］资分：天资。［2］就傅：从师。［3］鲁钝：愚笨。［4］蒙养：古代指对儿童进行的初等教育。［5］矧：文言连词。况，况且。［6］断机之戒：孟母断机以戒孟子逃学的典故。事载刘向《列女传》："孟子稍长，就学而归，母方织，问曰：'学何所至矣？'对曰：'自若也。'母愤因以刀断机，曰：'子之废学，犹吾之断斯机也。'孟子惧，旦夕勤学，遂成亚圣。"［7］负笈：背着书箱。［8］督勉：督促勉励。［9］早眠晏起：早睡晚起。［10］托疾旷功：借口生病而逃避功课。［11］借端：假托某一事由作为借口。［12］内室：里屋，家里。［13］不假辞色：用不加掩饰的表情和语气说话，一般用于不客气地指责某人某事。辞色：言辞和神色。［14］函丈：古代讲学者与听讲者，坐席之间相距一丈。后用以称讲席。［15］坐以春风：像坐在春风中间，比喻同品德高尚且有学识的人相处并受到熏陶。［16］蒸蒸日上：一天天地向上发展。蒸蒸：上升和兴盛的样子。

第四课　成童

教育至于成童，已近升堂入室[1]之界限矣。孔子云："吾十有五而志于学"，殆即成童之年也。大凡子弟际此[2]时间，其进修程度正如撑船上滩，一篙少懈，势且下流，必俛[3]焉以尽其力。秉父兄之教于家，奉师保[4]之教于塾；犹木之从绳，金之就冶。一气裁量煅炼，庶可[5]竟其全功。且大学之道，渐及修己治人[6]之理；故当诵读讲贯之余，凡所以安常处变[7]、应事接物之要，心术威仪[8]、衣服饮食之事，分所当为，必持之以敬慎[9]。《礼》云："学然后知不足，教然后知困。"由是而专志精进，虚怀体察，以跻大成，弟子之职也。

注

［1］升堂入室：古代宫室，前为堂，后为室；比喻学习所达到的境地有程度深浅的差别。［2］际此：在此，值此。［3］俛：同"俯"。屈身，低头。［4］师保：古时任辅弼帝王和教导王室子弟的官，有师有保，统称"师保"。后泛指老师。［5］庶可：差不多可以。［6］修己治人：努力提高自己的修养，更好地治理百姓。［7］安常处变：安于通常的际遇，顺应变化。［8］威仪：古代祭享等典礼中的动作仪节及待人接物的礼仪。［9］敬慎：恭敬谨慎。

第五课 居家

男儿二十而冠，更事[1]渐多，必当有卓然自立之行，匪独[2]于学术一道，宜专心研究。即家庭之支应[3]、一己之治理，亦当著意讲求。斯时为尊长者，亦唯束身正己、饬整[4]门閭[5]以为表率。教育之法渐从简要，勿似童时之督责[6]。又当稍假权力，俾肃威仪[7]，庶工仆匠役[8]有所畏服[9]。既代勤劳，又资历练[10]。有恒产[11]者，树桑树粟毋失其时；待创业者，士农工商各精一艺。毋为败子[12]，毋为惰民[13]。恭俭[14]节用[15]，卑以自牧[16]。务使孝弟[17]称于族戚[18]，品望[19]耀于乡党[20]。处为端人[21]，出为良士[22]。就此居家行为逐节推广，任重而道远[23]，为国之栋、为家之干，不亦拭目可待[24]哉？

注

[1] 更事：经历世事。[2] 匪独：不单是，不只是。[3] 支应：供应。[4] 饬整：整饬，整理。[5] 门閭：乡閭门庭。[6] 督责：督察责罚。[7] 威仪：仪表威武严肃。[8] 工仆匠役：给官府或官宦人家做工服役的仆人、匠人。[9] 畏服：因畏惧而服从。[10] 历练：经历锻炼。[11] 恒产：指田地房屋等比较固定的产业。[12] 败子：败家子。[13] 惰民：不务正业的游民。[14] 恭俭：恭谨俭约。[15] 节用：节省费用。[16] 自牧：自我修养。[17] 孝弟：同“孝悌”，孝顺父母和敬爱兄长。

［18］族戚：家族和亲戚。［19］品望：人品声望。［20］乡党：乡亲。古代五百家为党，一万二千五百家为乡，合而称乡党。［21］端人：正直的人。［22］良士：贤士，有才能的人。［23］任重而道远：担子很重，路很远。比喻责任重大，道路又遥远，要经历长期的奋斗。［24］拭目可待：擦亮眼睛等待着，形容殷切期望或密切关注事态的动向及结果。

第六课　正本

管夷吾[1]有言："天下者，国之本也。国者，乡之本也。乡者，家之本也。家者，人之本也。人者，身之本也。身者，治之本也。故昔贤[2]之教子于小学，则使通《论孟》[3]《六经》[4]之大义，于大学则使敦忠节孝友之至性，一以贯通正心、修身、齐家、治国、平天下之道。以事父母，以和兄弟，以睦宗族，以交朋友，以接邻里，使不得罪于尊卑上下之际。其垂训[5]之切，洵足[6]为后世法也。今求母教于家庭，即正育才之本也，是当因材而教。俾得列于四民[7]，则春华秋实兼而有之矣。孔子曰："君子务本，本立而道生[8]。"其斯之谓欤。

注

［1］管夷吾：即管仲（约前723—前645），姬姓，管氏，名夷吾，字仲。春秋时著名政治家，辅佐齐桓公称霸中原。［2］昔贤：以前的圣贤。［3］《论孟》：《论语》和《孟子》的合称。

[4] 六经：《诗》《书》《礼》《易》《乐》《春秋》的合称。[5] 垂训：垂示教训。[6] 洵足：实在值得。[7] 四民：旧称士、农、工、商。[8] 君子务本，本立而道生：君子专心致力于根本的事务，根本建立了，治国做人的原则就有了。本：根本，道：治国做人的原则。

第七课　社会

儿童至成立之时，必思出社会，以广见闻[1]；父母尊长虽欲禁之，不可得也；然亦不必严禁。身处争竞时代，社会之风潮初无定局，一己之趋归亦无定见[2]。诚不若稍弛范围，任其操纵，得以谂悉[3]事情之艰险、祸福之隐微。苟能砥砺廉隅[4]、辨别邪正，勿蹈饮博[5]，勿恣浪游[6]；则小子可造[7]矣。然后乘机开导接众之要、律己之宜，公利则量力相助，私利则屏而勿营。遇越礼悖道[8]之举，则急宜引避；宁受畏葸[9]之诮，不为首祸[10]之阶。司马相如[11]曰："明者见祸于未萌，智者避危于无形[12]。"即处世之良规[13]也。

注

[1] 见闻：见到和听到的事。[2] 定见：确定的见解或主意。[3] 谂悉：详细了解。[4] 廉隅：棱角。[5] 饮博：饮酒博戏。[6] 浪游：漫游，漂泊。[7] 小子可造：后生小子可以造就。[8] 越礼悖道：僭越礼仪制度，违反道德规矩。[9] 畏葸：

畏惧，畏怯。葸：胆怯。［10］首祸：开启祸端。［11］司马相如：（约前179—前118），字长卿，蜀郡成都人。汉代著名文学家。［12］明者见祸于未萌，智者避危于无形：聪明睿智的人在事端萌芽时即看出祸害的端倪，在事端未形成时就已经避开危险。［13］良规：良好的规范、准则。

第八课　仕途

父母教子之心，莫不望其读书上达[1]，以福国利民为志。故一旦身任职权，亦尚有宜承慈训[2]者。昔王孙贾母有倚闾之诫[3]，陶士行母有封鲊之严[4]，皆既仕之教也。古人四十而仕，道合则为谋，不合则去。循名则实[5]，不为利禄所萦，自无尸位[6]之咎。今则有以科举恩荫晋职者，有以保举捐纳得官者；种种捷径，遂不可以程度限矣。约言之，从政之要，虽在乎勤慎[7]清廉[8]，尤贵乎英明[9]简要[10]。居上位则戒贪污，在下位则戒迎合。爱民如爱子，爱国如爱家。晋人谓："谢太傅斯人不出，如苍生何?[11]"亦注重民生之义也。

注

［1］上达：通晓德义。［2］慈训：父母的教诲。［3］王孙贾母有倚闾之诫：典故出自《战国策·齐策六》："王孙贾年十五，事闵王。王出走，失王之处。其母曰：'女朝出而晚来，则吾倚门而望；女暮而不还，则吾倚闾而望。女今事王，王出走，

女不知其处，女尚何归?’王孙贾乃入市中，曰：‘淖齿乱齐国，杀闵王，欲与我诛者，袒右!’市人从者四百人，与之诛淖齿，刺而杀之。”[4] 陶士行母有封鲊之严：典故出自《世说新语·贤媛》：“陶公少时作鱼梁吏，尝以坩鲊饷母。母封鲊付使，反书责侃曰：‘汝为吏，以官物见饷，非唯不益，乃增吾忧也。’”陶士行：即陶侃（259—334），字士行，一作士衡。东晋著名政治家。鲊：盐腌的鱼。[5] 循名责实：按着名称或名义去寻找实际内容，使得名实相符。[6] 尸位：占着职位却不做事。[7] 勤慎：勤勉谨慎。[8] 清廉：清白廉洁。[9] 英明：卓越而有见识。[10] 简要：简单扼要。[11] 谢太傅斯人不出，如苍生何：典故出自《世说新语·排调》：“谢安屡违朝旨，高卧东山，诸人每相与言：安石不肯出，将如苍生何!”谢太傅：谢安（320—385），字安石。东晋时期政治家、名士。卒后获赠太傅。

第六章　母教篇·伦常八课

伦常之理，天性攸关。虽非强而后能，亦必学有所本，始不为物欲所蔽。故教子之孝，莫如亲亲[1]；教子之弟，莫如长长[2]。能孝弟、能忠信，必能笃爱，洵[3]五品[4]之自然也。推而至于祖孙、至于宗族、至于嫡妾，在门内当尽门内之职，在乡党当任乡党之事。守礼无愆[5]，齐家有道。即公即私，无余议矣。

注

[1] 亲亲：爱自己的亲属。[2] 长长：敬重长辈、上级。[3] 洵：假借为“恂”。诚然，确实。[4] 五品：指旧时的仁、义、礼、智、信五种伦常道德。[5] 无愆：没有过失。

第一课　父子

唐虞[1]之世，使契[2]为司徒[3]，敬敷五教[4]；而以父子冠首[5]。盖有父子而后有君臣，以次推求，而肇伦理之秩序。乃父子主亲，上慈下孝，足致一家之巽顺[6]。又父有严君之称，威仪秩秩[7]，足为一家之模范；故一言一行，不可苟简[8]。昔燕山窦氏[9]有义方[10]之教，卒成五子之名。虽固前徽[11]之美，亦由后起之贤。是以古者有干蛊[12]之子，有象贤[13]之子。禹[14]之于鲧[15]，干蛊也。启[16]之于禹，象贤也。然则中也养不中，才也养不才，亦教育之不可略者。古人云："父子之间不责善[17]"，谓不宜过责以伤恩也。如孔子教伯鱼以诗礼[18]，汉儒教子一经[19]，又何歉焉？总之，父以种德[20]遗安[21]为计，子以显亲扬名[22]为图。岂非[23]天经地义[24]而慈孝两得哉？

注

［1］唐虞：唐尧与虞舜的并称。［2］契：子姓，名契，又名卨，别称"阏伯"。相传契是帝喾与简狄之子、帝尧异母弟。尧称帝时封契为司徒，并封于商（今河南省商丘）主管火正，其部族以地为号称"商"，后世尊称其为"商祖""火神"。［3］司徒：官名。相传少昊始置，唐虞因之。［4］敬敷五教：指对百姓进行父义、母慈、兄友、弟恭、子孝五种道德规范教育。语出《尚书·舜典》："帝曰：契，百姓不亲，五品不逊，汝作司徒，敬敷五教，在宽。"［5］冠首：首位。［6］巽顺：卑顺，顺从。［7］秩秩：肃敬的样子。［8］苟简：苟且简略，草率简陋。［9］燕山窦氏：即窦禹钧，字燕山。蓟州渔阳县人。五代时期历官至右谏议大夫，以词学名世，并以教子有方名垂青史——五个儿子文行并优，时人赞为"窦氏五龙"。［10］义方：正确方法。［11］前徽：前人美好的德行。［12］干蛊："干父之蛊"的省略，指儿子能继承父志，完成父亲未竟之业。［13］象贤：能效

法先人的贤德。[14]禹：姒姓，夏后氏，名文命。鲧之子。上古时期夏后氏首领、夏朝开国君王。相传治理滔天洪水，划定九州、奠定夏朝，史称大禹、帝禹、神禹。[15]鲧：姒姓，有崇部落首领，史称“崇伯鲧”。相传尧时洪水泛滥，受四岳推荐治水，用筑堤堵水之法，九年不成，被舜殛死于羽山。[16]启：禹之子，在禹死后继位，通过甘之战，击败强有力的有扈氏，消除了华夏族内的反对势力。[17]父子之间不责善：父子之间不要强迫其所为而要求改善。[18]孔子教伯鱼以诗礼：孔子教儿子学习《诗》《礼》。事载《论语·季氏》：“鲤趋而过庭。曰：‘学诗乎?’对曰：‘未也。’‘不学诗，无以言。’鲤退而学诗。……曰：‘学礼乎?’对曰：‘未也。’‘不学礼，无以立。’鲤退而学礼。”伯鱼：孔子的儿子鲤的字。[19]汉儒教子一经：汉代的儒生教育子女学习儒家的经典。[20]种德：修积德行，施恩德于人。[21]遗安：典故出自《后汉书·逸民传·庞公》：“（庞公）因释耕于垄上，而妻子耘于前。表指而问曰：‘先生苦居畎亩而不肯官禄，后世何以遗子孙乎?庞公曰：‘世人皆遗之以危，今独遗之以安；虽所遗不同，未为无所遗也。’”后遂以予子孙以德，使其淡泊自守，安宁无事为“遗安”。[22]显亲扬名：使双亲显耀，名声传扬。[23]岂非：用反问的语气表示“难道不是”。[24]天经地义：天地间历久不变的常道；借指理所当然，不容置疑的问题。

第二课　君臣

君者，统一四海之谓。上古则称为酋长[1]，欧美或曰君主，或曰民主，名异而实则同。臣者，佐君者也。君礼则臣忠，君义则臣行，毋或[2]相悖[3]者。故有尧舜之揖让[4]，即有夔皋[5]之赞襄[6]；有桀纣[7]之专横[8]，即有费尤[9]之迎合。兴亡治乱，诚有以自诏也。昔成汤[10]举伊尹[11]于莘耕[12]，高宗[13]发傅说[14]于版筑[15]，周文[16]载吕尚[17]于渭上[18]，昭烈[19]顾诸葛[20]于隆中[21]；去辱蒙光[22]，兴贤拔俊[23]，风云际会[24]之奇，洵为[25]绝无仅有[26]。凡此睿德[27]嘉猷[28]，皆经史之可征者。今之世，其克臻[29]此哉？母氏内治余闲，宜择其可鉴得失之事，为儿童演说。俾其盈耳[30]充腹[31]，明于去就[32]，于历史之采择[33]，不无小补[34]焉。

注

[1] 酋长：部落首领。[2] 毋或：不可。[3] 相悖：相反，相违背。[4] 揖让：作揖和谦让，古代宾主相见的礼节。[5] 夔皋：夔和皋陶的并称。夔：舜时乐官。皋陶：舜时刑官。两人居官皆有政绩，后因以借指贤明的辅弼大臣。[6] 赞襄：辅助，协助。[7] 桀纣：夏桀和商纣，分别为夏朝和商朝最后一个君王，因暴政而导致国破身亡。[8] 专横：专断强横。[9] 费尤：费仲和尤浑，商纣的奸臣。[10] 成汤：即商汤，子姓，名履，又名

天乙。河南商丘人。夏朝方国商国的君主，在伊尹、仲虺等人的辅助下，灭掉夏朝，成为商朝开国君主。［11］伊尹：（前1649—前1550），姒姓，伊氏，名挚。经过成汤三聘之后，担任右相，辅佐商汤打败夏桀。商朝建立后，担任尹（丞相），历事成汤、外丙、仲壬、太甲、沃丁五代君主，尊号“阿衡”，辅政五十余年，为商朝兴盛富强立下汗马功劳。［12］莘耕：有莘国的农夫，伊尹曾耕于有莘国之野。［13］高宗：此处指武丁（？—前1192），子姓，名昭。商朝第二十二任君主。在位时期，勤于政事，任用刑徒出身的傅说及甘盘、祖己等贤能之人辅政，励精图治，使商朝政治、经济、军事、文化得到空前发展，史称“武丁盛世”。死后庙号高宗。［14］傅悦：即傅说（约前1335—1246），殷商时期卓越的政治家、军事家，辅佐殷商高宗武丁安邦治国，形成了历史上有名“武丁中兴”的辉煌盛世，被尊称为“圣人”。［15］版筑：筑土墙，把土夹在两块木板中间，用杵捣坚实，就成为墙；傅说曾从事筑土墙。［16］周文王：即姬昌（约前1152—约前1056），岐周（今陕西岐山县）人。原为商朝的诸侯，封西伯。能敬老慈少，礼贤下士，诸侯归者日众，形成了“三分天下有其二”的形势。［17］吕尚：即姜子牙（约前？—约前1015），姜姓，吕氏，名尚，字子牙，号飞熊。垂钓于渭水之滨，遇见西伯侯姬昌，拜为“太师”（武官名），尊称太公望，辅佐姬昌建立霸业。周武王即位后，辅佐武王消灭商纣，建立周朝，促成成康之治的盛世。［18］渭上：渭水边上。［19］昭烈：即刘备（161—223），字玄德，涿郡涿县（今河北省涿州市）人。少年时拜卢植为师，参与镇压黄巾起义、讨伐董卓等活动，先后依附公孙瓒、陶谦、曹操、袁绍、刘表等多个诸侯。后在诸葛亮等的辅佐下，建立了蜀汉政权。卒后，谥号昭烈皇帝。［20］诸葛：即诸葛亮（181—234），字孔明，号卧龙。三国时期杰出的政治家。早年在隆中隐居，刘备三顾茅庐请出，辅助刘备联合东吴孙权，于赤壁之战大败曹军、夺占荆州、攻取益州，形成三国鼎足之势。后来刘备、刘禅父子相继在成都称帝，诸葛亮被任命为丞相，主持朝政，积劳成疾而病逝于北伐途中的五丈原，刘禅追谥忠武侯。［21］隆中：地名，位于湖北襄阳。［22］去辱蒙光：去除耻辱，得到光荣。［23］兴贤拔俊：选拔品德好、能力强的人才。［24］风云际会：比喻有能力的人遇上好机会。风云：比喻难得的机会。际会：遇合。［25］洵为：确实是。［26］绝无仅有：只有一个，形容非常少有、罕见。［27］睿德：皇帝的恩德。［28］嘉猷：治国的好规划。［29］克臻：能达到。［30］盈耳：充满耳内。［31］充腹：充满肚腹。［32］明于去就：懂得正确地取舍。［33］采择：选用，择取。［34］不无小补：多少有一点补益。补：补助，补益。

第三课　夫妇

夫妇者，人伦之造端[1]也。昔孔子论诗以《关雎》[2]为首，取其和鸣相应、情挚而有别也。盖夫者，扶也，妇赖之以扶持乎终身也。妇者，服也，夫赖之以服劳乎家政也。故同心协德则家兴，反目[3]仳俪[4]则家替[5]。可勿交相勉励哉？然而，妇随夫倡者也，有文王[6]之圣，即有太姒[7]之贤；有汉高[8]之诈，即有吕氏[9]之悍；有梁鸿[10]之敬，即有德耀[11]之庄；有霍光[12]之专，即有霍显[13]之横。此帝尧所以降二女为妫汭[14]，以征舜之内治也。《诗》云："窈窕淑女，君子好逑[15]。"言能致其贞淑[16]，不贰[17]其操也。大抵闺房静好[18]，虽敦和乐[19]之情，必有狎侮[20]之戒。亲爱中恰寓严正[21]之气，献酬[22]时不失敬顺[23]之仪。夫不以刚强凌妇[24]，妇不以纵恣[25]骄夫[26]。弗伉弗卑[27]，得敌体[28]之义矣。

注

[1] 造端：开头，发端。[2]《关雎》：中国古代第一部诗歌总集《诗经》中的第一首诗，通常认为是一首描写男女恋爱的情歌。此诗首章以雎鸟相向合鸣，相依相恋，兴起淑女陪君子的联想，后面各章以采荇菜这一行为兴起主人公对女子疯狂的相思与追求。[3] 反目：不和睦。[4] 仳倆：分离的夫妻。[5] 替：衰落。[6] 文王：周文王姬昌，周王朝的奠基人，被后世推崇为圣贤。[7] 太姒：周文王的正妃，周武王之母。天生姝丽，聪明淑贤，分忧国事，严教子女，尊上恤下，深得文王厚爱和臣下敬重，被人们尊称为"文母"。[8] 汉高：即汉高祖刘邦（？—前195），在秦末动乱中灭秦、西楚，统一天下，定都长安，建立汉朝，谥号高皇帝，庙号太祖。[9] 吕氏：即吕雉（前241—前180），早年嫁给沛县亭长刘邦，刘邦建国称帝而被封为皇后，后世常称吕后、汉高后、吕太后等。汉惠帝即位，以皇太后身份临朝称制，统治后期，重用吕家兄弟姐妹，开启了汉代外戚专权的先河。[10] 梁鸿：字伯鸾，扶风平陵（今陕西咸阳）人。少孤，

受业太学，家贫而尚节介。娶同县孟女光，貌丑而贤，共入霸陵山中，荆钗布裙，以耕织为业，咏诗书弹琴以自娱。因东出关，过京师，作《五噫之歌》。章帝（肃宗）闻而非之，求鸿不得。乃改复姓运期、名耀、字侯光，与妻子居齐、鲁间，终于吴。[11] 德耀：梁鸿的妻子孟光之字，貌丑而贤惠，与丈夫举案齐眉、相敬如宾；且甘愿离弃富贵，随夫隐居霸陵山中，以耕织为业，咏诗弹琴以自娱。[12] 霍光：（？—前68），字子孟，河东郡平阳县（今山西省临汾市）人。霍去病异母弟。凭借门荫入仕，选为郎官，历任侍中、奉车都尉、光禄大夫。忠诚勤恳，持心公正，勤劳国家。汉武帝临终时，授大将军、大司马，受命托孤。汉昭帝继位，解除上官桀拥立刘旦阴谋，册封博陆侯。汉昭帝去世，拥护并废立昌邑王刘贺，拥立汉宣帝即位，掌权摄政，权倾朝野。[13] 霍显：霍光之妻。一直想让她的小女儿霍成君成为皇后，买通御医淳于衍，在汉宣帝即位三年之后毒死了许皇后，由此被汉宣帝记恨。霍光去世后，霍氏一门骄奢放纵，甚至密谋发动政变，最终被灭族。[14] 妫汭：妫水隈曲之处。舜所居之地，在山西省永济市蒲州南。[15] 窈窕淑女，君子好逑：幽闲贞专之善女，宜为君子的佳偶。[16] 贞淑：贞洁贤淑。[17] 不贰：无二心，没有差错。[18] 静好：清静美好。[19] 和乐：安和快乐。[20] 狎侮：轻慢，戏弄。狎：亲近而态度不庄重。侮：欺负、轻慢。[21] 严正：严肃正直，严格公正。[22] 献酬：酬答，应答。[23] 敬顺：敬重顺从。[24] 凌妇：欺凌妇人。[25] 纵恣：肆意放纵。[26] 骄夫：骄横于丈夫。[27] 弗亢弗卑：不要自高自大，不要自卑自贱。[28] 敌体：彼此地位相等。

第四课　长幼

夫一本之亲，有长有幼。或同母兄弟，或庶叔嫡侄，或庶兄嫡弟，或嫡兄庶弟。年齿[1]虽殊，亦天性所关也。兄为伯长，父师以下所赖以倡率[2]者，恭敬固矣。其为庶叔犹是叔也，庶兄犹是兄也，庶弟犹是弟也；皆当曲尽其道，不以嫡凌庶，不以幼犯长。敦睦[3]偕和[4]，亦足见家教之良也。然长者果推诚[5]以怀幼，毋虑幼之不我尊；幼者果竭诚[6]以事长，毋虑长之不我爱，理有固然者。《袁氏世范》[7]有云："兄弟子侄同居，长者总提大纲，幼者分干细务[8]。长必幼谋[9]，幼必长听[10]，各尽公心，自然无争。"洵[11]善道也。

注

［1］年齿：年纪，年龄。［2］倡率：引导。［3］敦睦：亲善和睦。［4］偕和：一起融洽。［5］推诚：以诚心相待。［6］竭诚：竭尽诚意，尽心达意。［7］《袁氏世范》：宋代袁采创作的童蒙读物，分为睦亲、处己和治家三卷，反映了宋人丰富的家庭伦理教化和社会教化思想，在中国家训发展史上具有重要意义。［8］细务：琐碎小事。［9］长必幼谋：年长的要帮助年幼的谋划。［10］幼必长听：年幼的要听从年长的指挥。［11］洵：假借为"恂"。诚然，确实。

第五课 朋友

夫人之乐，有良朋以其能匡过失[1]、救患难、通有无也。凡今之人，去古日远，求如管鲍[2]、雷陈[3]四子之交，何可多得？在老成历练[4]者，或尚知所去取；若少年好事之时，非赖母氏窥屏之鉴[5]、末座之别[6]，俾知益友之可亲、损友之宜远？割席[7]之举，其能免夫？何谓益友？行止[8]端严[9]、执业不移者是。何谓损友？博戏[10]嬉游、酒食征逐者是。古人云：“水从器而方圆，人从友而善恶。”又云：“入芝兰[11]之室久而不觉其香，入鲍鱼[12]之市久而不知其臭。无他，习染[13]使然也。”且学问之讲求，与贤于己者相处，常自以为不足，则日益。与不如己者相处，常自以为有余，则日损。交换智识，厥为朋友，可勿慎乎？

注

[1] 匡过失：匡救因疏忽而犯的错误。[2] 管鲍：管仲和鲍叔牙。两人相知很深，交谊甚厚；旧时常用以比喻交情深厚的朋友。典故出自《史记·管晏列传》：“管仲夷吾者，颍上人也。少时常与鲍叔牙游，鲍叔知其贤。管仲贫困，常欺鲍叔，鲍叔终善遇之，不以为言。已而鲍叔事齐公子小白，管仲事公子纠。及小白立为桓公，公子纠死，管仲囚焉。鲍叔遂进管仲。管仲既用，任政于齐，齐桓公以霸，九合诸侯，一匡天下，管仲之谋也。管仲曰：‘吾始困时，尝与鲍叔贾，分财利多自与，鲍叔不以我为

贪，知我贫也。吾尝为鲍叔谋事而更穷困，鲍叔不以我为愚，知时有利不利也。吾尝三仕三见逐于君，鲍叔不以我为不肖，知我不遭时也。吾尝三战三走，鲍叔不以我怯，知我有老母也。公子纠败，召忽死之，吾幽囚受辱，鲍叔不以我为无耻，知我不羞小节而耻功名不显于天下也。生我者父母，知我者鲍子也。'"［3］雷陈：东汉雷义与陈重的并称，比喻交谊深厚的朋友。典故出自《后汉书·独行传》："雷义……举茂才，让于陈重，刺史不听，义遂阳狂被发走，不应命。乡里为之语曰：'胶漆自谓坚，不如雷与陈。'三府同时俱辟二人。"［4］老成历练：阅历丰富，练达世事。［5］窥屏之鉴：通过屏风观看鉴别。［6］末座之别：潘孟阳识鉴末座的黄裳。典故出自张固《幽闲鼓吹》："潘孟阳初为户部侍郎，太夫人忧惕，谓曰：'以尔人材，而在丞郎之位，吾惧祸之必至也。'户部解喻再三，乃曰：'不然，试会尔列，吾观之。'因遍招深熟者。客至，夫人垂帘视之，既罢会，喜曰：'皆尔之俦也，不足忧矣，末座惨绿少年何人也？'答曰：'补阙杜黄裳。'夫人曰：'此人全别，必是有名卿相。'"［7］割席：朋友绝交。语出《世说新语·德行》："宁割席分坐曰：'子非吾友也。'"［8］行止：举动和态度。［9］端严：端庄严谨。［10］博戏：中国古代民间的赌输赢、角胜负的游戏。［11］芝兰：芝和兰两种香草。［12］鲍鱼：咸鱼，常有臭味。［13］习染：沾染不良习惯。

第六课　祖孙

古人云："子之孝，不如率孙以为孝。"孙能娱祖者也。祖父母得一孝孙，又多一代孝子；是祖孙之际，于伦常实大有关系，非可略也。况祖之于孙，生则有分甘之惠[1]，没则有遗砚之恩[2]。或期远大，或体细微，较爱子之心有过之、无不及也。而祖母之勤劬[3]，则尤为可念。当抱孙之始，虑新妇未谙鞠抚[4]襁负[5]，常亲疴痒[6]是患；择乳保[7]、选良师，时时在念，不独含饴[8]已也。祖之爱孙若此，孙固可不推奉亲之心以奉祖乎？况祖父母者，父之父母也。父为孝子，子为顺孙，孝顺相承，不亦炽昌[9]永久耶？

注

[1] 分甘之惠：分甘味与人以示慈爱。[2] 遗砚之恩：赠送砚台的恩德，古代砚台作为最重要的文化用品，常是教育的衣钵相传的象征。[3] 勤劬：辛勤劳累。[4] 鞠抚：鞠育抚养。[5] 襁负：用襁褓背负。[6] 疴痒：疾病痛痒。[7] 乳保：乳母和保姆。[8] 含饴：含饴弄孙。饴：饴糖，用麦芽或谷芽之类熬成。[9] 炽昌：昌盛。

第七课　宗族

宗族者，祖宗一脉之传也。范文正[1]公有云：“宗族于吾，固有亲疏；祖宗视之，均是子孙，固无以异也。”是以[2]凡有德望[3]者，既仕而归，或捐义田[4]以资赡养，或建义塾[5]以毓[6]贤才。宗规族约[7]，训诫谆谆[8]，俾后人奉为圭臬[9]。今之学者，名位虽不可期，先德必不可悖。接众之道，务以㧑谦[10]为主。盖族大丁繁[11]，有富贵，有贫贱，有齿少分尊[12]，有老大失学。上流下达，势难齐一。但宜恂恂[13]惟谨，毋以贵凌贱，毋以富骄贫，毋以卑犯尊，毋以智傲愚。休戚相关[14]，灾患共恤。在公理则尽敬宗收族[15]之义，在教育则立培元正本[16]之基。勉之勉之，苟有进步，慎勿违此，庶合念祖之道焉。

注

［1］范文正：即范仲淹（989—1052），字希文。大中祥符八年（1015）进士，历官至枢密副使、参知政事，曾领头发起“庆历新政”。卒后，谥号“文正”。［2］是以：所以，因此。［3］德望：品德和名望。［4］义田：赡养族人或贫困者而置的田产。［5］义塾：旧时免收学费的私塾。［6］毓：培养。［7］宗规族约：宗族、家族的规章制度。［8］训诫谆谆：反复告诫，再三叮咛。［9］圭臬：土圭和水臬，古代测日影、正四时和测度土地的仪器；比喻标准、准则和法度。［10］㧑谦：谦逊。［11］族大丁

繁：宗族庞大而人丁繁多。[12] 齿少分尊：年龄小而辈分尊贵。[13] 恂恂：诚实谦恭的样子。[14] 休戚相关：形容关系密切，利害一致。休：喜悦。戚：悲伤。[15] 敬宗收族：尊敬祖宗，团结族人。[16] 培元正本：培养元气，根究本源。

第八课　嫡妾

家庭之内，易起嫌疑者，嫡妾[1]为甚。盖嫡之与夫，体敌[2]而分均[3]，黾勉同心[4]，匪伊朝夕[5]。或先患难而后安乐，先贫贱而后富贵。一旦纳妾，致薄糟糠[6]。妇人浅见，难免怨尤[7]。至于妾妊[8]，则齿少[9]而爱新，恃爱生娇。或明肆僭妄[10]，或暗加唆耸[11]。冠履倒置[12]，伉俪成仇[13]。庶务[14]不同商酌[15]，家政因而废弛[16]，此固薄俗[17]常情，实亦未娴闺训[18]。若古之贤媛[19]，作大妇[20]则宽仁大度、樛木垂恩[21]。作小妻[22]则循分尽职[23]、衾裯[24]任命，又何诟谇[25]之有？然容人之量，虽责之于妇女；而刑于之化[26]，亦归重于丈夫。无子纳妾，礼义所宜；但当力制偏私[27]，毋使遗讥[28]黄里[29]，则闺门之内，肃若朝廷矣。

注

[1] 嫡妾：正妻与妾。[2] 体敌：彼此地位相等。[3] 分均：名分相等。[4] 黾勉同心：共同努力心心相印。黾勉：勉励，努力。[5] 匪伊朝夕：不止一个早晨一个晚上。[6] 糟糠：

穷人用来充饥的酒糟、米糠等粗劣食物，借指共过患难的妻子。[7] 怨尤：怨恨责怪。[8] 妾妊：小妾。[9] 齿少：年龄小。[10] 僭妄：僭越名分和肆意妄为。 [11] 唆耸：唆使怂恿。[12] 冠履倒置：帽子和鞋的位置换了，比喻上下位置颠倒、尊卑不分。[13] 伉俪成仇：夫妻变成仇人。[14] 庶务：各种事务。[15] 商酌：商量斟酌。[16] 废弛：废弃懈怠。[17] 薄俗：轻薄的习俗。[18] 闺训：旧时指妇女应遵守的行为准则。[19] 贤媛：有德行有才智有美貌的女子。[20] 大妇：正妻。[21] 樛木垂恩：指《诗经·樛木》所象征的王妃无嫉妒之心，垂恩于王宫其他女人。《五经正义》曰："作樛木诗者，言后妃能以恩义接及其下众妾，使俱以进御于王也。后妃所以能恩意逮下者，而无嫉妒之心焉。"[22] 小妻：小妾。[23] 循分尽职：恪守本分，尽忠本职。[24] 衾裯：厚被与单被，借指侍奉寝卧等事。[25] 诟谇：辱骂。[26] 刑于之化：以礼法对待，后用以指夫妇和睦。[27] 偏私：袒护私情。[28] 遗讥：见笑。[29] 黄里：绿衣黄里，语出《诗经·邶风·绿衣》："绿兮衣兮，绿衣黄里。"古人以为黄色是正色，绿色是不正不纯的杂色，将杂色置于外，正色置于里，用来比喻正邪不分、贵贱尊卑颠倒失序。

第七章　母教篇·体育八课

三育[1]之义，必体强而后德充智足。故是编，始之以精神，终之以趋步[2]，大要[3]以培养为主。考诸经训[4]，言母道则有拊畜[5]之勤，言子道则有冰渊[6]之懔，亦体育之发明也。但古人以守身[7]为行孝，今人因保育[8]以施教，似异而实同，唯学者之玩索[9]焉。

注

［1］三育：德育、智育、体育的合称。［2］趋步：行动。［3］大要：要旨。［4］经训：经籍义理的解说。［5］拊畜：抚养，养育。［6］冰渊：深渊和薄冰。语本《诗经·小雅·小旻》："战战兢兢，如临深渊，如履薄冰。"比喻危险的处境。［7］守身：保守其身，不使陷于非义。［8］保育：养育。［9］玩索：体味探求。

第一课　精神

精者人之气；神者人之守，形骸[1]状貌[2]因之以存，穷通[3]寿夭[4]因之以定，至可珍也。《淮南子》有云："精神聚而气不散，则以视无不见，听无不闻，以为无不成，其关系之重有如此者。"故必少而保之，长而节之，奋勉[5]于一己，进修振作于社会交际，禁之于朋淫[6]博弈[7]，戒之于烟酒狎邪[8]。以有用之精神，施于有用之地；则气宇[9]清华[10]、思想活泼，有焕发而无委顿[11]矣。大凡儿童启蒙之际，种种教育皆以精神为主，为父母、师长者固宜[12]作意[13]鼓舞，亦戒非时[14]劳费[15]。夏令[16]酷暑[17]则当午[18]宜稍休，冬令[19]严寒则入夜无晏息[20]。盖欲期他日之冲举[21]，不可不慎此时之摄养[22]也。

注

［1］形骸：形体骨骸，身体。［2］状貌：形状外貌。［3］穷通：穷困与显达。［4］寿夭：长寿与短命。［5］奋勉：奋发努力。［6］朋淫：群聚荒淫游乐。［7］博弈：掷骰子、下棋等游戏。［8］狎邪：行为放荡，品行不端。［9］气宇：胸襟气度。［10］清华：清秀华贵。［11］委顿：颓丧，疲困。［12］固宜：本就应当。［13］作意：特地，加意。［14］非时：不是时候，不在正常、适当或规定的时间内。［15］劳费：耗费人力与财力。［16］夏令：夏季。［17］酷暑：极热的夏天。［18］当午：正

午，中午。[19] 冬令：冬季。[20] 晏息：晚睡。[21] 冲举：高升。[21] 摄养：养生，调养。

第二课　气血

血为营，气为卫，《素问》[1]已详论矣。而《淮南子》[2]更以风雨为譬者，以人身一小天地，风雨非时[3]则毁折[4]生灾[5]，营卫[6]失调[7]则枯槁[8]致疾[9]；是以圣人有戒色、戒斗、戒得之训。以理胜之，不为所使也。然人居社会之上，所期竞优争强，以尽国民之义务；固不必恃血气之勇，亦必赖血气之助。故调摄[10]之道，不可不慎。求诸外，在饮食之荣；求诸内，在德性[11]之涵濡[12]。更勤运动以活之，抑忿恚[13]以和之，气血既充则无事不立。苟节养[14]不善，匪惟[15]燥暴[16]偾事[17]，且致色泽不华[18]，为不足重轻[19]之人，不亦可愧乎？

注

[1]《素问》：现存最早的中医理论著作，约成书于战国时期。释名："素者，本也；问者，黄帝问于岐伯也。"《素问》以黄帝问而岐伯答的形式记载。[2]《淮南子》：西汉皇族淮南王刘安及其门客收集史料集体编写而成的一部著作。[3] 非时：不是时候，不在正常、适当或规定的时间内。[4] 毁折：毁损，破坏。[5] 生灾：产生灾祸。[6] 营卫：中医学名词。营指由饮食中吸收的营养物质，有生化血液、营养周身的作用。卫指人体抗

御病邪侵入的机能。［7］失调：失去平衡。［8］枯槁：憔悴。［9］致疾：导致疾病。［10］调摄：调养身体。［11］德性：道德品性。［12］涵濡：滋润，沉浸。［13］忿恚：愤怒，怨恨。［14］节养：自奉俭省。［15］匪惟：非但，不只。［16］燥暴：粗野暴躁。［17］偾事：败事，把事情搞坏。［18］色泽不华：精神和面色不好。色泽：颜色和光泽。［19］不足重轻：无关紧要。

第三课　品貌

主邪正、善恶之谓品，备五官[1]、百骸[2]之谓貌。人固当因品以瞻其行，更当因貌以鉴其心。行修者，品必端；心正者，貌必庄。盖心为貌之根，诚于中乃形于外，可勿善其缔造乎？大凡孩提之童，肤体[3]未盈，格局无定。所有声容[4]态度，恒视教育为转移。故必时时留意，弗限于拘迂[5]，流于放荡[6]。授诗书以化其气质，肃衣冠以正其形表[7]。自然威可畏，仪可象。惊人瞻视[8]，动人景仰[9]矣。昔者裴晋公[10]微时[11]，相士[12]言其面有饿纹；及还人遗带[13]，再遇前相士，则言饿纹消而善纹生；岂非人定胜天乎？《语》云："相随心转[14]"，洵[15]不诬[16]也。

注

［1］五官：人的耳、眼、鼻、口、舌。［2］百骸：人的各种骨骼或全身。［3］肤体：皮肤和身体。［4］声容：声音容貌。［5］拘迂：拘执而迂腐。［6］放荡：放纵，不受约束。［7］形

表：容貌仪表。[8] 瞻视：观看。[9] 景仰：仰慕，佩服尊重。[10] 裴晋公：即裴度（765—839），字中立，河东闻喜（今山西闻喜东北）人。唐代中期杰出的政治家、文学家。贞元五年（789）进士，历仕德宗、宪宗、穆宗、敬宗、文宗五朝，数度出镇拜相。以功封晋国公，世称“裴晋公”。[11] 微时：卑贱而未显达的时候。[12] 相士：旧时以谈命相为职业的人。[13] 遗带：遗落的玉带。[14] 相随心转：相貌随着心灵而变化。[15] 洵：假借为“恂”。诚然，确实。[16] 不诬：不妄，不假。

第四课　性质

夫人之有性质，犹木之有根，水之有源。故童稚[1]之教，必严其迁就[2]，善其执秉[3]。不以物欲伐其真，不以嗜好损其朴。俾得如木之坚固，如水之洁清；然后于其喜怒哀乐之际、日用事物之间，察其良懦[4]。勇猛刚强者，防其近暴[5]；长厚[6]温文[7]者，防其寡断[8]。如得实验，或顺或抑，随宜利导[9]，务求致其中和[10]。仁内义外，自无偏倚[11]之失。大抵保育[12]之道，幼则丰乳食[13]以充其肌体，长则正楷模以资其观感[14]。培养有素，自然由愚而灵，由拘而化，根固而源清。将来学业大成，出而问世，耽艰任巨[15]，挽颓扶倾[15]，有厚望[16]矣。

注

[1] 童稚：儿童。[2] 迁就：降格相就，曲意迎合。[3]

执秉：执着追求。[4] 良懦：善良和懦弱。[5] 近暴：近于专暴。[6] 长厚：恭谨宽厚。[7] 温文：温和文雅。[8] 寡断：没有决断。[9] 利导：加以引导。[10] 中和：中正平和。[11] 偏倚：偏袒。[12] 保育：养育。[13] 乳食：奶水，乳制食品。[14] 观感：观看某事物后的感情体会。[15] 耽艰任巨：承担艰巨的任务。[16] 挽颓扶倾：挽救颓败的危局。[17] 厚望：殷切期望。

第五课　思想

思想之发，因脑力之强弱以定迟速，不能人尽相符也。盖天之生人，气质之禀既有厚薄；而母之孕子，胚胎之结亦有灵愚[1]。且尤赖后天之饮食教诲，以为培元正本之助。故自怀抱以至成童[2]，均当随时戒慎[3]，不以五色[4]眩其目、五声[5]乱其耳、肥甘[6]窒其胃、嗜好扰其胸。俾脏腑[7]清虚[8]、枢机[9]活泼，自然无思不达，无至不通。心思愈用则愈灵，理想愈穷则愈得。收视返听[10]，精骛[11]乎文渊[12]，体育之功用大矣。闻诸耆旧[13]云：凡小儿女勿重敲头额致减聪明，勿多服辛温[14]致成痴痫[15]，亦近理之论也。教子者，其采纳焉？

注

[1] 灵愚：聪明和愚笨。[2] 成童：年龄稍大的儿童、青少年。[3] 戒慎：警惕谨慎。[4] 五色：青、黄、赤、白、黑五

色，古代以此五者为正色。也泛指各种色彩。［5］五声：宫、商、角、征、羽古代音乐中的五种音阶，泛指音乐。［6］肥甘：肥美的食品。［7］脏腑：五脏六腑，中医总称人体内部的器官。心、肝、脾、肺、肾为五脏，胃、胆、三焦、膀胱、大肠、小肠为六腑。［8］清虚：清净虚无。［9］枢机：枢与机，比喻事物的关键部分。［10］收视返听：即不视不听，指人对事物的看法不为外物所惊扰。［11］精骛：精神像飞奔的马。［12］文渊：文化的深渊。［13］耆旧：年高望重者。［14］辛温：辛辣。［15］痴痫：痴呆和癫痫。

第六课　言语

言语一道，兆祸福之先机[1]。要当于孩提之际，教诲鞠育[2]，交相防卫，不许期期艾艾[3]、结舌謷牙[4]。读书识字宜口齿明朗、音调清越[5]。年长有知识男子，则禁其议论闺阃[6]、臧否人物[7]，及仿效市井[8]鄙俚[9]之谈。女子则禁其声高音敞[10]、挑是拨非[11]，并传述亲疏嫌疑之事。《礼》：“童子尝视[12]毋诳[13]”，即慎言[14]之始也。故于父母、尊言[15]之前，能解唯俞[16]，必谨称谓。不可因其少小[17]，任其放肆。即兄弟姊妹聚处，亦防辩口利辞[18]，习于争竞。此时家礼严正[19]，他日对于乡党、对于朝廷，自然恂恂[20]。惟谨敬[21]，懔[22]三缄[23]之戒矣。

注

[1] 先机：决定未来形势的时机。[2] 鞠育：抚养，养育。[3] 期期艾艾：形容口吃的人吐辞重复，说话不流利。[4] 结舌謷牙：结巴拗口。[5] 清越：清脆悠扬。[6] 闺闱：旧指妇女居住的地方。[7] 臧否人物：评论人物好坏。[8] 市井：市集或街道。[9] 鄙俚：粗野庸俗。[10] 声高音敞：声音宏大而敞亮。[11] 挑是拨非：把别人的话传来传去，有意挑拨；或在背后乱加议论，引起纠纷。[12] 尝视：常常教育。尝：同"常"。视：通假"示"，教育之意。[13] 毋诳：不要欺骗。[14] 慎言：言语谨慎。[15] 尊言：尊敬的或者不容侵犯的身份或地位。[16] 唯俞：应答声。《礼记·内则》："男唯，女俞。"孙希旦集解："唯、俞皆应辞，但唯之声直，俞之声婉，故以为男女之别。"[17] 少小：年幼。[18] 辩口利辞：善辩的口才，犀利的言辞。形容能言善辩。[19] 严正：严格公正。[20] 恂恂：恭谨温顺的样子。[21] 谨敬：谨慎诚敬。[22] 懔：危惧、戒慎的样子。[23] 三缄："三缄其口"的略语，形容说话谨慎。

第七课　举动

夫一举一动，实为德器[1]之代表。而培养德器，亦莫不肇于体育。体育良则意诚心正[2]、形端品方[3]，可以立德，可以方智，以达三育[4]之目的。其要在儿童知方[5]识数[6]之初，即宜有履中蹈和[7]之教。凡行揖[8]跪拜、饮食言语，必有其则；喜怒好恶、馈遗[9]取予[10]，必有其度。由乎细以瞻其大，一生之根本固矣。且古今之鉴观[11]人物者，恒即儿童之外容[12]，以验其家之内政，故有“要知母贤看儿衣”之语。何况款接之间，循循礼貌，有不称其母仪[13]之善乎？体育者，因也；德育者，果也。有良因，必有效果。世固未有贤母不生令子[14]者，以遗传之正也。

注

[1] 德器：道德修养与才识度量。[2] 意诚心正：心地端正诚恳。[3] 形端品方：形体端正，品德方正。[4] 三育：德育、智育、体育的合称。[5] 知方：知礼法，明大义。[6] 识数：认识数字。[7] 履中蹈和：走路脚不要偏，做事要和为贵，做人要平和点。[8] 行揖：拱手行礼。[9] 馈遗：赠予财物。[10] 取予：拿取和给予。[11] 鉴观：察视，观察。[12] 外容：外在的衣着容貌。[13] 母仪：人母的仪范。[14] 令子：佳儿，贤郎。

第八课　趋步

凡小儿女至于能行之时，虽习趋跄[1]，须从端正，切戒[2]攲斜[3]、跳掷、践踏、箕踞[4]。既失观瞻，又虞跌扑[5]；不可不留心防范，以重威仪[6]。际此兴学之时，考验运动，均尚竞走[7]。故教男子，匪特[8]行止[9]疾徐[10]宜有规，而鞋袜约束亦宜有式；庶无趑趄[11]不前之患。古人云：“男子有三紧”，脚紧其一也。

以此类推，而女子足缚[12]渐弛，步履亦与男儿相若[13]，尤当有以教之。盖乾坤既判，健顺迥殊[14]，不得任意放纵，举趾[15]扬尘[16]，失幽静之仪，损端庄之态，为守礼者所讥也。考宋时履式[17]，男子方头，妇人员[18]头，所以示别也。师古风今[19]，唯母氏之裁酌[20]焉。

注

［1］趋跄：形容步趋中节。［2］切戒：务须避免。［3］攲斜：歪斜不正。［4］箕踞：两脚张开，两膝微曲地坐着，形状像箕。这是一种不拘礼节、傲慢不敬的坐法。比喻轻慢傲视对方的姿态。［5］跌扑：受到击打或蹶踣而倒下。［6］威仪：仪表威武严肃。［7］竞走：体育竞赛项目之一。在一定距离内，比赛行走的速度，规定双脚不得同时离地，且脚着地时，膝关节不得弯曲，以先到达目的地者为胜。［8］匪特：不仅，不但。［9］行止：前进和停止。［10］疾徐：快慢。［11］趑趄：脚步不稳，行走困难。［12］足缚：缠足，古代一种陋习，用布将女性双脚紧紧缠裹，使之畸形变小。［13］相若：同样，类似。［14］健顺迥殊：刚健和柔顺很不一样。［15］举趾：举足，抬脚。［16］扬尘：扬起尘土。［17］履式：鞋子的样式。［18］员：通“圆”。［19］师古风今：学习古今。［20］裁酌：裁量斟酌。

第八章　母教篇·德育十六课

德育者，以善教成子之德也。而择邻之明[1]、啮指之信[2]，已肇基[3]于古之贤母。但规随[4]不越端，幼仪[5]开来[6]，学有所据矣。士有百行，不出乎修身事亲、知人知天之外，所向者正所存者。实循是以往，不合于道义者，盖亦鲜矣。

注

[1] 择邻之明：相传孟母为了教育好孟子而三次搬家择邻的故事。[2] 啮指之信：相传曾参每外出，其母若有事，便会自咬手指，曾参即会感到心痛而回家。啮指：咬破指头。[3] 肇基：开始建立基础。[4] 规随：按前人成规办事。[5] 幼仪：古代幼童应遵守的行为规范。[6] 开来：开辟未来的道路。

第一课　敬天地

《易》："天地絪緼[1]，万物化醇[2]。"凡世界之动物、植物、矿产等类，无一不生成于天、蕴蓄[3]于地。即人类种族之异同、境遇之通塞[4]；亦莫不由天演地设[5]，以为不贰不测[6]之常。能不寅感[7]以致敬乎？夫所以致敬者，非僭妄[8]谄佞[9]之谓，亦唯于人事尽所当为。而己苟不孝、不弟、不忠、不信；而谓“我但致诚[10]而祈祷，即能免戾[11]而获福”，无是理也。朱子有言：“阴阳成象，天道所以立也；刚柔成质，地道所以立也；仁义成德，人道所以立也。”故人有天柱[12]地维[13]之志节[14]，斯获天保[15]地毓[16]之裁成。“天道无亲，常与善人。”学者勉之。

注

[1] 细缊：同“氤氲”，烟云弥漫的样子。[2] 化醇：变化而精醇。[3] 蕴蓄：蕴藏，积蓄。[4] 通塞：通畅与阻塞。[5] 天演地设：天然所形成的事物。[6] 不贰不测：天地恒常且生生不息。[7] 寅感：深感。[8] 僭妄：越分妄为。[9] 谄佞：奉承讨好。[10] 致诚：极其真诚。[11] 免戾：免除罪过。[12] 天柱：古代神话中的支天之柱。[13] 地维：维系大地的绳子。古人以为天圆地方，天有九柱支持，地有四维系缀；故亦指地的四角。[14] 志节：志向和节操。[15] 天保：上天保佑。[16] 地毓：大地养育。[17] 天道无亲，常与善人：上天不偏向任何人，只是经常降福和保佑遵循天道的人。

第二课　爱家国

国者，集亿兆[1]蒸民[2]而立；家者，合长幼妇孺而成。有国斯有家，有家斯有身，有身斯有建树[3]。世之人，爱身家者众矣；爱国者，鲜有人焉。盖士则有“不在其位，不谋其政”之操切[4]；农则有“凿井而饮，耕田而食”之狭隘；工也商也，各营私利，不知公责[5]。国民之分际[6]，久汩没[7]而不彰矣；幸自维新以来，西学东渐[8]，先觉者[9]之著述旁搜博采[10]、翻译精详[11]，贯输[12]于学校，俾中华人士知家国之为一体，明种族之有异同。凡儿童幼经警悟[13]，自不致为旧学所蔽，将来成立，出而问世，法人之长补己短，国强而家盛，淑世[14]淑身[15]，母教之功溥[16]矣。

注

［1］亿兆：亿万，极言其数之多。［2］蒸民：民众百姓。［3］建树：不朽的功勋，事业上有很大成就。［4］操切：做事过于急躁。［5］公责：公共责任。［6］分际：界限，分寸。［7］汩没：埋没。［8］西学东渐：西方学术思想向东方的中国传播。［9］先觉者：事先认识觉察的人，觉悟早于常人的人。［10］旁搜博采：广泛地搜集。［11］精详：精密详实。［12］贯输：灌输、输送（知识、思想等）。［13］警悟：警醒觉悟。［14］淑世：改善社会。［15］淑身：改善自身。［16］溥：广大，普遍。

第三课　明孝顺

子职所当明者，首为孝，次为顺。其事奉之道，有以酒肉养志[1]，有以菽水承欢[2]，有以捧檄而色喜[3]，有因受杖而心悲[4]，皆孝也。事无巨细[5]，不自专行[6]。所游必有方[7]，所习必有业[8]。夙兴夜寐[9]，无忝尔所生[10]，皆顺也。然孝顺之理，虽根于天性，亦成于德化[11]。大凡子弟欲修大节，须矜细行[12]，侍食于尊长，必严捧羹[13]献箸[14]之仪。授物于尊长，必去斜身反手之慢[15]；辞令[16]贵温婉[17]，颜色[18]贵和柔[19]；勿因幼稚而恕之。稽古[20]之孝子，有陆郎之怀橘[21]，有老莱之戏彩[22]。顺志[23]承颜[24]，亦何论乎年齿[25]？孔子之教孝也，曰：竭力。曰：无违。二者不倍[26]，斯尽其道矣。

注

[1] 酒肉养志：指像曾子对父亲恭敬孝顺地用酒肉承欢养志。典故出自《孟子·离娄》："曾子养曾皙，必有酒肉；将彻，必请所与；问有余，必曰'有'。曾皙死，曾元养曾子，必有酒肉；将彻，不请所与；问有余，曰'亡矣'——将以复进也。此所谓养口体者也。若曾子，则可谓养志也。事亲若曾子者，可也。" [2] 菽水承欢：豆、水奉养父母，使父母欢乐。菽水：豆和水，指普通饮食。承欢：侍奉父母使其欢喜。[3] 捧檄色喜：接到委任官职的通知而喜形于色。[4] 受杖而心悲：韩伯俞被母杖责而伤心母老。典故出自刘向《说苑·建本》："伯俞有过，其母笞之，泣，其母曰：'他日笞子未尝见泣，今泣何也?'对曰：'他日俞得罪，笞尝痛，今母之力不能使痛，是以泣。'" [5] 事无巨细：事情不分大小。[6] 专行：独断独行。[7] 所游必有方：要是出游，必须要告知去处。[8] 所习必有业：学习要有个固定的方向。[9] 夙兴夜寐：早起晚睡，形容非常勤奋。[10]

无忝尔所生：不辜负、不愧对自己的父母。无忝：不玷辱，不羞愧。[11] 德化：德教，以德行感化。[12] 细行：小节，小事。[13] 捧羹：捧着羹汤。[14] 献箸：献上筷子。[15] 斜身反手之慢：斜身反手（授物）的傲慢。[16] 辞令：言辞。[17] 温婉：温和婉顺。[18] 颜色：面容，脸色。[19] 和柔：宽和柔顺。[20] 稽古：考察古代。[21] 陆郎之怀橘：指陆绩作客时，吃到母亲喜欢吃的橘子，特意带回橘子两个给母亲品尝。典故出自《三国志·吴志·陆绩传》："陆绩，字公纪。吴郡吴人也。……绩年六岁，于九江见袁术。术出橘待之，绩怀橘二枚。及归，拜辞堕地。术曰：'陆郎作宾客而怀橘乎?'绩跪答曰：'吾母性之所爱，欲归以遗母。'术大奇之。"[22] 老莱之戏彩：指老莱子穿五彩衣以娱亲的典故。《艺文类聚》卷二十引《列女传》："老莱子孝养二亲，行年七十，婴儿自娱，着五色采衣。尝取浆上堂，跌仆，因卧地为小儿啼，或弄乌鸟于亲侧。"[23] 顺志：顺从自己或他人心意。[24] 承颜：顺承他人的颜色。[25] 年齿：年龄。[26] 不倍：不背叛，不背弃。

第四课　尽友恭

古人云："兄弟如手足"，因其运用必借力伸缩，必同情不可偏废者也。人当孩提之际，母氏左提右挈[1]，前襟后裾[2]，食则同案，寝则共席，其天性之爱，诚非他人所可搀越[3]。及其长也，渐至疏薄[4]。恒谓孝弟衰于妻子，理或然矣。然妻有杀牛之愬，夫有醢之之答[5]。则浸润[6]之言，亦何由得入？是以教子者，先当使明义利之辨，轻货财而重骨肉。兄则尽友爱之情，弟则存恭顺之礼。居常相处，于饮食则教之推甘让肥[7]，于衣服则教之辞新取敝[8]。行则兄先，坐则弟右。不纵长凌幼[9]，不袒幼抑长[10]。事事处之以公正，自然化除私见，有联璧[11]之美，无阋墙[12]之恶矣。

注

[1] 左提右挈：形容父母对子女的照顾。挈：带领。[2] 前襟后裾：形容年幼时兄弟间关系密切。[3] 搀越：越出本分。[4] 疏薄：疏远淡薄。[5] 妻有杀牛之愬，夫有醢之之答：指隋吏部尚书牛弘之弟酒醉后射杀了牛弘的驾车牛，妻子告状，牛弘告知做成牛肉。典故出自《北史·牛弘传》："牛弘性宽厚，笃志于学，虽职务繁杂，书不释手。弟弼，好酒而酗，尝醉射杀弘驾车牛。弘还宅，其妻迎谓曰：'叔射杀牛。'弘闻，无所怪问，直答曰：'作脯。'坐定，其妻又曰：'叔忽射杀牛，大是异事。'弘曰：'已知。'颜色自若，读书不辍。"[6] 浸润：逐渐渗透，引申为积久而发生作用，此处指谗言。[7] 推甘让肥：推让甘甜肥美的食品。[8] 辞新取敝：辞掉新衣而取用旧衣。[9] 纵长凌幼：放纵年长的哥哥欺辱年幼的弟弟。[10] 袒幼抑长：袒护年幼的弟弟，抑制年长的哥哥。[11] 联璧：并列的美玉。[12] 阋墙：兄弟之间不和。

第五课 急公义

先哲[1]有言：凡人立身，断不可做自了汉[2]。范文正[3]做秀才[4]时，便以天下为己任，便有宰相度量[5]。今人教子，岂必[6]热中[7]名位[8]？唯不可独善其身。盖人生根本之地，以桑梓[9]为重。乡里之缓急[10]，固应极力周旋。而际此多事之秋，外患之防御，路矿[11]之筹办，学校之创建，灾祲[12]之赈恤[13]，或收利权[14]于他族，或表同情于社会，在在[15]皆公义所当，尽不宜起营私[16]之念，存推诿[17]之心。见所苟及，力所仅能，无论一省之事、一乡之事，或赞助，或督理[18]，均当同寅协恭[19]，实事求是，以期必济。人尽如此，何虑公款之不集，公务之不举哉？

注

[1] 先哲：先世的圣贤。[2] 自了汉：只顾自己，不顾大局者。[3] 范文正：即范仲淹。[4] 秀才：原指才之秀者，后作为学校生员的专称。[5] 度量：器量，涵养。[6] 岂必：何必，用反问的语气表示不必。[7] 热中：沉迷，急切地希望得到。[8] 名位：官职与品位，名誉与地位。[9] 桑梓：桑和梓，古代常在家屋旁栽种桑树和梓树，借指故乡。[10] 缓急：需要相助的事。[11] 路矿：铁路和矿山的合称。[12] 灾祲：灾异，灾祸。[13] 赈恤：赈济抚恤，以钱物救济贫苦或受灾的人。[14] 利权：经济上的权利（多指国家的）。[15] 在在：处处，各方面。[16] 营

私：谋求私利。[17] 推诿：推卸责任。[18] 督理：监督治理，督率管理。[19] 同寅协恭：同在一处为朝廷敬慎办事。寅：敬畏。

第六课　合团体

古人有言："二人同心，其义断金[1]。"而况由一乡扩之一国，合亿兆[2]人之团体？苟能达其目的，何外侮[3]之足患、内政之不修哉？然而世情险阻[4]、人情浇漓[5]。一家骨肉，尚操同室之戈[6]？而华夏[7]之大，四万万[8]生民之众，求其同志同心，其可得乎？是故团体之合，以形合不如以义合。形合者，迫于势者有之，惑于利者有之，积于忿者有之，营于私者有之。一旦为强权压力所制，必纷然[9]瓦解[10]，则合犹不合也。义合者，必天下之人佥以勤学为本、尚武为志，宗旨如一，造就如一，不期合而自合。如是乎，得团体之正矣。

注

[1] 二人同心，其义断金：只要两个人一条心，就能发挥很大的力量。[2] 亿兆：亿万，极言其数之多。[3] 外侮：来自外界、外族、外国的侵犯欺凌。[4] 险阻：指道路行进中的危险、困难、障碍，比喻险恶困难的处境。[5] 浇漓：浮薄不厚。[6] 操同室之戈：自家人动刀枪，指兄弟争吵，泛指内部斗争。同室：一家，指自己人。操：拿起。戈：古代的兵器。[7] 华夏：中国。[8] 四万万：四亿。[9] 纷然：杂乱的样子。[10] 瓦

解：比喻全部解体或溃散。

第七课　厚亲戚

同宗一脉，皆曰亲；父党、母党，皆曰戚。诸宜从厚款接，不可轻慢。凡伯叔、舅氏、姑丈、姨丈，俱父母行辈[1]，必随行侧侍，恭谨[2]趋承[3]。群从兄弟[4]及中表[5]姻娅[6]，宜一体推诚相待，毋以亲疏分厚薄也。且人生境遇有穷达[7]，家计有贫富，尤当处之有道。若人富我贫，宁可省食简用，不可腼颜[8]称贷[9]。若我富人贫，则量力相援，不可意存膜视[10]。如此设心，当父母健在，必喜子能顺志[11]。即父母不在，而能推恩[12]亲戚，亦所以体父母之心为心也。他如姑姊妹，既嫁而归，不论居住久暂[13]，概宜殷勤供备。小有费用，不可吝惜[14]，致乖戚谊[15]。唯妻党[16]之酬，应先宜禀命[17]尊亲[18]，不自专主[19]，庶免[20]偏重之过焉。

注

［1］行辈：排行与辈分。［2］恭谨：恭敬谨慎。［3］趋承：侍奉，侍候。［4］群从兄弟：堂兄弟及诸子侄。［5］中表：父亲的姊妹之子为外兄弟，母亲的兄弟姊妹之子为内兄弟，合称为“中表”。［6］姻娅：姻亲。［7］穷达：困顿与显达。［8］腼颜：厚着脸皮。［9］称贷：举债，借钱。［10］膜视：轻视。［11］顺志：顺从自己或他人心意。［12］推恩：广施仁爱、恩惠于他

人。［13］久暂：长久和短暂。［14］吝惜：吝啬，舍不得。［15］戚谊：亲戚的情谊。［16］妻党：妻子家的亲戚。［17］禀命：报告。［18］尊亲：尊贵的长辈亲人。［19］专主：独断。［20］庶免：以免，或许可以避免。

第八课　守艺业[1]

先贤[2]有言："人之有子，须使有业。"贫贱而有业，则不至于饥寒；富贵而有业，则不至于为非。盖艺业，乃资生[3]之本。务宜谨守精习[4]，不可见异思迁[5]，以致一无成就。且士为四民[6]之首，无论习何技术，必先之以文艺。俾其能通书数[7]，能作信札[8]，然后因材授教，不怠不荒[9]。在儒修[10]则思齐[11]圣哲[12]，在工师[13]则致精器用[14]，在商贾[15]则较量[16]货殖[17]，在农圃[18]则尽力耕种。语云："七十二行，行行出状元。"未可易视[19]也。昔邓禹[20]有子十人，令各守一艺；刘殷[21]有子七人，令各兴一艺。二公之家声[22]，经久不替[23]，职是故也[24]。可勿奉以为法耶?

注

［1］艺业：技艺。［2］先贤：先世的贤人。［3］资生：赖以为生。［4］谨守精习：谨慎守护，精通熟习。［5］见异思迁：遇到不一样的就思考改变趋向。［6］四民：旧称士、农、工、商。［7］书数：书写算数。［8］信札：书信。［9］不怠不荒：

不懈怠就不会荒废。[10] 儒修：贤能的儒士。[11] 思齐：想要与胜于自己的人齐等。[12] 圣哲：才德、修养达到最高境界的圣贤。[13] 工师：工匠。[14] 致精器用：致力精巧于器皿用具。[15] 商贾：商人。[16] 较量：以竞赛的方式来比较本领或实力的高下。[17] 货殖：聚积财物，使生殖蕃息以图利。即经商。[18] 农圃：农田园圃。[19] 易视：轻视。[20] 邓禹：(2—58)，字仲华，南阳新野（今河南省新野县）人。少时游学长安，与刘秀交好，新莽败亡后，投靠刘秀，辅助刘秀建国称帝，拜大司徒，封酂侯、高密侯。[21] 刘殷：字长盛，新兴（今山西省忻州市）人。十六国时期名士、官员。精通经史，性情洒脱。州郡、朝廷征召任职，推辞不就。后历任大司马军谘祭酒、新兴太守、前赵国侍中、太保、录尚书事，颇有政绩，以高寿而终。[22] 家声：家庭的名声。[23] 经久不替：经过了很久都没有废弃。[24] 职是故也：由于这个缘故。

第九课　惜光阴

古人云："光阴者，百代之过客。"嗟其易逝也。昔汉昭烈帝[1]有髀肉复生[2]之感，晋陶士行[3]有惜寸惜分[4]之励。意谓生无建白[5]，没无名称[6]，徒辜岁月，为可愧耳。今者世际艰危，民凋物敝[7]，外而强邻[8]偪处[9]，内而小丑[10]揭竿[11]。有志之士，枕戈待旦[12]，尚恐贻误[13]，其敢逸游[14]醉梦[15]、不以先哲[16]为鉴乎？况蒙幼[17]之教，必视程度以分等级，科学有次第，授受有晷刻[18]。稍一蹉跎，不独补习为难，且让后来居上[19]，不亦自悔耶？是以士人之业，必重三余[20]；女子之功，必严一线。其次农工商贾作息交易，亦有一定之时会[21]。得时则得计，失时则失计。各有光阴，各宜爱惜，不可轻负。计终身求上达[22]者，其志之。

注

［1］汉昭烈帝：刘备。［2］髀肉复生：长久不骑马，大腿上的肉又长起来了。形容长久过着安逸舒适的生活，无所作为。典故出自《三国志·蜀书·先主传》裴松之注引晋代司马彪《九州春秋》："备曰：'吾常身不离鞍，髀肉皆消；今不复骑，髀里肉生。'"［3］陶士行：即陶侃（259—334），字士行，一作士衡。东晋时期名将。出身贫寒，历官至侍中、太尉、荆江二州刺史、都督八州诸军事，封长沙郡公。［4］惜寸惜分：珍惜寸阴、分阴的时间。典故出自《晋书·陶侃传》："侃常语人曰："大禹圣者，乃惜寸阴。至于众人，当惜分阴。岂可逸游荒醉，生无益于时，死无闻于后，是自弃也。"［5］建白：对国事有所建议。［6］名称：声名称誉。［7］民凋物敝：民众生活穷困。［8］强邻：强大的邻国。［9］偪处：紧靠。［10］小丑：坏人。［11］揭竿：竖立旗竿，特指武装暴动。［12］枕戈待旦：兵器为枕，以待天明。借指时刻警惕，准备作战，连睡觉时也不放松戒备。［13］贻误：耽误，耽搁。［14］逸游：放纵游乐。［15］醉梦：酒醉如梦。［16］先哲：先世的圣贤。［17］蒙幼：蒙昧幼稚的儿童。［18］晷刻：日晷与刻漏，古代的计时仪器，借指时间。［19］后来居上：后来的超过先来的。［20］三余：三段空闲时间。典故出自

《三国志·魏志·王肃传》："冬者岁之余，夜者日之余，阴雨者时之余也。"[21] 时会：时机。[22] 上达：上进，向上发展。

第十课 勉学务

自古以来圣贤英杰[1]，靡不[2]由学术煅炼而成，况此竞争时代？无论商战、工战，及政治之考求，官制之改革，非读书穷理、审权达变[3]，焉能[4]制胜[5]占优[6]、切中綮要[7]？故劝勉[8]之道，不可不力也。母仪为教育之胚胎，以属毛离里[9]之爱，为知微论故[10]之行；效果之得，较春风时雨之化，有过之无不及也。夫横经[11]授课，师资也；和丸[12]助苦，母教也。故子弟虽就学于外，母必严督于内。下学必令覆诵[13]，休假不辍[14]温理[15]。念兹在兹[16]，自无一暴十寒[17]之虑。乃一家之政，父治其纲，母治其目。果内外夹辅[18]，何患材器[19]之不就哉？

注

[1] 英杰：英雄豪杰，才智杰出的人。[2] 靡不：无不。[3] 审权达变：能适应环境，根据环境客观情况的变化，懂得变通，不死守常规。[4] 焉能：怎么能。[5] 制胜：制服对方以取胜。[6] 占优：占取优势。[7] 切中綮要：正好击中关键。綮要：骨肉相连的地方，比喻最重要的关键。[8] 劝勉：劝导勉励。[9] 属毛离里：比喻子女与父母关系的密切，典故出自《诗经·小雅·小弁》："靡瞻匪父，靡依匪母。不属于毛？不离于

里?”［10］知微论故：根据事物萌发之初极微小的现象，论述最初的缘故。微：几微，事物萌动之初。［11］横经：横陈经籍，指受业或读书。［12］和丸：比喻母亲教子勤学。［13］覆诵：背诵。［14］不辍：不停止。［15］温理：复习整理。［16］念兹在兹：念念不忘某一件事情。［17］一暴十寒：即使是最容易生长的植物晒一天，冻十天，也不可能生长；用于比喻学习或工作一时勤奋，一时又懒散，没有恒心。［18］夹辅：辅佐。［19］材器：才能与器识。

第十一课　慎言行

言行为修身之本、立德之基，无人不当慎之。而幼稚之童，尤不可漫无检束[1]。大凡子弟幼，必使之习应对[2]、躬洒扫[3]，以端小学之规。长必教之穷经史、察世情，以严为守之限。节节步步，涵养薰陶，循之有渐，庶得心口相符、内外如一，以合寡尤[4]寡悔[5]之道。然此种教育，必内而母、外而父，以身作则，平心而细察之。但有一言伤于忠厚，一行近于妄诞[6]，皆宜即时纠正。久久习惯，自然言规行矩[7]、然诺[8]知重[9]。《易》云：“言行者，君子之枢机。”枢机[10]之发，荣辱之始，可勿深省[11]乎?

注

［1］检束：检点约束。［2］应对：应酬对答。［3］洒扫：洒水扫地。［4］寡尤：少犯过错。［5］寡悔：少懊悔。［6］妄

诞：虚妄不实，狂妄放肆。［7］言规行矩：说话、做事都很守规矩，形容为人正派。［8］然诺：允诺，答应。［9］知重：赏识，看重。［10］枢机：事物运动的关键。［11］深省：深切地反省。

第十二课　尚志节

夫人生天地之间，聚五行[1]之秀，为万物之灵，至可贵也。故无论男女，莫不有应秉之志节[2]。励之，修之，则日趋正大[3]；颓之，堕之，则日近卑污[4]。是以善教子者，必从幼坚定其心性。盖心坚则志壮，性定则节立。昔大禹治水，三过其门不入，八年而告厥成功，心坚也。苏武[5]留匈奴，节旄[6]尽落，十九年而忠心不改，性定也。至于女子之志，虽不期远大；女子之节，则必务清贞[7]。然尚节[8]者，守贞[9]不贰[10]，之死靡他[11]。亘古即今[12]，难于悉举[13]。而尚志者，亦有木兰之代戍[14]，小娥之复仇[15]，洵巾帼[16]中之丈夫也。总之，能自强必不至失志，能知耻必不至失节。教男教女，同一理也。母氏其加勉焉？

注

［1］五行：气的五种运行状态金、木、水、火、土的合称。［2］志节：志向和节操。［3］正大：公正。［4］卑污：卑鄙肮脏。［5］苏武：（前140—前60），杜陵（今陕西西安）人。汉武帝天汉元年（前100），奉命以中郎将持节出使匈奴，被扣留。匈奴贵族多次威胁利诱，欲使其投降，不从；后迁之北海边牧羊，

历尽艰辛，留居匈奴十九年，持节不屈。至始元六年（前81），方获释回汉。[6]节旄：旌节上所缀的牦牛尾饰物。[7]清贞：清白坚贞。[8]尚节：崇尚贞节。[9]守贞：保持贞操。[10]不贰：不二心，不背叛。[11]之死靡他：到死也不变心。[12]亘古即今：从古到今。[13]悉举：全部列举。[14]木兰之代戍：花木兰改易男装、代父从军，古乐府有《木兰诗》咏其事。[15]小娥之复仇：谢小娥为父与夫报仇、用计斩杀了两个恶贯满盈的江湖大盗。事见《唐传奇·谢小娥传》。[16]巾帼：古代妇女的头巾和发饰，借指妇女。

第十三课　严取予

处世之道，无论男女；取予之情，在所恒有。但当严其界限，不可滥取而无耻，滥予而无度。昔孟子称伊尹[1]曰："非其义也，非其道也，一介[2]不以予人，一介不以取诸人。"盖见乎取予二字，所关甚巨，不能不严以自制也。是以孔子于请车则辞，请粟则与。重耳[3]于馈飧[4]则受，馈璧[5]则返。近古[6]以来，复有杨震[7]之却私献[8]，曹媛[9]之屏赙钱[10]，皆取予之足法者。先哲有言："士大夫居闲得财[11]之丑，不减于室妇逾垣[12]之羞。"结纳夤缘[13]、寺观施舍[14]，不如移之周穷亲[15]、恤无告[16]，为有实惠，至理[17]也。今凡教子，宜戒其私蓄[18]、戒其专命[19]。不许私蓄，自无私取；不许专命，自无私予。如斯约法，不严而自栗[20]矣。

注

[1] 伊尹：（前1649—前1550），姒姓，伊氏，名挚。经过成汤三聘之后，担任右相，辅佐商汤打败夏桀。商朝建立后，担任尹（丞相），历事成汤、外丙、仲壬、太甲、沃丁五代君主，尊号“阿衡”，辅政五十余年，为商朝兴盛富强立下汗马功劳。[2] 一介：微小的，一点点。[3] 重耳：即晋文公（前697？—前628），晋献公之子。谦虚而好学，善于结交有才能的人。骊姬之乱时，被迫流亡在外十九年。公元前636年春，在秦穆公的支持下，回晋杀晋怀公而立。在位期间实行通商宽农、明贤良、赏功劳等政策，使晋国国力大增，成为春秋五霸中第二位霸主，开创了晋国长达百年的霸业。[4] 馈飧：赠送食物。[5] 馈璧：赠送玉璧。[6] 近古：最近的古代。[7] 杨震：（？—124），字伯起，弘农华阴（今陕西省华阴市）人。青少年时博览群书，有“关西孔子杨伯起”之称，不应州郡征辟命数十年。后举茂才出身，历官至太尉。为官正直，不屈权贵，政绩卓著。[8] 却私献：拒绝私下贿赂。[9] 曹媛：此处指班昭，嫁曹世叔，号“曹大家”。[10] 赙钱：助办丧事而赠送给丧主的钱财。[11] 居闲得财：平居无事而得钱财，借指贪污受贿。[12] 室妇逾垣：喻指男女私会偷情。室妇：内室女人，闺门女人。逾垣：跳越短墙。[13] 结纳夤缘：结交以攀缘上升，常比喻攀附权贵以求进身。[14] 寺观施舍：施舍财物给佛寺道观。[15] 周穷亲：周济贫穷的亲戚。[16] 恤无告：赈恤有疾苦而无处诉说的人。[17] 至理：真理，最好的道理。[18] 私蓄：私自贮藏，个人的积蓄。[19] 专命：不奉上命而自由行事。[20] 自栗：自己严肃。

第十四课　重廉耻

廉者，毋苟得[1]也；耻者，知自愧[2]也，为德育要义[3]。无男女、贵贱，不得须臾[4]离也。人当幼时，知思[5]未有所主，容易迁就，必宜预为之教。平居[6]之际，不许挑精选美，眈眈[7]于饮食、衣服；取盈称欲[8]，谆谆[9]于器物、金赀[10]，崇俭以养廉，知足以远耻。以贤者为法，以不肖者为鉴。彼夷齐之义绝周粟[11]，齐人之腆乞祭余[12]，不待智者而亦知所去取也。但孩提之性，爱好天然。有小过犯[13]，勿姑容[14]以纵顽劣[15]，勿辱詈[16]以损颜面。惩劝得宜[17]，所志自正。及其长也，能解穷通、利义之理，自能行乎富贵、贫贱之素。全廉养耻[18]之道，悉在其中矣。

注

[1] 苟得：不当得而得。[2]：自愧：自惭形秽。[3] 要义：要旨，重要的意义。[4] 须臾：极短的时间，片刻。[5] 知思：智慧，才智。知：同“智”。[6] 平居：平日，平素。[7] 眈眈：形容贪婪地注视。[8] 取盈称欲：满足欲望。[9] 谆谆：絮絮不休的样子。[10] 金赀：钱财。[11] 夷齐之义绝周粟：伯夷和叔齐因忠义而不吃周朝粮食至饿死。典故出自《史记·伯夷列传》：“伯夷、叔齐，孤竹君之二子也。父欲立叔齐，及父卒，叔齐让伯夷。伯夷曰：‘父命也。’遂逃去，叔齐亦不肯立而逃之。……武王已平殷乱，天下宗周，而伯夷、叔齐耻之，义不食

周粟，隐于首阳山，采薇而食之。……遂饿死于首阳山。”[12] 齐人之腆乞祭余：即墦间乞食，齐人每天向祭墓的人厚颜乞讨吃食，不以为耻，反以为荣，每次回到家中还兴冲冲表现得骄气十足。腆乞：厚颜乞求。典故出自《孟子·离娄下》。[13] 过犯：过错。[14] 姑容：姑息宽容。[15] 顽劣：顽皮不顺从，愚顽恶劣。[16] 辱詈：辱骂。[17] 惩劝：惩恶劝善，得其所宜。[18] 全廉养耻：保全廉耻。

第十五课　审交际

子弟既届成立，当去其依赖之性，充其自治之能。而支持门户，势必有交际往来。一应宾朋[1]故旧[2]，有君子未必无小人；务当审察邪正，以定亲远[3]。彼成人之美，规过[4]而责善[5]者，君子也；忌人之能，面谀[6]而助恶者，小人也。君子无妄干[7]于人，外似疏而内则无间[8]；款接之际，宜意本于诚，礼从其厚。小人则常取利于人，投好诱惑，苟无定力[9]，鲜不[10]堕其玄中[11]；宜虚敬[12]而婉却[13]，彼自无所设施也。古人有言：“近善人如近芝兰[14]，避恶人如避蛇蝎[15]。”子弟初出社会，交际一道，实为成败攸关[16]，不可不审也。

注

[1] 宾朋：宾客和朋友。[2] 故旧：故交旧友。[3] 亲远：亲近和疏远。[4] 规过：规正过失，改正错误。[5] 责善：劝勉

从善。[6] 面谀：当面恭维。[7] 妄干：非分的追求。[8] 无间：没有间隙，引申为没有隔阂。[9] 苟无定力：如果没有处变和把握自己的意志力。定力：处变和把握自己的意志力。[10] 鲜不：很少不。[11] 玄中：玄妙的道理，借指圈套、陷阱。[12] 虚敬：虚与尊敬。[13] 婉却：委婉拒绝。[14] 芝兰：芷和兰，皆香草。芝，通“芷”。[15] 蛇蝎：毒蛇与蝎子，皆为恐怖、有毒。[16] 成败攸关：密切关系着成功与失败。

第十六课　正趋向

今此时代，译务[1]盛行。侈谈[2]新学[3]者，莫不曰结团体、尚平权、主自由；反是者，则曰顽固党，腐败徒、奴隶性质。异口同声，初不问胸中之有无也。夫团体者，寓乐群[4]之义。果能实行，未必不足为强国御侮之备。但其中利害相兼，不能不有以辨别。当咸同之世[5]，湘团[6]起而宇宙[7]中兴[8]。庚子之变[9]，拳团[10]结而京畿[11]大扰[12]。一定乱，一肇乱，未可混同[13]也。然团体之弊已属如此，其余二议尚何论乎？苟或徇[14]之，则父母、师保失其尊，长幼、上下无所别。在家庭尚不可行，况乡党、朝廷耶？有教育之责者，务宜严正方针，以端儿童之趋向，庶不昧[15]问津[16]之旨焉。

注

[1] 译务：翻译。[2] 侈谈：大谈大论，夸大而不切实地谈

论。[3] 新学：清朝末年西方传入的学术思想。[4] 乐群：以友朋群居为乐。[5] 咸同之世：清朝咸丰至同治时期（1851—1874）。[6] 湘团：湖南的团练，是湘军的雏形。[7] 宇宙：天下，此处借指清朝。[8] 中兴：国家由衰退而复兴。[9] 庚子之变：清光绪二十六年庚子岁（1900），慈禧太后试图借助北方民间兴起的义和团对抗外国势力，导致八国联军攻入北京。[10] 拳团：义和团。[11] 京畿：京城及其附近。[12] 大扰：大受干扰。[13] 混同：混淆等同。[14] 徇：依从，曲从。[15] 不昧：不损坏，不湮灭。[16] 问津：探询。

第九章　母教篇·智育八课

人之初性，具有虚灵[1]；宣之则通敏[2]，窒之则闭塞，此智育之宜重也。虽人才不同，有优于天而智早开者，有优于人而智晚通者，其綮要[3]靡不[4]由于家庭之际，行所无事[5]，启之迪之，以求日就月将[6]之效焉。

注

［1］虚灵：空灵。［2］通敏：通达聪慧。［3］綮要：要领。［4］靡不：无不。［5］行所无事：在紧急关头，态度镇定，毫不慌乱。［6］日就月将：每天有成就，每月有进步；形容日积月累，精进不止。

第一课　天覆

孩提之童，至能言之时，莫不知苍苍者而为天。聪慧之儿，亦每有凛天威[1]、祈天祐[2]之理想。为母者，即可因以教之，曰："天者，覆我也。雨旸[3]时若[4]，则万物滋长。农家者流[5]，岁获有秋，吾人方免饥馑[6]。"且天之治理最广，凡时运[7]之推迁、种族之强弱、动物之灵愚[8]，植物之荣槁[9]，以及富贵贫贱之遭遇、虫沙草芥[10]之细微，天主之而人代表之，故万物以人为贵。予之力以充其体，予之智以运其神；培植于人，不可谓不厚矣。吾人既受天之锡予[11]，各当争强竞优，以成天之所不能成，庶足以立天择[12]之程焉。

注

[1] 天威：上天的威严。[2] 天祐：上天佑助、佑护。[3] 雨旸：雨天和晴天。[4] 时若：四时和顺。[5] 者流：某一品类的人。[6] 饥馑：饥荒，灾荒。[7] 时运：时光流转，节序变化。[8] 灵愚：聪明与愚笨。[9] 荣槁：繁荣和枯槁。[10] 草芥：小草。[11] 锡予：赐给。[12] 天择：自然选择。

第二课　地载

地道博厚[1]，包罗至广，矿物赖以蓄，植物赖以生，动物又赖以养。虽孩幼不能深明奥义[2]，母氏如克尽所知以为讲解，亦可为蒙学[3]之初基[4]。更备中外舆图[5]，指点东半球、西半球之别，寒带、热带之分，并示知对地者为天。天有日月，照临下土；天有星宿[6]，分定区域。故习地文者，必兼习天文。地球亦天空行星之一也。球有采色[7]，划中亚、欧美之疆土；又有界线，纪航路车轨之所经。其面积四分之三为水，四分之一为陆。水分五大洋[8]，陆分五大洲[9]。所产之物，可以利用，可以资生。取之不尽，用之不竭，诚造物[8]之无尽藏[11]也。

注

[1] 博厚：广大深厚。[2] 深明奥义：通晓内容深刻的道理。奥义：内容深刻的道理。[3] 蒙学：启蒙教育。[4] 初基：初始的基础。[5] 舆图：地图。[6] 星宿：天空的列星。[7] 采色：彩色。采：通“彩”。[8] 五大洋：太平洋、大西洋、印度洋、北冰洋和南大洋。[9] 五大洲：亚洲、欧洲、美洲、非洲、大洋洲。[10] 造物：古人认为有一个创造万物的神力，借指大自然。[11] 无尽藏：事物之取用无穷者。

第三课　雷电

春令陡燥[1]，夏令酷热[2]，皆致雷电。当其轰掣[3]之际，幼儿辈无不悚惧[4]者；是赖母氏以温言[5]定其心志，使无惊骇[6]。并据传志所述雷电之原以语之，曰雷者，天之鼓也。雷电交作[7]，天威震耀[8]也。阴阳相薄，则为雷引水，发光则成电。所以开发萌芽，辟阴除害，滋雨以润物也。泰西[9]各国精求其理用，制电灯、电车、电报、德律风[10]之类，环球便之。吾华虽有仿造者，然已步后尘[11]矣。但其中危险，亦多或致触犯，每有性命之虞。故凡近电之处，当知引避之法。不宜狎玩[12]，自贻伊戚[13]。儿童他日讲求光学，此亦格致[14]之助也。

注

[1] 春令陡燥：春季非常干燥。[2] 夏令酷热：夏季非常热。[3] 轰掣：雷声轰鸣，闪电飞掣。[4] 悚惧：害怕。[5] 温言：温和的话语。[6] 惊骇：惊慌害怕。[7] 交作：齐作，交相而起。[8] 震耀：雷声震动，电光闪耀。[9] 泰西：犹极西，旧泛指西方国家，一般指欧美各国。[10] 德律风：电话英语 telephone 的音译。[11] 步后尘：跟在别人后面追随、模仿。后尘：走路时扬起的尘土。[12] 狎玩：戏弄。[13] 自贻伊戚：比喻自寻烦恼，自招忧患。贻：遗留。伊：此。戚：忧愁，悲哀。[14] 格致：清朝末年讲西学的人用它做物理、化学等自然科学的总称。

第四课 岁时

《礼》：“九年，教之数日。”则岁时[1]之纪，亦童子之职也。母氏家政余间，宜翻检历宪[2]，详示干支[3]之配合，节令[4]之交迁。一则以知房虚星昴[5]之轮值，二则以触白驹过隙[6]之感愤[7]。并喻以日出为昼，日入为夜，一昼夜有二十四小时。月有大建[8]、小建[9]之分，年有春夏秋冬之别。三年一闰，五年再闰。十日为一旬，十年为一纪，六十年为一甲子。自黄帝[10]至今，已历七十六甲子矣。外国则以日为号，一月有二十八号，有三十一号者。四年有一闰日，百年为一世。自耶苏[11]至今，已十九世。今者举凡[12]交涉之件，必列中西年号，用特旁及[13]耳。

注

[1] 岁时：一年四季。[2] 历宪：历法。[3] 干支：天干和地支的合称。以十干和十二支循环相配，可成甲子、乙丑、丙寅……等六十组，叫做“六十花甲子”。古代用来表示年、月、日、时的次序。例如现今农历的年，仍用干支表示。[4] 节令：节气时令。[5] 房虚星昴：中国传统天文历法中二十八星宿的星宿名。[6] 白驹过隙：比喻时间过得快，光阴易逝。[7] 感愤：有所感触而愤慨。[8] 大建：农历的大月，有 30 天。[9] 小建：农历的小月份，只有 29 天。[10] 黄帝：上古帝王轩辕氏的称号。姓公孙，生于轩辕之丘，故又称“轩辕氏”。建国于有熊，也称为“有熊氏”。打败暴虐无道的蚩尤，成为天下的共主。因有土德之瑞，故称为“黄帝”。相传在位时间很久，国势强盛，政治安定，文化进步，还有文字、音乐、历数、宫室、舟车、衣裳和指南车等许多发明和制作，后被奉为中华民族的共同始祖。[11] 耶苏：即耶稣，基督教所信奉的救世主。[12] 举凡：凡是。[13] 旁及：连带涉及。

第五课　动物

夫山陵之广，湖海之深，飞走潜藏，无美不具。在博物之士，尤难别其种类。况妇女见闻狭隘，焉能穷其究意[1]？但童蒙[2]之求，不在幽隐[3]。为母者，能就耳目所及以语之，即已受益不浅[4]。譬若[5]见小儿调弄猫犬禽鱼之属，则当因而指示，曰："此为动物类也，两其翼者为禽，四其足者为兽。"禽虽供玩好[6]、充庖厨[7]而翎毛[8]可装被褥、扎帚扇[9]，利用亦广。兽则资驱策[10]、备祭祀，其骨角、皮毛均有合宜之制造。其他鳞介[11]昆虫，或怀珠、或孕宝、或吐丝、或酿蜜，亦有济时[12]之要。古人云："天生我材必有用。"可以人而不如物乎？学者其勉力为之。

注

[1] 究竟：结果，原委。深入研究之意。[2] 童蒙：年幼无知的儿童。[3] 幽隐：隐晦。[4] 受益不浅：得到益处不小，收获不小。[5] 譬若：譬如，例如。[6] 玩好：玩赏与爱好。[7] 庖厨：厨房。[8] 翎毛：鸟翎与兽毛。[9] 帚扇：扫帚和扇子。[10] 驱策：驾驭鞭策。[11] 鳞介：泛指有鳞和介甲的水生动物。[12] 济时：济世，救时。

第六课　植物

夫植物者，统稻粱、菽粟[1]、蔬果、花木而言。其滋长繁缛[2]，虽视土地之肥硗[3]；而树艺[4]收获，亦视人功[5]之勤惰[6]，非可略也。但孩童吃着现成，焉知米从稻出、丝自蚕抽？

是在母氏迎机[7]开譬[8]。当其食也，则讲农力之艰难，如何布种分秧、簸扬舂碾，历千辛万苦，始获供我盘飧[9]。当其衣也，别述女工之劳苦，如何采桑摘绵、纫麻绩苎，费几许[10]工夫，方能备我衣服。至于竹木为用更广，造舟车、建屋宇，无不取其材；制什器[11]、作音乐，无不与其选。其外应用尚多，笔难罄述[12]也。即花草、蔬果之类，资玩赏、备药笼、供郇厨[13]、织帽履[14]，樟可熬脑[15]，蔗可煮糖，桐茶[16]可榨油，粱糯[17]可酿酒，各有相当之施设[18]。儿童幼习壮行[19]，治农治圃，亦资生[20]之策也。

注

［1］菽粟：豆和小米。［2］繁缛：繁密茂盛。［3］肥硗：肥沃与贫瘠。［4］树艺：种植，栽培。［5］人功：人力。［6］勤惰：勤劳和懒惰。［7］迎机：顺应意向，抓住机会。［8］开譬：开导劝说。［9］盘飧：盘盛食物。［10］几许：疑问代词，几多，多少。［11］什器：各种生产用具或生活器物。［12］磬述：即罄述，全部说出。［13］郇厨：即“郇公厨”“郇国厨”，盛宴。典故出自《云仙杂记》卷三：“韦陟厨中，饮食之香错杂，人入其中，多饱饫而归。语曰：‘人欲不饭筋骨舒，夤缘须入郇公厨。’”［14］帽履：帽子和鞋子。［15］熬脑：熬炼樟脑。［16］桐茶：油桐子和油茶子。［17］粱糯：高粱和糯米。［18］施设：应用。［19］幼习壮行：幼时努力学习，壮时便可施展抱负。［20］资生：赖以为生。

第七课 善诱

善诱者，乃循序以牖[1]儿童之灵性也。但童真之性，亦犹湍水[2]。或东或西，初无定向。非于幼时扬清激浊[3]，活其源流。纵将来从师就学，徒呻其佔毕[4]，不能通其蕴奥[5]，亦无益也。盖家庭之内，母之于子，抚鞠[6]提携，亲爱无间。既悉其志趣[7]，又谂[8]其好尚[9]。举凡食息[10]起居[11]之事，属耳[12]寓目[13]之情，皆可随宜[14]开譬[15]。暇时[16]或翻绘图书籍，与之讲解，或报浅近算术，教之乘除。他如敲针作钓、范纸为鹤、撰诗钟[17]、射灯虎[18]，无妨[19]试行，借启思路。朝夕对待，引人入胜[20]之义甚多。特患不知施教，不患不知效法[21]也。

注

[1] 牖：窗户，借指启发。[2] 湍水：萦绕的急流。[3] 扬清激浊：冲去污水，让清水上来。借指惩恶扬善。[4] 佔毕：即占毕，诵读。[5] 蕴奥：精深的含义。[6] 抚鞠：抚养。[7] 志趣：志向与情趣。[8] 谂：知悉。[9] 好尚：喜好，崇尚。[10] 食息：吃饭休息。[11] 起居：日常生活作息。[12] 属耳：注意倾听。[13] 寓目：过目。[14] 随宜：就其所宜，便宜行事。[15] 开譬：开导劝说。[16] 暇时：闲暇的时候。[17] 诗钟：中国古代文人的一种限时吟诗文字游戏，限一炷香工夫吟成一联或多联，香尽鸣钟，所以叫做“诗钟”。[18] 灯虎：灯

谜。[19] 无妨：不妨，没有妨碍。[20] 引人入胜：十分吸引人的、使人沉醉的事物、事情。[21] 效法：学习，模仿。

第八课　博闻

谚云："百闻不如一见"，实不尽然。大凡儿童不常出外，寓于目者甚少。苟能[1]博闻强记[2]，亦开通之一助。盖聪颖之儿，无不喜听故事及穷究物理。母氏或引喻古今，启其思齐[3]自省[4]之感念。或述所见闻，开其即景生情[5]之智慧。然演说一切，最宜于纳凉[6]露坐[7]，又宜于冬夜围炉。当此之时，见星月，则示以日月皆星之新理，日为恒星、常居一方而不移者，月为行星、常绕日而转者；见炉炭，则示以炉出于矿质，或铜或铁，赖工师[8]鼓铸[9]以成器，炭本于木质，或松或栎，赖火力煅炼[10]以济用。总而言之，就事论事，无用他求也。

注

[1] 苟能：假使能够，如果能够。[2] 博闻强记：形容知识丰富，记忆力强。[3] 思齐：想要与胜于自己的人齐等。[4] 自省：自我反省。[5] 即景生情：对眼前的情景有所感触而产生某种思想情感。[6] 纳凉：乘凉。[7] 露坐：露天而坐。[8] 工师：工匠。[9] 鼓铸：鼓风扇火以冶炼铸造。[10] 煅炼：冶炼。

第十章　家政篇四十课

闺门之教，至女范立、妇职修、母仪备，固已徽美[1]昭著[2]矣。然尚有验之于家政者在焉。家为国之本，施于家，然后可施于国。要在明毓才[3]之道，知藏富之理，持防护保守之大纲，综筹算[4]操作之细微，俾老幼男女得所维系[5]，庶乎[6]家昌而国盛矣。

注

[1] 徽美：美好，多指美德。[2] 昭著：明显，显著。[3] 毓才：养育人才。[4] 筹算：谋划计算。[5] 维系：维持和联系。[6] 庶乎：庶几乎，差不多。

第一课　肃规矩

程子[1]有言："明于内而巽[2]于外，处家之道也。"大凡为主妇者，必谨饬[3]闺门，防微杜渐[4]。虽接众御下[5]，尚宽忌严[6]，然亦宜酌量[7]限制。宽则毋近放纵，严则毋近溪刻[8]。饮膳[9]有定时，不许参前落后[10]。服用[11]有定制，不许徇俗[12]趋时[13]。事权[14]画一[15]，肃正[16]中自见雍和[17]气象，终则吉也。若主妇一味姑容[18]，不知整顿[19]；外则纷嚣[20]，内则嘻嗃[21]。袒庇[22]其男，致荒游废业；溺爱其女，惟修态[23]养娇[24]。不修晨省昏定[25]之仪，不遵必告必面[26]之礼。此种行为，纵目前隆盛[27]；悖礼逾范[28]而能持久者，未之有也。是则贤妇之求、规矩之肃，不为家政之首要哉？

注

[1] 程子：程颐、程颢兄弟的尊称。[2] 巽：同“逊”，谦逊。[3] 谨饬：谨慎小心。[4] 防微杜渐：指当错误的思想和行为刚有苗头或征兆时，就加以预防与制止，坚决不让它继续发展。[5] 接众御下：接待众人，驾驭奴仆。[6] 尚宽忌严：崇尚宽裕，忌讳严苛。[7] 酌量：斟酌估量。[8] 溪刻：刻薄，苛刻。[9] 饮膳：饮食。[10] 参前落后：或在前，或在后，不整齐。[11] 服用：穿着服饰，使用物品。[12] 徇俗：顺随时俗。[13] 趋时：迎合潮流，迎合时尚。[14] 事权：事情和职权。[15] 画一：一致。[16] 肃正：严肃端正。[17] 雍和：雍容和睦。[18] 姑容：姑息宽容。[19] 整顿：整治。[20] 纷嚣：纷乱喧嚣。[21] 嘻嗃：嬉笑喊叫。[22] 袒庇：袒护包庇。[23] 修态：美好的姿态容貌。[24] 养娇：养成娇气。[25] 晨省昏定：晚间服侍就寝，早上省视问安；旧时侍奉父母的日常礼节。[26] 必告必面：即“出必告，反必面”，指旧时子弟出门一定要告诉家长，回来的时候也要拜见家长。[27] 隆盛：昌盛，兴盛。

[28] 悖礼逾范：违背礼仪，逾越规矩。

第二课　正名分

先哲[1]有言："一家有一家之名分[2]，循之则和以安，违之则祸败立见。"至理也！盖治家如治国，名苟不正，在国际则民不知所措[3]，在家庭则众不知所归，诚不可不思防范之道。当政教[4]昌明[5]之世，风俗敦庞[6]，无论闾阎[7]阀阅[8]、父子兄弟，秩序不紊。迨平等之说兴，无知子弟竟蔑视尊卑，任兴[9]独断[10]，乖争[11]凌犯[12]，视为固然[13]。父母偶加训责[14]，则嗔眉努目[15]，曰逞压力也，夺自由也。渐渍[16]日深，不独天性[17]泯灭[18]，而礼义[19]亦遂沦亡[20]矣。尚何名分之足云哉？此固恶习之染，亦由教法未严。主妇其循名责实[21]，以敬约男，以顺约女，毋以小加大，毋以贱冒贵，各安分位；则化僭妄[22]，为肃雍[23]矣。

注

[1] 先哲：先世的圣贤。[2] 名分：名位与身份。[3] 不知所措：不知道怎么办才好。[4] 政教：政治与教化。[5] 昌明：兴盛。[6] 敦庞：敦厚朴实。[7] 闾阎：里巷内外的门，借指乡里民间。[8] 阀阅：古代贴在门上的功状，在左的称为"阀"，在右的称为"阅"；借指巨室世家。[9] 任兴：任性。[10] 独断：凭自己的主见决断事情。[11] 乖争：争执，纷争。

[12] 凌犯：侵犯，侵扰。[13] 固然：本来就如此，理应如此。[14] 训责：训诫和斥责。[15] 嗔眉努目：竖起眉毛，瞪大眼睛；形容态度严厉、生气。[16] 渐渍：浸润。[17] 天性：人出生就具有的秉性。[18] 泯灭：灭绝，消失。[19] 礼义：礼法道义。[20] 沦亡：丧失，沦落。[21] 循名责实：按着名称或名义去寻找实际内容，使得名实相符。[22] 僭妄：僭越妄为。[23] 肃雍：庄严雍容。

第三课　严表率

夫一国之治乱，视良相[1]之仪型[2]。一家之盛衰，视贤妇之表率[3]。国与家同一理也。良相者，上赞枢机[4]，下育万物，外镇抚[5]四夷[6]，内亲附[7]百姓，使寮属[8]各称其职焉。良妻[9]者，上事舅姑[10]，次相夫子[11]，外支应门庭，内教育儿女，俾老幼各得其所焉。主妇之耽负[12]，固匪轻矣。可勿修己以正人[13]乎？古人有言：己能勤，众何敢惰？己能俭，众何敢奢？己能公，众何敢私？己能诚，众何敢伪？至理也。又《女训》云："妇人不谙[14]中馈，不入厨堂，不可以治家。结伴联社[16]，呈身露面[17]，不可以齐家。"细绎思[18]之，主妇之操行，不与家政相终始[19]也哉？

注

[1] 良相：贤能的宰相，泛指能治国兴邦的人才。[2] 仪

型：楷模，典范。[3] 表率：榜样，模范。[4] 枢机：枢与机，事物的关键部分，借指朝廷的重要职位或机构。[5] 镇抚：安抚。[6] 四夷：古代华夏族对四方少数民族东夷、西戎、南蛮、北狄的总称，泛指外族、外国。[7] 亲附：亲近依附。[8] 寮属：僚属，属官。[9] 良妻：贤良的妻子。[10] 舅姑：公公婆婆。[11] 夫子：丈夫。[12] 耽负：担负，承担。[13] 修己以正人：修养自身以匡正他人。[14] 不谙：不熟悉。[15] 中馈：家中职司饮食的事。[16] 结伴联社：结识同伴，组织社团。[17] 呈身露面：旧时指妇女走出闺房，不避生人，出现在大庭广众前。[18] 绎思：推究思考。[19] 终始：从开头到结局。

第四课　广扶植

管子[1]有言："终身之计，莫如树人。"树人者，谓济而成立之也。家庭教育为国民之根柢[2]，扶植人材亦主妇之分也。大凡天之生人，既有智愚、雄懦[3]之禀赋[4]，即有量才尽器[5]之裁成[6]。上焉者，或经文纬武[7]，以为匡时[8]之备。次焉者，或务农业商，以为致富之资。故无论小知[9]、大受[10]，皆当审能力以造就[11]之。夫肃家政者，期永久耳。若不使子弟勉于有为，守成[12]尚不可，必遑论[13]创建[14]乎？况扶植之义，不独己之子姓[15]宜然。推而至于族戚[16]、至于乡党，或无力就业者，亦宜助其赀用[17]。俾跻于成里有仁[18]，邦有彦[19]，亦得类应之光焉。

注

[1] 管子：即管仲（前723—前645），姬姓，管氏，名夷吾，字仲，谥敬，颍上（今安徽省颍上县）人。曾担任齐国国相，辅佐齐桓公成为春秋五霸之首。[2] 根柢：根本。[3] 雄懦：雄豪和懦弱。[4] 禀赋：人所具有的智力、体魄等素质、天赋。[5] 量才尽器：根据材料而制成器具，借指根据才华而培养器识。[6] 裁成：裁剪制成。[7] 经文纬武：具备文武双全的治理国家的本领。[8] 匡时：匡正时世，挽救时局。[9] 小知：小智慧。[10] 大受：承担重任，委以重任。[11] 造就：培养使有成就。[12] 守成：保持前人创下的成就和业绩。[13] 遑论：不必论及，谈不上。[14] 创建：创立。[15] 子姓：子孙。[16] 族戚：宗族亲戚。[17] 赀用：钱财费用。[18] 里有仁：乡里有仁德的人。[19] 邦有彦：城邦有杰出人才。

第五课 专责任

夫男女之际，既有两仪[1]之判；而乾刚坤柔，蕴抱[2]各有优胜。妇道应承之责，固不及男子之重大，而所当专任则一也。但阃以内琐屑[3]凌杂[4]之事，有非男子所能者。妇人或优为之，非才之胜也，乃性之近也。盖妇人用心专一贞静[5]，再增之以学识，益之以明察[6]；故于一家之政，凡尊亲之事奉，卑幼之扶持，妯娌之匡助[7]，仆婢之监督，亲戚之款接[8]，皆宜委之令之。俾得治财产以裕一家之生计，谨卫生以保一家之寿康[9]，防灾患以宁一家之居处，修品物[10]以供一家之膳饮[11]。视此种种，主妇非具兼德而克称职耶？勉之！勉之！

注

[1] 两仪：天地。[2] 蕴抱：怀藏抱负。[3] 琐屑：琐细零碎。[4] 凌杂：杂乱无条理。[5] 贞静：端庄娴静。[6] 明察：观察入微。[7] 匡助：辅助，协助。[8] 款接：款待。[9] 寿康：长寿健康。[10] 品物：物品，东西。[11] 膳饮：饮食。

第六课　尚勤俭

主妇之职，谨事蓄[1]，理繁巨[2]，毋或怠荒[3]者，勤也。恶衣服、菲饮食，毋敢僭侈[4]者，俭也。然小家之妇，压线缝裳，牵萝补屋[5]，以妇功代男功，以余布易余粟，亦尽有兴家者。所谓勤俭为黄金之本也。至若[6]大家之妇，虽耕有奴，织有婢，司爨[7]有仆役；而主人苟静坐熏香，不自监督，亦未必能收实效。故每日庖厨巡视，仍不可略。凡遇儿童挑剔饭菜，婢妪[8]抛撒五谷[9]，以及喧嚣污秽，皆当随时训饬[10]。柴米油盐，常加调查。宁可明施，不可暗耗。事宜早为，物宜早备者，必预先部署。既免仓忙[11]，又得廉价。勤与俭，均在其中矣。

注

[1] 事蓄：泛指维持一家生活。[2] 繁巨：复杂而艰巨。[3] 怠荒：懒惰放荡。[4] 僭侈：奢侈过度。[5] 牵萝补屋：拿藤萝补房屋的漏洞，形容生活贫困、挪东补西。[6] 至若：至于。[7] 司爨：掌管炊事。[8] 婢妪：年轻和年老的妇女仆役。[9] 五谷：五种谷物。古代有多种不同说法，一种指稻、黍、稷、麦、菽，另一种指麻、黍、稷、麦、菽。[10] 训饬：教训诫勉。[11] 仓忙：匆忙。

第七课　崇节省

保家之道，节省为先。苟穷奢极欲[1]，一味浪费，未有不败者。但节财莫如惜物，省费莫如制用。大凡衣服之华者，常御则退色易旧，宜善藏以为章身[2]之美观。器用之精者，常用则磕碰易损，宜珍袭以为宴会之盛设。谚云："在家爱好看，出外不新鲜。"其言可味也。总之，衣取朴素，器取坚结[3]，庶免[4]数易耳。至于酬应[5]往来，当丰则丰，当简则简，不可固执成见[6]，致失礼仪。然计较锱铢[7]者，每借节省以售悭吝[8]。主妇幸明于自讼，宁省己而不欲省人。积厚流光[9]，以垂永久。兴家裕后[10]之计，无出此矣。

注

[1] 穷奢极欲：形容奢侈和贪欲到了极点。[2] 章身：遮蔽

身体。章：同“彰”。[3] 坚结：坚固结实。[4] 庶免：以免，或许可以避免。[5] 酬应：应酬，应对。[6] 固执成见：顽固地坚持自己的意见，不肯改变。[7] 计较锱铢：对很少的钱或很小的事情都十分计较。锱、铢，都是古代很小的重量单位。[8] 悭吝：吝啬，小气。[9] 积厚流光：积累的功业越深厚，则流传给后人的恩德越广。[10] 兴家裕后：使家庭兴盛、后代富裕。

第八课　警旭旦[1]

喜逸恶劳[1]，人之通病。抑知怠玩荒嬉[3]，失时废事之萌蘖[4]。勤苦振作，兴家创业之根荄[5]。主妇总一家之政，为一家之则。事无巨细[6]，不可因循。第一宜早起，不但梳沐[7]从容，指挥间暇，且得吸受朝气，以畅精神而消炭浊，习劳操作又可多得数时。谚云：“一日之计在于寅[8]。”早起之益，顾不大哉？若主妇贪眠晏起，家众因而效尤[9]。洒扫不洁，炊煮[10]失宜。有客临门，诸凡仓促，已属可讥。而幼孩不耐久卧，恒多先起。为母者失于照料，科头跣足[11]者有之，贪嘴买食者有之。既恐防害卫生，又恐习于馋惰[12]。主妇可勿勉为其难哉？

注

[1] 旭旦：初升的太阳，借指时光。[2] 喜逸恶劳：喜欢安逸，讨厌劳动，用来形容人生活习性懒惰，贪图清闲安逸。[3] 怠玩荒嬉：怠惰而疏忽，玩乐而荒废。[4] 萌蘖：喻指事物的开

端。萌：生芽、发芽。蘖：树木砍去后又长出来的新芽。[5] 根荄：植物的根，比喻事物的根本。[6] 事无巨细：指事情不分大小。[7] 梳沐：梳洗。[8] 一日之计在于寅：即“一日之计在于晨”。寅：此处指寅时，即凌晨三点至五点。[9] 效尤：仿效坏的行为。[10] 炊煮：烧火煮物。[11] 科头跣足：不戴帽子，光着脚；比喻极为随意，不受拘束。[12] 馋惰：懒惰贪吃。

第九课　习看护

夫家庭看护，不出养老扶幼之范围，诚主妇所当娴习[1]者。但子道承奉[2]，前课牺[3]详，此篇约略[4]申论[5]而已。总之，养亲要旨，不外诚求。纵属健康，亦勿懈怠[6]。毋任独处，毋任独行。饥饱必询，寒热必瞻。听于无声，视于无形。致其殷勤，即尽其孝谨[7]也。至若稚儿幼女[8]之间，不徒挽髻颒面[9]，曲示慈仁[10]。要在以目前之养，预将来之教。食取滋体，衣取称身。且令常习运动，常受清气，则必无病而多寿。常见溺爱不明之母，昧于鞠育[11]之道。每每[12]膏粱文绣[13]以侈之，重帏厚幕[14]以贮之；犹植花卉于房栊[15]，虽勤于灌溉而不见风，日求其畅茂[16]也难矣。慎之！慎之！

注

[1] 娴习：熟习。[2] 承奉：承命奉行。[3] 牺：同“粗”。[4] 约略：大致，大体上。[5] 申论：论述，说明。[6]

懈怠：松懈懒散，松散怠慢。[7] 孝谨：孝顺而恭谨。[8] 稚儿幼女：幼稚儿女。[9] 挽髻頮面：梳挽头发，清洗面容。[10] 曲示慈仁：周到地表达慈善仁爱。[11] 鞠育：养育。[12] 每每：每次，经常。[13] 膏粱文绣：精粮和华服，泛指富贵人家的奢华生活。[14] 重帏厚幕：一层又一层厚实的帷幔，借指深门大院。[15] 房栊：房屋。[16] 畅茂：旺盛繁茂。

第十课　衡赏罚

为善则赏，为恶则罚，天下事之至公也。然处家庭之际，则又不同。有应原情[1]者，有应酌礼[2]者，不得以一己之喜怒爱憎，任意为之。盖一家之众，人品既有高下，赏罚亦有异同。凡至亲骨肉，如犹子[3]、己子等辈，或孝友仁让[4]，或光明磊落，或发愤读书，或专心习艺，均有应赏之道。或锡以适用之物，或赐以褒美[5]之言，奖善即所以形恶。纵有不肖[6]者，亦当知所自修矣。至若仆从婢妪[7]，有操作出力者则嘉勉[8]而酌赏之，怠惰[9]偷安[10]者则严谕[11]而切戒[12]之。事事权其轻重，不没善[13]、不袒恶[14]，斯得持衡[15]之义矣。

注

[1] 原情：推究本情。[2] 酌礼：斟酌礼制。[3] 犹子：侄子。[4] 仁让：仁爱谦让。[5] 褒美：褒奖赞美。[6] 不肖：不成材，不正派。[7] 仆从婢妪：男女仆人丫鬟。[8] 嘉勉：嘉

奖勉励。[9] 怠惰：懈怠懒惰。[10] 偷安：苟安，只求目前的安逸。[11] 严谕：严肃告谕。[12] 切戒：严肃告诫，务须避免。[13] 没善：隐没良善。[14] 袒恶：袒护丑恶。[15] 持衡：公允地品评人才。

第十一课 制偏私

东汉第五伦[1]有言："吾兄子尝病，一夜十往，退而安寝[2]。吾子有疾，虽不省视，而竟夕不眠。"此虽贤者自讼[3]之语，亦见制偏私之难也。然褊心[4]之存，男子不免。巾帼之流，能勿自省耶？故为主妇者，不偏听则家和，不偏爱则众服。若未经析箸[5]之家，兄弟妯娌同居共爨[6]，尤当克己以恕人，劳均而利共。犹子、己子，视为一体。朝夕相聚，小儿辈难免纷争；但责己子以谢之，则嫌疑自化。勿倚事权在手，任意施为。薄记[7]不明，蓄积独厚。或袒护孩提，或信任奴仆。人各一心，勃溪[8]时见矣。主家政者，其早防之。

注

[1] 第五伦：字伯鱼，京兆郡长陵县（今陕西省泾阳县）人。个性耿介，重视义气。东汉初，举孝廉出身，历官至大司空。[2] 安寝：安稳地熟睡。[3] 自讼：自己责备自己。[4] 褊心：心胸狭窄。[5] 析箸：谓分家。箸，筷子。[6] 同居共爨：一起居住一起吃饭。爨：灶。[7] 薄记：账簿。[8] 勃溪：

吵架，争斗。

第十二课　秉公平

齐家要义，贵得其平。谚云：“人平不语，水平不流。”平者，公正之谓也。大凡一家上下，属在屏幪[1]者，各宜因其地位，循礼善遇。金钱不苟，衣食惟均，不使一人失所，则众情绥服[2]矣。昔者汉陈平[3]里社[4]分肉，父老羡其公平，平曰：“使平得宰天下，当如是肉。”公平可治天下，何况一家乎？但人心如面，贤愚不等。或逞私[5]怀嫉[6]，或竞短争长，有时仍费曲折，不得竟行其直。此又见主家者之难也。夫张公九世同居，惟尚一“忍”字。郑氏聚族千人，惟尚一“公”字。忍则有容，公则必正。循是而行，何患家之不治耶？

注

［1］屏幪：古代称帐幕之类覆盖的东西。［2］绥服：平定征服。［3］陈平：（？—前178），西汉王朝的开国功臣之一。少时喜读书，有大志，先后参加楚汉战争和平定异姓王侯叛乱诸役，成为汉高祖刘邦的重要谋士。汉高祖死后，吕后以陈平为郎中令，傅教惠帝，后升任丞相。吕后死，陈平与太尉周勃合谋平定诸吕之乱，迎立代王为文帝（汉文帝）。［4］里社：古代里中祭祀土地神的处所，借指乡里。［5］逞私：放纵私心。［6］怀嫉：心怀嫉妒。

第十三课　达权变

《易》云："男正位乎外，女正位乎内[1]。"外言不入于阃，内言不出于阃[2]。所以严礼法，别权限也。然全盛之家，更际承平[3]之世，室家[4]团聚，闾阎安堵[5]；无暌离[6]之感、风鹤[7]之惊、出位[8]之思，所当戒矣。若式微[9]之族，又当多事之秋[10]，丈夫则急难趋公[11]、不遑启处[12]，儿郎则髫年稚齿[13]、少不更事[14]；斯时治内治外，能不专资主妇乎？而欲静处深闺[15]，不闻不问[16]，其可得耶？但范围不可全弛，嫌疑终当引避。遇有与男宾面议之事，当延款[17]于堂皇[18]之所，必得长亲[19]在坐、卑幼[20]侍侧[21]，方可晤言[22]。庶事举而礼不废，得从宜[23]之道矣。

注

[1] 男正位乎外，女正位乎内：妇女应在家中坚守岗位，男子应在外面坚守岗位。[2] 外言不入于阃，内言不出于阃：外面的话不传入闺室，闺室的话不外传。阃：门槛，借指妇女居住的内室。[3] 承平：太平，社会秩序安定平稳。[4] 室家：家庭或家庭中的人。[5] 闾阎安堵：平民百姓安居。[6] 暌离：分离，离散。[7] 风鹤："风声鹤唳"的省略，形容疑惧惶恐、自相惊扰。[8] 出位：越位，超越本分。[9] 式微：衰微，衰败。[10] 多事之秋：事故或事变很多的时期，多指动荡不安的政局。[11] 急难趋公：危急患难之中奔赴公事。[12] 不遑启处：没有

闲暇的时间过安宁的日子，借指忙于应付繁重或紧急的事务。[13] 髫年稚齿：童稚之年。[14] 少不更事：年纪轻，没有经历过什么事情；借指经验不多。[15] 静处深闺：静静地呆在妇女居住的内室。[16] 不闻不问：不打听也不过问，形容对有关的事情漠不关心。[17] 延款：接纳款待。[18] 堂皇：宽敞高大，雄伟豪华。[19] 长亲：有亲属关系的长辈。[20] 卑幼：晚辈年龄幼小者。[21] 侍侧：陪侍左右。[22] 晤言：见面谈话，当面谈话。[23] 从宜：采取适宜的做法，怎么适宜便怎么做。

第十四课　务宽大

宽仁大度，世称美德。施诸乡党而名誉立，施诸家庭而让德[1]臻。不独男儿，宜有此涵容[2]；即属妇道既为一家之主，亦必有此忍耐。凡百事件切忌苛刻烦细[3]，寓精明于浑厚。骨肉之间，接之以慈和。仆从[4]之际，感之以恩惠。渐渍[5]化导[6]，在昆季[7]自可和衷共济[8]，在卑幼亦必诚意服从，毫无捍格[9]。昔者唐肃宗[10]语郭令公[11]云："不痴不聋，不作阿翁[12]。"容忍也。刘宽[13]婢羹污朝衣[14]，公但问羹烂汝手，仁恕也。容忍、仁恕，所以成宽大之德也。而姑息之爱，亦近似之。主妇宜如何鉴别实行，庶几冬日之可爱，差胜[15]夏日之可畏耳。

注

[1] 让德：谦让的品德。[2] 涵容：包涵，宽容。[3] 烦

细：繁杂琐碎。[4] 仆从：跟随在身边的仆人。[5] 渐渍：浸润。[6] 化导：教化开导。[7] 昆季：兄弟。[8] 和衷共济：比喻同心协力，克服困难。[9] 捍格：互相抵触，格格不入。[10] 唐肃宗：即李亨（711—762），初名李嗣升，又名李浚、李玙、李绍，唐玄宗李隆基第三子。开元二十六年（738）被立为太子。安史之乱起，被任为天下兵马大元帅，领朔方、河东、平卢节度使，负责平叛。唐玄宗西逃川蜀，李亨在马嵬坡为百姓所留，与玄宗分道，北上至灵武。至德元载（756），在灵武即位，尊玄宗为太上皇。宝应元年（762），病卒，庙号肃宗。[11] 郭令公：即郭子仪（697—781），华州郑县（今陕西省渭南市）人。唐代中兴名将。[12] 不痴不聋，不作阿翁：长辈对晚辈的过失要能装糊涂。[13] 刘宽：（120—185），字文饶，弘农郡华阴县（今陕西潼关）人。自少博通诸艺，历官至太尉。以宽和待人著称。[14] 婢羹污朝衣：丫鬟端的菜汤沾污了礼服。朝衣：大臣上朝时穿的礼服。[15] 差胜：稍微超过。差：稍微。

第十五课　赞公益

当此时代，百度[1]维新；匪独[2]家庭之政已逐节改良，即属社会之事亦不防留意。故主妇之责任，非若昔日之墨守成法[3]，俛首[4]深闺[5]、至老死而名不称者。今则有一技之长、一念之善，皆可发明于世，诚女界光明之候也。为主妇者，苟事有余闲、赀[6]有余积，遇利国利民之公益，不可不维持赞助，以尽热心。且近数年来，妇女中有捐产助饷[7]者，有毁家兴学[8]者，有创国民捐者，有立慈善会者。此数事固属有财产、名位者，始可当之；不必人人有此举，不可人人无此志。能乎？否乎？曷[9]视力之所至焉。

注

[1] 百度：百事，各种制度。[2] 匪独：不单是，不只是。[3] 墨守成法：思想保守，守着老规矩不肯改变。[4] 俛首：低头，表示服从。[5] 深闺：旧时指富贵人家的女子所住的闺房。[6] 赀：同“资”，钱财。[7] 捐产助饷：捐助家产以补充军费。[8] 毁家兴学：倾出所有家产以兴办学校。[9] 曷：文言疑问代词，怎么，什么。

第十六课　怀施济

孟子曰：“恻隐[1]之心，人皆有之。”施济[2]一事，匪独富贵者当为，即贫贱者亦当为。盖有钱人出赀，无钱人出口。遇事周旋，亦非无益。况施济不在多寡，即投乞儿[3]一文钱与一杯羹，俱是实惠。昔晏子[4]一狐裘[5]三十年，而三党[6]六亲[7]无不被其禄者。俭以奉己，厚以待人，此意可师也。大凡有治家之任者，每年正用之外，必酌留赢余[8]。或积谷以防饥馑[9]，或制药以疗疾苦，或助立水会以防火灾，或助修桥梁以便行旅[10]。地方绥静[11]，己家亦得安居，公私两尽。谚所谓："与人方便，自己方便。"亦何乐而不为哉？

注

［1］恻隐：心中不忍，对受苦难的人表示同情。［2］施济：施舍救济。［3］乞儿：乞丐。［4］晏子：晏婴（？—前500），春秋时期齐国著名政治家、思想家、外交家。［5］狐裘：狐皮制的外衣。［6］三党：指父族、母族、妻族。［7］六亲：父、母、兄、弟、妻、子等亲人。［8］赢余：多余，剩余，收支相抵后的财物。［9］饥馑：灾荒。［10］行旅：往来的旅客。［11］绥静：安抚平定。

第十七课　省口体

口体者，啖饭着衣[1]之谓也。人纵至俭，断不能并此二事亦省之。其所以教育及此者，亦取古训所云："食取充腹，衣取御寒。天理也。食求珍美，衣求绮纨[2]，人欲也。"今则世风日薄[3]，竞尚虚糜[4]。千金一裘，万钱一馔，视为等闲[5]。在家道殷实[6]者，虽可勉力为之，已非节俭之道。尽有赀用不给者，亦绫锦[7]其衣、甘肥[8]其食。迨至[9]索负[10]临门，筹措无方[11]，未免与质库[12]作交涉矣。谚云："好吃好穿，败家之媒。"然则好吃似尤胜好穿。与其典衣[13]以肥口，毋宁省口以制衣。盖美味下喉，亦等糟粕。华服[14]被体[15]，犹壮观瞻[16]。然进而论之，终不若蔬食布衣[17]之能持久也。

注

[1] 啖饭着衣：吃饭穿衣。[2] 绮纨：华丽的丝织品。[3] 世风日薄：社会风气日益浮薄。[4] 竞尚虚糜：争着崇尚浪费。[5] 等闲：平常。[6] 家道殷实：家境富裕。[7] 绫锦：精致的高级织物。[8] 甘肥：肥腴甜美。[9] 迨至：及至，等到。[10] 索负：追索负债。[11] 筹措无方：谋划措办没有方法。[12] 质库：当铺，古代进行押物放款收息的商铺。[13] 典衣：典当衣服。[14] 华服：华丽的衣服。[15] 被体：披覆身体。[16] 观瞻：观看。[17] 蔬食布衣：吃蔬菜食物，穿粗布衣服；形容生活节俭朴素。

第十八课　殖田宅

田地房屋，不动产也。衣服什器[1]，动产也。凡动产之类，必赖不动产之生息[2]以供备之。故殖田宅一事，较居积营运为尤重。善治家者，积有余赀，恒有此举。所谓有恒产，斯有恒心。但求田问舍[3]，丈夫之事，妇女不与闻者居多。亦有丈夫官商[4]他省，子弟年在童騃[5]，则主妇有独力经营之任矣。然必精通书数，方不致受人蒙蔽。殖田[6]则求亩充顷足、塘宅完善、山场宽广、水旱无忧。殖宅则取坚固光昌[7]、私墙私井、地基干燥、空气流通，且必须查清四抵，了无纠葛[8]，然后立契完价[9]、投税更册，殖产之道得矣。

注

[1] 什器：各种生产用具或生活器物。[2] 生息：取得利息。[3] 求田问舍：多方购买田地，到处问询屋舍。[4] 官商：做官和经商。[5] 童骙：年幼无知。[6] 殖田：买卖田地。[7] 光昌：光明昌大。[8] 纠葛：葛蔓纠结，难于分解；比喻纠缠不清之事。[9] 立契完价：订立契约，谈好价钱。

第十九课 保财产

聚财创业，丈夫之职。守财保业，主妇之能。创之艰，守之尤艰。盖家常琐屑，女布男钱，节之则裕如[1]，耗之则支绌[2]，理有固然也。且或丁口[3]繁众，心最难齐。有欲得财他营者，有思析产[4]自便者。稍不如意，辄生怨望[5]。公中之物，视非己有，任人侵蚀[6]，毫不检查。饮食服用，争多竞少，不虞[7]财力之匮，惟求遂己之欲。际此时间，不如计口授食[8]，先资历练而后提分。惟必厚储公款，将来有人众难敷[9]、及流荡无依[10]之子孙，尚可分润[11]收恤[12]，此亦为尊长者之苦心也。然欲世业[13]长存，则遗子满籯之金[14]，究不若一经之训[15]，闲家者其度[16]之。

注

[1] 裕如：形容丰足。[2] 支绌：（款项）不够支配。[3] 丁

口：男女人口。清制，凡男子自十六至六十岁称丁，妇女称口。[4] 析产：分割产业，指分家。[5] 怨望：怨恨怪罪。望：埋怨责备。[6] 侵蚀：暗中一点一点地侵占（财物）。[7] 不虞：不忧虑。[8] 计口授食：按人口分配粮食。[9] 人众难敷：人多而难以足够。敷：足，够。[10] 流荡无依：不做正事、一味闲游而无所依靠。[11] 分润：分得财物。[12] 收恤：收养抚恤。[13] 世业：世代相传的事业、家业。[14] 满籯之金：满满竹筐的黄金。籯：竹笼，竹筐。[15] 一经之训：传授学习五经之中的一经。[16] 度：考虑，计较。

第二十课　劝蓄积

蓄积一事，为居家所最重。孟子曰："以羡[1]补不足，农有余粟，女有余布。"即寓蓄积之义也。大凡善治家者，必讲岁计、月计、子孙计。岁计者，酌岁之所进以为出也。月计者，每月终总结有余则蓄聚[2]，不足则筹补也。子孙计者，贻之以辛苦，承之以忠厚也。总之，银钱必使流通，方有余羡[3]。故放债取息[4]之举在所不免，惟不可盘剥重利[5]。损心术[6]以招怨谤[7]。且息重[8]，本必不稳，转不若存家之为愈也。然蓄积之道，不独主妇宜知。即小孩辈，得有锡予[9]，亦教其贮于扑满[10]，日积月累，必见其盈。古人云："积土成山，积水成川。"蓄积之利，其可小视[11]哉？主妇曷自勉，以劝其余焉。

注

［1］羡：多余。［2］蓄聚：积聚。［3］余羡：多余。［4］放债取息：借钱给人以收取利息。［5］盘剥重利：高利放债，用高利贷的方式进行剥削。［6］心术：心思，心计。［7］怨谤：怨恨非议。［8］息重：利息重。［9］锡予：赐给的财物。［10］扑满：古代人民储钱的一种盛具，钱装满后，则将其敲碎取之；“满则扑之”，故名。［11］小视：小看，轻视。

第二十一课　躬纪理[1]

夫家务之繁巨[2]，有非独力所支[3]者。假手于人[4]，势有难免。然必审事体之轻重，如收租纳赋[5]、修塘整庄等事，只须列款分明，估工确实，则可委令[6]干办[7]。若钱项[8]收放、簿籍[9]记载，则必躬亲[10]纪理，既免浮冒[11]，且自有把握。纵易生手，亦不致茫然无措[12]。况饶裕[13]之家必有田房契券[14]、紧要笔据[15]，初因妇女失学，凡收检清查，强半[16]不经其手，以致主妇于科量[17]盐米之外，亦似不应与闻者。一旦夫男[18]远出，司事[19]者或从中舞弊，至有失其财产而不觉者。经官涉讼[20]，盖已晚矣。兹幸女学盛行，能及时造就，才德相辅，更何仰赖[20]于人哉？

注

［1］纪理：经纪，管理。［2］繁巨：烦琐而多。［3］独力所支：个人力量以维持全局。［4］假手于人：借助别人来为自己办

事。[5] 收租纳赋：收取和交纳租税。[6] 委令：委任命令。[7] 干办：办理，处理。[8] 钱项：钱款。[9] 簿籍：账簿。[10] 躬亲：亲自。[11] 浮冒：虚报冒充。[12] 茫然无措：心情茫然，不知怎么办。[13] 饶裕：富饶宽裕。[14] 田房契券：田地、房子的买卖文书契据。[15] 笔据：字据。[16] 强半：多半，大半。[17] 科量：计量。[18] 夫男：丈夫。[19] 司事：管理事务。[20] 经官涉讼：经过官方讼理官司。[21] 仰赖：依赖，依靠。

第二十二课　豫筹算[1]

《中庸》[2]云："凡事豫则立，不豫则废[3]。"又谚云："善治家者，今岁豫储来岁赋。不善治家者，寅年支过卯年粮。"粮至过支，生计拙矣，此筹算之不可不豫也。大抵豫算[4]之法，必以财产之盈虚[5]，定度支[6]之多寡。纵然小有参差[7]，亦不致牵掣全局。且宜于豫算外，别立一费，以备不时之需。庶免临事仓促，东挪西扯，以至腆颜[8]向人也。然家政之经理，关于豫计者，即油盐柴米、丝苎棉纸等类，能于出货之时，从容备办，不受抬价之亏，自得节财之益。似此未雨绸缪[9]，实主妇所宜留意。幸勿惮烦[10]而不为，则措施裕如[11]矣。

注

[1] 筹算：估算，打算。[2]《中庸》：原属《礼记》第三十一篇，相传为战国时期子思所作。宋代学者将《中庸》从《礼记》

中抽出，与《大学》《论语》《孟子》合称为“四书”。[3] 凡事豫则立，不豫则废：做任何事情，事先谋虑准备就会成功，否则就要失败。[4] 豫算：预算。[5] 盈虚：有余与不足。[6] 度支：开支。[7] 参差：不齐，不一致。[8] 腆颜：厚颜。[9] 未雨绸缪：趁着天没下雨，先修缮房屋门窗；比喻事先做好准备工作，预防意外的事情发生。[10] 惮烦：怕麻烦。[11] 裕如：形容从容不费力。

第二十三课　量出入

夫人既有身家，必有生计。或恃恒产[1]，或恃营谋[2]。所入之款，当有成数。而一家老少妇孺若干人，衣食杂用若干费，宜通盘[3]会计[4]。量岁计[5]以制日用，大抵入常有余，则可为意外之防备。出常从俭，又可为日后之积蓄。家业有丰啬[6]，身分有高下。不称家业之事，决不可行；不合身分之物，决不可制。偶一失算，生计必损。生计既损，典质[7]随之。典质不足，必致负债。负债既深，必致变产。一家至于变产，则经济困难矣。推原[8]其故，皆由昧于出入之义，以故愈趋愈下[9]也。谚云：“常将有日思无日，莫到无时悔有时。”主妇其念诸！

注

[1] 恒产：家庭比较固定的产业，土地、田园、房屋等不动产。[2] 营谋：谋求。[3] 通盘：全盘，全面。[4] 会计：管理

及出纳财务。[5] 岁计：计算一年内收入和支出。[6] 丰啬：多和寡。[7] 典质：典当和质押。[8] 推原：从源头或本原上进行推究。[9] 愈趋愈下：越来越坏。

第二十四课　节縻费[1]

夫一家之出款，不外事蓄[2]支应[3]。冠昏丧祭[4]诸大端[5]，费所当费，则不为縻。所宜节者，不当费之费耳。故宜提纲挈领[6]，称财而行。勿越程限[7]之外，自无浪费之举。古人云："多费多取，自丧己志。少费少取，随分随足。"盖节费一道，可以养德，可以示后，不徒保家而已。主妇当敬味斯言，力戒奢侈。什物[8]惟求适用，不尚新奇。饮食但资荣养[9]，不专浓腻。婚嫁宜量力，酬应[10]宜守分。不可逞一时意气，好高求胜，斗富争强。虚声[11]未足骄人[12]，积逋[13]先已累己。每有前厅演戏肆筵[14]，后户出物赴典[15]者，生之有时，用之不节，不亦倍于先训[16]乎？

注

[1] 縻费：耗费，浪费。縻：通"靡"。[2] 事蓄：泛指维持一家生活。[3] 支应：应酬，接待。[4] 冠昏丧祭：冠礼、婚礼、丧礼和祭祀。[5] 大端：主要的部分。[6] 提纲挈领：提起渔网的总绳，抓住衣服的领子；比喻把问题简明扼要地提示出来。[7] 程限：规定的程式和限度。[8] 什物：家庭日常应用的衣物及其他零碎用品。[9] 荣养：营养。[10] 酬应：应酬交际。[11] 虚声：

虚名，虚誉。［12］骄人：傲视他人。［13］积逋：积欠赋税。［14］肆筵：设宴。［15］出物赴典：带出东西去典当。［16］先训：先人的训诫。

第二十五课　详记载

金钱出纳，不拘多寡，宜随时登记、批注明晰，以杜[1]重领冒支之弊。簿记[2]之益，匪独会计为然。举凡家常琐屑，如物价之低昂，礼仪之收璧[3]，皆可附记于用款之下。事后查检，庶一目了然。并可核对[4]何事太费，后宜酌省；何事太菲，后宜从丰。然此必主妇亲笔记载，方得其详。若仅凭司计[5]者之报告，模糊互混，固属常情。造款中饱[6]者有之，东挪西抵者有之，未有不亏空下场者。纵委任得人，而家众无所忌惮，不应支者亦支，不应领者亦领。较归主妇给发，冗费[7]恒多。故勤俭治家者，簿书册籍[8]不假手于人，职是故也[9]。

注

［1］杜：杜绝。［2］簿记：账簿记录。［3］收璧：收受礼物。［4］核对：查核。［5］司计：掌财物出纳稽核。［6］中饱：侵吞经手的钱财。［7］冗费：浮费，不必要的开支。［8］簿书册籍：记事记账的账簿名册。［9］职是故也：由于这个缘故。

第二十六课　明利用

理财一道，有收有放，非必韫椟而藏[1]，始为善保。昔陶朱公[2]三致千金，三散之，仍不失为巨富。盖金钱本流通之物，经营得法，自然来源不竭。其所以然者，在明利用之界限耳。当用而用，千金不为多；不当用而用，一星[3]犹嫌费。夫肥甘[4]养老，脩脯[5]奉师，课税[6]早完，蔬布[7]毋缺，此当用也。卖田嫁女，穷赀娶妇，呼卢博雉[8]，斋僧奉尼[9]，此不当用也。然欲使一家奉法，必先由主妇示俭。不饕餮[10]，不虚縻[11]。生辰令旦[12]，惟小具杯酌[13]，乐亲戚之情话，不搬戏肆筵[14]、踵事增华[15]也。语云："富家一席酒，穷户半年粮。"深以为戒，自无滥用之失矣。

注

［1］韫椟而藏：把东西放在柜子里藏起来。［2］陶朱公：即范蠡（前536—前448），辅佐越国勾践兴越灭吴之后，定居于宋国陶丘（今山东省菏泽市），自号"陶朱公"。［3］一星：一点儿，旧时用银为货币时，常称一钱为一星。［4］肥甘：肥美甘甜的食物。［5］脩脯：干肉，旧时常指致送老师的薪金。［6］课税：征收税赋。［7］蔬布：蔬菜和布衣。［8］呼卢博雉：赌博。古时博戏，用木制骰子五枚，每枚两面，一面涂黑，画牛犊；一面涂白，画雉。一掷五子皆黑者为卢，为最胜采；五子四黑一白者为雉，是次胜采。赌博时为求胜采，往往且掷且喝，故称。［9］斋僧奉尼：

设斋供奉和尚尼姑。[10] 饕餮：传说中一种凶恶贪食的野兽，借指贪吃。[11] 虚縻：枉费，浪费。[12] 生辰令旦：生日和吉日。[13] 杯酌：酒杯，借指酒或酒肴。[14] 搬戏肆筵：演戏设宴。[15] 踵事增华：继续前人的事业，并使更加完善美好。

第二十七课　通有无

夫人有五伦[1]之义，即有三党[2]之亲。其中有富贵，亦有贫贱。大凡自居饶裕[3]者，相待穷亲[4]宜存矜恤[5]，不可轻藐[6]鄙薄[7]，自伤忠厚。但人处窘乡[8]，借贷之举在所不免，斯时宜视亲疏，量财力以为援助，又必详察其人景况[9]，尚有生计可寻，不过偶然掣肘[10]，方可受券约偿[11]。果为贫乏已甚者，则不如随厚薄以赠之，我无责偿[12]之意，彼自不便取盈于我。盖交财一道，吝啬之心不可有，限制之法不可无也。当通挪[13]之际，虽至亲好友，亦须笔据详明，宁可后来相让，不可起初含糊。语云："先明后不争[14]。"即此义也。

注

[1] 五伦：君臣、父子、兄弟、夫妇、朋友五种人伦关系。[2] 三党：指父族、母族、妻族。[3] 饶裕：富饶宽裕。[4] 穷亲：贫穷的亲戚。[5] 矜恤：怜悯抚恤。[6] 轻藐：小看，蔑视。[7] 鄙薄：鄙视菲薄。[8] 窘乡：贫困地区。[9] 景况：状况，光景，多指生活境遇。[10] 掣肘：拉着胳膊；比喻有人从旁牵制，

工作受干扰。[11] 受券约偿：接受借条，约定偿还日期。[12] 责偿：索取赔偿，催促交纳。[13] 通挪：通融挪借。[14] 先明后不争：（钱财上的往来）先要说得明白，以免日后争执。

第二十八课　戒赊欠

齐家之道，匪惟[1]大事宜有权衡，即购办物件之细，故亦有筹画[2]。凡家用品物不能自造者，势必求诸行店[3]，若现钱现货，此店不佳，又更彼店；货既适用，价亦较廉，此现钱之益也。如系赊取[4]，货定一家，无从斠换[5]；且暗扣月息[6]，价亦较昂。而赀不当付，未免任意取携，初不计年节追呼[7]之扰也。且一家之内，主妇既少把持，以下亦必尤效[8]。年赊月欠，逋负[9]累累[10]，致亏累[11]者不知凡几[12]。纵有明干[13]之外主，亦难理及细微。谚云："表壮不如里壮[14]。"是全在内治得法，省食简用；俾赀有余裕[15]，则赊欠之弊，不禁自止矣。

注

[1] 匪惟：不只是，不单是。[2] 筹画：谋划。出自《汉书·王莽传上》。[3] 行店：行业店铺。[4] 赊取：赊欠。[5] 斠换：调换。[6] 月息：每月的利息。[7] 追呼：追赶呼喊（索债）。[8] 尤效：仿效，学样。[9] 逋负：拖欠的债务。[10] 累累：很多。[11] 亏累：亏欠。[12] 凡几：共计多少。[13] 明干：明智干练。[14] 表壮不如里壮：外表好看，不如里面结实；

比喻妻子能够治家，就是丈夫的好帮手。[15] 余裕：富余宽裕。

第二十九课　慎婚姻

妇者，家之所由盛衰也。语云："娶妇不贤，害及三代。"以其上不能事舅姑，中不能相夫子[1]，下不能教子女也。此三者，为应有之天职，而不知所尽，遑论[2]其余乎？要之教妇在初来，择妇必世德[3]。两姓缔结之初，惟问其传家礼教及女子体貌，而贫富在所不论。昔司马温公[4]尝言："娶妇当不若吾家。"洵至理也。今见议婚者，不察女行[5]，独取赀妆[6]。幸而得遇贤媛[7]，尚能守分、不自矜夸[8]。若遇浅陋之辈，倚所携之丰，未有不骄慢[9]其夫者。夫若有志，尚足相抗。夫若无志，则惟有终身听命[10]而已。如宾之礼，尚可问哉？婚姻为人伦之始，其可勿慎欤？

注

[1] 夫子：丈夫。[2] 遑论：不必论及，谈不上。[3] 世德：祖上及本人均有美德的人。[4] 司马温公：即司马光（1019—1086），字君实，号迂叟，陕州夏县（今山西省夏县）人。宝元元年（1038）进士及第，历仕仁宗、英宗、神宗、哲宗四朝，官至尚书左仆射兼门下侍郎。卒后追赠太师、温国公。[5] 女行：女子的德行。[6] 赀妆：嫁妆财物。[7] 贤媛：贤惠的女人。[8] 矜夸：骄傲自夸。[9] 骄慢：骄傲怠慢。[10] 终身听命：一生听从命令，形容始终恭顺服从的样子。

第三十课 约奁聘

嫁女择佳婿，勿索重聘[1]，古训也。盖礼尚往来[2]，既索人家重聘，己家亦应备厚奁[3]。铺张少不相捋[4]，不惟自增颜汗[5]，且使己女受怨，何曾之有？若云体面攸关[6]，每见婚嫁之家，因争聘争奁，致两姓财力告匮[7]者，殊不知男家匮乏，女子过门何以度日？女家匮乏，日后亲戚酬应必将难乎为继，更何体面之有？善全体面者，必两姓相商，聘礼则称家有无，不计丰简；奁赠[8]则但供应用，不尚虚华。若女家富裕，宁可代积余赀，不必多制赘物[9]。婿而果贤，何用妻财？婿而不贤，徒供浪费。赔钱惹气，而复何苦？爱女者其思之。

注

［1］重聘：丰厚的聘礼。［2］礼尚往来：礼节上注重有来有往。［3］厚奁：丰厚的嫁妆。［4］少不相捋：稍微不相类。［5］颜汗：汗颜，羞愧。［6］体面攸关：密切关系到身份、体统。［7］告匮：宣告匮乏。［8］奁赠：嫁妆。［9］赘物：多余无用的东西。

第三十一课 役工仆

环球之广，户口之众，处境有贫有富。富者则资贫人之力以供奔走，贫者则借富家之润以济饥寒，此蓄仆之举所由兴也。但古代之仆，券买[1]居多，主而宽仁是其幸福，主而苛虐[2]无所逃刑[3]；业至卑，役至苦也。今则易为雇用，居留自便，役之有道，或可效忠致力；役之失道，亦可去而之他，非若券买者之受羁勒[4]也。然而上有恩，下始有义。工仆果能循分[5]耐久，主人亦必另眼相看[6]。或助婚娶，或帮祭葬。有疾病则调护之，有艰危则拯拔[7]之。教之孝义，劝之蓄积。有功必赏，有过必规。恩威并用，得驾驭之道矣。

注

[1] 券买：钱财购买。[2] 苛虐：严厉残暴。[3] 逃刑：逃避刑罚。[4] 羁勒：束缚。[5] 循分：恪守本分。[6] 另眼相看：用另一种眼光看待，指看待某个人（或某种人）不同于一般。[7] 拯拔：从困境中拯救或解脱。

第三十二课　驭妪婢[1]

大家轨范[2]，内外綦严[3]。凡宣布使令、传递飧饮[4]及料理琐务，不能不借妪婢之力以助之。惟当驾驭有方，雇买加慎。妪则取其朴诚[5]耐劳，婢则取其温纯[6]谨役[7]。但能得用，不在多人。盖人多则良莠不齐[8]，难保无狡猾轻浮之辈。或播弄迎合，或馋懒戏笑，皆足以紊乱家规者。主妇如经觉察，即宜善遣[9]，不可姑容[10]，致生他变。且用人亦戒喜新厌常[11]，盖服役既久，主仆暂有相亲之意，上下一心，自然言出事行。谚云：“人不如故。”即此义也。至若婢女，亦属人子。赏勤罚惰，固家法所宜。损食薄衣，亦仁人所戒。婢年既长，当养其廉耻，毋锢[12]其婚嫁。并令精研技艺，粗通书数。不惟此时得供臂助[13]，将来适人[14]，能解营家治生，亦主人之光也。

注

[1] 妪婢：年老和年轻的女仆丫鬟。[2] 轨范：法则，规范。[3] 綦严：极为严格。[4] 飧饮：宴饮。飧：晚饭。[5] 朴诚：朴实忠诚。[6] 温纯：温和纯厚。[7] 谨役：谨慎地劳役。[8] 良莠不齐：好人坏人混杂在一起。[9] 善遣：慎重遣散。[10] 姑容：姑息宽容。[11] 喜新厌常：喜爱新的，厌恶旧的。[12] 锢：禁止。[13] 臂助：如臂之助己为用。[14] 适人：嫁人。

第三十三课　屏嗜好

凡子弟之不率教[1]者，或嗜酒、或嗜博、或好狎邪[2]、或侈服用[3]，阻上达[4]之阶，备破家之恶，已属不齿于人[5]。而囊中金尽，犹可自止。至毒者，莫如鸦片一物，误生计、损健康、残种弱国。一经上瘾，无论何等要务[6]，均置诸脑后。且数时不吸，即奄奄垂毙[7]。坐此之由，忘廉丧耻，而不惜为非作贼[8]，而不顾失祖业、坠家声，在男子已属败类。而亦有妇人嗜此者，终岁昏昏，好吃懒做，不知日色之红白，惟与灯月相周旋。子女不知教育，家政任其纷嚣[9]。美宅良田、华簪丽服[10]，日销耗于无形；问其情由，靡不言治病而起。迨至[11]瘾成，疾如故也。阵入迷魂，无时得醒，可胜叹哉！愿世之为主妇者，苟有疾病，宁以药治，毋以烟治。自正以正人，则无以上之失矣。

注

［1］率教：遵从教导，实行教化。［2］狎邪：行为放荡，品行不端。［3］服用：穿着服饰，使用物品。［4］上达：上进，向上发展。［5］不齿于人：不能列于人类，被人看不起。［6］要务：重要的事务。［7］奄奄垂毙：气息微弱、病垂将死要的样子。［8］为非作贼：做种种坏事。［9］纷嚣：纷乱喧嚣。［10］华簪丽服：华贵的冠簪和衣服。［11］迨至：及至，等到。

第三十四课　扶疾病

主妇为一家所依赖，自尊长以至卑幼，无亲疏贵贱。或有疾病之侵，在尊者亲者，固当扶持尽善。即少者贱者，亦当看护维殷[1]。不论症之轻重，先审病之缘起。若为感冒积滞之小恙[2]，则疗以备用药物。苟来势急骤，研究不的，则惟有延医施治，不宜妄投致误。《礼》云：“医不三世，不服其药[3]。”故必平时谂[4]其师傅之善而曾奏效于乡里者，庶免以病试方之失。但医家所恃者，望闻问切[5]为主。妇者必究通医理，凭脉象[6]之虚实，慎药性之攻补[7]。当诊之际，互相讨论。心有把握，不致纷乱，则患者受益无穷矣。

注

［1］看护维殷：看管护理殷勤。［2］小恙：小病。［3］医不三世，不服其药：一说指医生没有祖孙三代相承，就不能用他的药。一说指医生没有熟读三种基础医书，就不能服用他的药。［4］谂：熟悉。［5］望闻问切：中医术语，望指观气色，闻指听声息，问指询问症状，切指摸脉象。［6］脉象：中医学名词，指脉搏的形象与动态——快慢、强弱、深浅的情况。［7］攻补：中医学名词，攻邪补益。

第三十五课 勤修葺

古人有云："涓涓不壅，终成江河[1]。"又云："大厦失修，不如蓬柯[2]。"足见修葺一事，亦治家之要也。盖农家者流[3]，耕田种地，首望雨旸[4]之时若[5]，次资堤塘之护救。若有崩陷[6]，必估价聚材，随时堵筑。庶天年[7]旱潦[8]，有恃无忧[9]。切勿因循怠缓[10]，任其倾颓[11]，耗损田禾、虚縻物力[12]，则补苴[13]恨晚矣。至于房屋之修葺，亦大同小异。大凡宅之内，天沟[14]檐霤[15]、栋瓦堂砖，趁方新而小补，则工省费微。迨既毁而全修，则功多费巨。主妇宜细心筹画，无论油漆粉刷，必分年举办。舍宇[16]既经久不敝[17]，财用亦纾展不绌[18]。保业营家，无有善于此者。

注

［1］涓涓不壅，终为江河：不堵塞细小的水流，最终会成为大江大河。［2］蓬柯：蓬草。［3］者流：某一品类的人。［4］雨旸：雨天和晴天。［5］时若：四时和顺。［6］崩陷：倒塌陷落。［7］天年：年成。［8］旱潦：久未降雨和雨水过多两种天灾。［9］有恃无忧：有所依杖而毫不担忧。［10］怠缓：松懈，松弛。［11］倾颓：倒塌。［12］虚縻物力：浪费财物和人力。［13］补苴：补缀，弥补缺漏。［14］天沟：屋面相接连处或屋面和高墙接连处的排水沟，用以导泄雨水。［15］檐霤：屋檐流下的雨水。［16］舍宇：房屋院落。［17］经久不敝：经历很长时间而不衰败凋敝。［18］纾展不绌：舒展不差。

第三十六课　善袭藏[1]

凡衣服什器[2]，有细软、粗重之分，常用、间用之别。或取携[3]于外，或袭藏于内。概宜开立簿据[4]，随时登记，自无舛错[5]。况一家之事务至繁，一人之精神有限。主妇或照料不周，势必委人分任。无论何物，既委其人，即责其晒晾修治。家常用物，宜有定所。橱箱之外，标明记号。纵忙中寻检，不至模糊费想[6]。至若细软珍重[7]，必躬自督理[8]，以防损失。皮毛毡毯犹易生虫，绒呢[9]亦然。所贮之箱箧[10]，上则牛皮所制，次则桐木亦佳，不使走气沾潮，必无蛀蚀[11]之害。得能经久如新[12]，自免不时添制，亦保财之道也。

注

[1] 袭藏：珍藏。[2] 什器：各种生产用具或生活器物。[3] 取携：取用携带。[4] 簿据：当证据用的账簿。[5] 舛错：错乱。[6] 费想：费心，劳神。[7] 细软珍重：精细而易于携带的贵重物品。[8] 督理：督率管理。[9] 绒呢：毛织品的统称。[10] 箱箧：大小箱子。[11] 蛀蚀：虫咬而受损伤。[12] 经久如新：经历长久时间而依然像新的。

第三十七课　修食品

中馈[1]为主妇要职[2]，小家则自任勤劳，大家则群供驱策。各尽所宜，不容懈怠。大凡治事，必先利器。一应厨用，常加拂拭，不使起菌生霉[3]，自然贮物经久。水宜澄漉，缸宜掩盖，俾微虫杂质无自而入，则饮料常清，自获荣养。稻粱菽麦，舂、碾宜熟，盛用瓦具则不致腐变。菜蔬瓜果，登之以时，有余则以盐释之，用备缺乏。鱼类肉类，为肴中珍品，鲜烹之外，或干炙以佐春盘[4]，预宜制木为橱，周之以铁叶钩悬诸味，下以糠烟[5]焙之，既固香气，又免火患，亦善法也。至若醯酱[6]、茶酒、糖酪、椒豉[7]，各有制造之理、储蓄之方，唯主妇之详求，以为膳饮[8]之备焉。

注

［1］中馈：在家里主管的饮食等事。［2］要职：重要的职责。［3］起菌生霉：滋生细菌，出现霉坏。［4］春盘：古代风俗立春日以韭黄、果品、饼饵等簇盘为食，或馈赠亲友。［5］糠烟：糠麸的烟火。［6］醯酱：醋和酱。［7］椒豉：辣椒和豆豉。［8］膳饮：饮食。

第三十八课　备药物

人当富盛[1]，不可不念贫窘[2]之可悯；当健康，不可不思疾病之可危。苟岁计有余，必心存利济[3]。每年约省戏酒[4]一二台、华服[5]一二袭[6]，已不下百缗[7]。内外或即用此款量制药物，以备急需。当酷暑之时、水潦[8]之后，湿热薰蒸，恒多疫疠[9]，而佣工[10]力作[11]之辈，栉风沐雨[12]、受患犹深。若居于省会，尚有医局[13]善堂[14]集赀施诊。最苦为穷乡僻壤[15]之贫户、长途逆旅[16]之行客，猝遇[17]病发，无处得药，因循致毙者，不知凡几。诚能将备用之药，详刊治法，按时布散[18]，俾受者家储一份、身带一缄，有恃无恐[19]，出愁城[20]而登寿域[21]，功德无量[22]矣。

注

［1］富盛：富裕昌盛。［2］贫窘：贫困窘迫。［3］利济：救济，施恩泽。［4］戏酒：演戏设宴。［5］华服：华丽服装。

［6］袭：古代量词，用于成套的衣服。［7］缗：穿铜钱用的绳子，借指成串的铜钱，每串一千文。［8］水潦：大雨。［9］疫疠：瘟疫。［10］佣工：受雇为人做工。［11］力作：努力劳作。［12］栉风沐雨：大雨洗发，疾风梳头；后用以形容经常在外面奔波劳碌。栉：梳头发。沐：洗头。［13］医局：医院。［14］善堂：慈善堂。［15］穷乡僻壤：荒远偏僻的地方。［16］逆旅：客舍，旅店。［17］猝遇：突然遇到。［18］布散：散布，传布。［19］有恃无恐：因为有所倚仗而毫不害怕。［20］愁城：愁苦的境地。［21］寿域：人人得尽天年的太平盛世。［22］功德无量：功绩德行无法计量，形容功绩德行非常大。

第三十九课　防灾患

君子居安不忘危，知患而预防，涉世之至理也。盖灾患之来，原难逆料；抵御之法，不先有成算[1]，每致措手不及[2]。故凡居乡者，防旱灾则多辟水泉，防水灾则预储舟楫[3]。然此种偏灾[4]，究不常见。惟风火之灾，发无定时。无论城乡，皆宜戒慎。谚云："日日防火，夜夜防盗。"故有治家之责者，必时加检点。至晚关锁门户，先令厨下收拾柴薪、各房熄灭灯烛；以及烘焙[5]衣服、薰治鱼肉之余烬，均宜润湿，庶免复燃。遇亢阳[6]天气，当督工满注水缸、修理水具，以保太平。且居家要义，凡珍饰[7]契券[8]，宜收一定所，闲中既易寻取，忙中又便携带。似此种种，宁可备而不用，不可用而无备也。

注

［1］成算：打算，已定的计划。［2］措手不及：事情突然出意外，一时无法对付。［3］舟楫：船和桨。［4］偏灾：危害很大的灾害。［5］烘焙：烘烤。［6］亢阳：盛极之阳气，极热。［7］珍饰：珍贵首饰。［8］契券：契约券书。

第四十课　讲卫生

夫人既有知觉，莫不自爱其生。然非从事保卫，则健强[1]羸弱[2]，势将判若天渊[3]，可胜惜哉！故凡讲求文明政治者，辟公园、建医院、兴自来水、清洁道路，设考验食物场，推广红十字会，种种筹画，良足取则[4]。主妇宜择善而从[5]，察家众之禀赋[6]，酌家计[7]之宜称[8]。居室则避湿就燥，轩敞[9]光明，俾透清空之气；肴馔[10]则取鲜去宿，不时不食，以收滋补之效。再则，慎起居、谨药石[11]、省烦恼、减思虑、安命守分[12]，有修培[13]而无斫丧[14]；则六淫[16]之患无自而侵，五福[17]之休操券[18]可获。一庭聚顺，悦豫[19]且康。卫生之益，顾不大哉？

注

［1］健强：健康强壮。［2］羸弱：瘦弱。［3］判若天渊：高低差别就像天空和深渊那样悬殊。［4］取则：取作准则、规范或榜样。［5］择善而从：选择好的学，按照好的做。［6］禀赋：人所具有的智力、体魄等素质、天赋。［7］家计：家庭的生计。

［8］宜称：合适，相宜。［9］轩敞：高大宽敞。［10］肴馔：菜肴，泛指饭菜。［11］药石：药剂和砭石，泛指药物。［12］安命守分：安于命运，安守本分。［13］修培：修理培护。［14］斫丧：摧残，伤害。［16］六淫：风、寒、暑、湿、燥、火六种外感病邪的统称。［17］五福：寿、富、康宁、攸好德、考终命五种幸福。典故出自《尚书·洪范》："五福：一曰寿，二曰富，三曰康宁，四曰攸好德，五曰考终命。"［18］操券：执持契券，比喻事成有把握。［19］悦豫：喜悦，愉快。

下编：《聂氏重编家政学》笺注

叙　言

先曾祖[1]星冈公[2]，尝以“考、宝、早、扫、书、蔬、鱼、猪”八字为家训。谨案[3]：考者，祭祀祖考[4]，言考而妣[5]可该[6]也。宝者，亲族[7]邻里[8]殷勤庆吊[9]、通有无[10]、问疾苦[11]。公尝谓：“人待人，无价之宝也。”早者，逐日[12]早起也。扫者，无论富贫必洒扫[13]洁净也。书者，子弟必勖[14]之读书也。蔬者，居家必勤种园蔬[15]也。鱼者，居乡池中必须养鱼也。猪者，家中必喂猪也。迨[16]先考[17]文正公[18]，又以“勤敬”足成[19]十字，训勉[20]子弟；虽戎马倥偬[21]，簿书[22]焦劳[23]，不惮[24]叮咛往复[25]，见之于家书者详已。其训予[26]及予嫂辈，有逐日验看功课一则，尚待刊行[27]。先母[28]欧阳侯太夫人[29]，亦躬持[30]孝敬慈让[31]，勤俭纺绩[32]，为后辈范[33]。予自幼承家训，及归聂氏，昕夕[34]惶悚[35]，常惧黜辱[36]，以贻[37]父母訾[38]；差幸[39]三十余年来，上侍姑嫜[40]，内相夫子[41]，处妯娌[42]姑嫂[43]间，及近年儿媳妾婢[44]辈，从无[45]纤芥[46]龃龉[47]；固赖天锡[48]平安，亦身被先人[49]遗泽[50]，获益[51]良匪浅[52]也。间尝[53]论之，国脉[54]之隆盛[55]，基乎家庭；而家道[56]之振兴，关乎教育。予虽不敢以身受之区区[57]，信为必然；要其理势[58]之常，互古今而塞中外者，固未有毫发[59]乖爽[60]者已。晚近[61]世道[62]陵夷[63]，论者辄推原[64]于运会[65]，究其所极[66]，实亦以教育不讲，委靡[67]成习[68]，深用隐忧[69]。近阅东洋[70]下田氏[71]所编《家政学》，绪论[72]闳深[73]，条目[74]缜密[75]，于家庭义务，一归重[76]于主妇，未始不可以开通闺媛[77]，整饬[78]坤纲[79]。惟其瀛海[80]隔越[81]，民俗间有悬殊[82]，即文词不无[83]或异[84]，鲜识[85]字义者，洞澈[86]颇难；爰[87]命儿其昌、其杰、其炜，侄婿刘润，详加编辑，去肤存液[88]，删繁就简[89]，僻者略之[90]，阙者缀之[91]，其中于教育大端[92]及主妇壹是[93]应尽之责任，务期[94]与我邦[95]纤悉[96]备合[97]，雅俗共知[98]。昔人[99]如白傅[100]诗词，老妪[101]都解；宋人语录[102]，鄙俚[103]不辞。言之无文[104]，观者易晓。编既竣[105]，回环[106]审慎[107]，颇与予旨吻合[108]，因付手民[109]，命之曰《重编家政学》，且以先文正[110]验看女媳[111]功课则镌附[112]，将便于致赠亲友，非同乎寻常翻刻[113]，为牟利[114]起见[115]也。中国素以[116]女子无才是德[117]之说为训，予家亦世守[118]奉行；然女流[119]所重，虽不在文艺、词章[120]之末，而于礼经[121]之所谓德言容功[122]者，顾[123]可一有阙略[124]哉？《大易》[125]有言：“女正位乎内[126]。”明齐家[127]之系乎内政[128]也。予以亲更[129]世故[130]，窃见[131]夫家道之替兴[132]，实与妇道之臧否[133]为消息；因不禁效其一得之愚[134]，而喜为天下之闺彦[135]告也，于是乎书。

光绪二十九年癸卯[136]仲夏[137]之吉，适[138]衡山聂氏、湘乡曾纪芬[139]叙于皖江[140]节署[141]。

注

［1］先曾祖：去世的曾祖。曾祖：祖父的父亲。［2］星冈公：曾玉屏（1774—1849），又名星冈。太学生。年少时放荡不羁，遭人讥笑后痛自反思，亲手制定了耕读为本的家法，教导儿孙们读书、做人、处事，深深影响到了曾国藩兄弟的人生情趣和思想言行，并为曾国藩家族的家训体系打下了基础。［3］谨案：谨慎查考。［4］祖考：祖先。［5］妣：母亲的通称。［6］该：包括。［7］亲族：有血统关系的同宗族的人。［8］邻里：邻居。［9］庆吊：庆贺与吊慰，常借指喜事与丧事。［10］通有无：拿出自己多余的东西给对方，与之进行交换，以得到自己所缺少的东西。［11］问疾苦：慰问生活上的困苦。［12］逐日：每天。［13］洒扫：洒水扫地。［14］勖：勉力，勉励。［15］园蔬：蔬菜。［16］迨：等到，达到。［17］先考：去世的父亲。［18］文正公：曾国藩（1811—1872），谥号"文正"。［19］足成：补足凑成。［20］训勉：教诲勉励。［21］戎马倥偬：形容军务迫切繁忙。戎马：军马，借指军事、战争。倥偬：事情纷繁迫促的样子。［22］簿书：官署中的文书簿册。［23］焦劳：焦虑烦劳。［24］不惮：不怕，不畏惧。［25］叮咛往复：反复叮嘱告诫。［26］予：文言人称代词，我。［27］刊行：刊印发行。［28］先母：去世的母亲。［29］欧阳侯太夫人：曾国藩的结发妻欧阳氏（1816—1874），湖南省衡阳县人。欧阳氏为曾国藩恩师欧阳凝祉长女，从小耳濡目染，能写一般诗文，尤能写一笔清秀的小楷。在曾氏大家庭中，夫唱妇和，以勤劳俭朴、身传言教，承担了教育子女重任。［30］躬持：亲自坚持。［31］慈让：仁慈谦让。

[32] 纺绩：把丝麻等纤维纺成纱或线。[33] 为后辈范：为子孙后代做榜样。范：榜样。[34] 昕夕：朝暮，终日。[35] 惶悚：惶恐而心中害怕。[36] 黜辱：贬斥受辱。[37] 贻：遗留。[38] 訾：毁谤，非议。[39] 差幸：非常侥幸。[40] 姑嫜：旧时称丈夫的父母。[41] 夫子：旧时妇人对丈夫的尊称。[42] 妯娌：兄弟的妻子的合称。[43] 姑嫂：妇女本人与丈夫姊妹的合称。[44] 妾婢：小妾和婢女，小老婆和丫鬟。[45] 从无：从来没有。[46] 纤芥：细小的嫌隙。[47] 龃龉：牙齿上下对不上，比喻意见不合。[48] 天锡：上天赐予。[49] 先人：祖先，祖宗。[50] 遗泽：留下的德泽。[51] 获益：获得益处。[52] 匪浅：不浅。[53] 间尝：曾经。[54] 国脉：国家的命脉。[55] 隆盛：兴隆，兴盛。[56] 家道：家境，家庭运道。[57] 区区：微小，微不足道。[58] 理势：事理的发展趋势。[59] 毫发：毫毛及头发，比喻极少的数量。[60] 乖爽：失误，违背。[61] 晚近：近世，近代。[62] 世道：世俗社会的状况、风气。[63] 陵夷：由盛到衰。[64] 推原：从本原上推究。[65] 运会：时运际会，时势。[66] 究其所极：查究其尽头、根源。[67] 委靡：困顿不振，意志消沉。[68] 成习：成为习惯，形成习惯。[69] 隐忧：潜藏的忧虑、忧患。[70] 东洋：旧指日本国。[71] 下田氏：下田歌子（1854—1936），幼名平尾鉐，日本岐阜县人。明治五年（1872）入宫当女官，因在宫中作的一首和歌受皇后赏识，被赐予“歌子”之名。二十五岁时与下田猛雄结婚，改姓下田。后创建系列女子学校，为日本女子教育做出了重要贡献。[55] 绪论：书籍或论文的导言文字，常是开头说明主旨和内容的部分。[72]《家政学》：此处指下田歌子编撰的以家庭生活为

主要研究对象，从而提高家庭生活质量、优化家庭成员素质的著作。[73] 闳深：广博深远，博大精深。[74] 条目：分条列举的细目。[75] 缜密：细致精密，谨慎周密。[76] 归重：借重，推重。[77] 闺媛：名门大家的女子。[78] 整饬：整顿使有条理、纪律。[79] 坤纲：女性世界的纲纪。[80] 瀛海：浩瀚的大海。[81] 隔越：阻隔。[82] 悬殊：差别很大。[83] 不无：不是没有，多少有一点。[84] 或异：也许不同。[85] 鲜识：很少能识别。[86] 洞澈：明白透澈，彻底地理解。[87] 爰：于是，就。[88] 去肤存液：去除表面，保存内涵。[89] 删繁就简：去掉删除繁杂部分，使它趋于简明。[90] 僻者略之：偏僻的内容就省略。[91] 阙者缀之：缺失的内容就补充。[92] 大端：主要的部分。[93] 壹是：一概，一律。[94] 务期：一定要。[95] 我邦：我国。[96] 纤悉：细致而详尽。[97] 备合：完备地符合。[98] 雅俗共知：各种文化程度和艺术品位的人都能欣赏。[99] 昔人：古人，前人。[100] 白傅：白居易的代称。曾官太子少傅，故称。[101] 老妪：年老的妇人。[102] 语录：言论的记录或摘录。[103] 鄙俚：粗野庸俗。[104] 言之无文：言语没有文采。[105] 竣：完毕，竣工。[106] 回环：循环反复。[107] 审慎：谨慎，慎重。[108] 吻合：两唇相合，比喻事物相符合。[109] 手民：原指木工，后指雕版排字工人。[110] 先文正：去世的文正公曾国藩。[111] 女媳：女儿和儿媳。[112] 镌附：镌刻附录。[113] 翻刻：按照原版重新雕版（印刷）。[114] 牟利：谋取利益。[115] 起见：着想，表示为达到某种目的或出于某种原因。[116] 素以：向来用，常用。[117] 女子无才是德：旧时谓女子没有才学，才能做到三从四德，是封建社会中轻视妇女的恶习。[118] 世守：世代遵守。[119] 女流：妇女，妇道人家，含有轻视的意味。[120] 词章：诗文的总称。[121] 礼经：古代礼学的经典，常指《仪礼》而言。[122] 德言容功：封建礼教要求妇女应具备的妇德、妇言、妇容、妇功四大品德。德：妇德，品德。言：言辞。容：容貌。功：女红，旧指女子所做的针线活。[123] 顾：表示轻微的转折，相当于"而"。[124] 阙略：缺漏，不完备。[125]《大易》：《周易》。[126] 女正位乎内：女性主管家内事。正位：中正之位。[127] 齐家：治家。[128] 内政：家政，家内的事务。[129] 亲更：亲自经历。[130] 世故：世事变故。[131] 窃见：私下认为。[132] 替兴：交替兴起，相继兴起。[133] 臧否：善恶，得失。[134] 一得之愚：指自己对某件事的一点看法。[135] 闺彦：闺秀。[136] 光绪二十九年癸卯：1903 年。[137] 仲夏：夏季的中间月份，即农历五月。[138] 适：嫁。[139] 曾纪芬：(1852—1942)，号崇德老人，曾国藩季女。幼承家学，工书，善诗文。嫁入衡山名门聂家，相夫教子，成效显著；丈夫聂缉椝（1855—1911）以帮办滇捐局起家，历官至浙江巡抚；儿子聂其昌等是上海工商界巨擘。[140] 皖江：指长江流域安徽沿江地区安庆。[141] 节署：官署，官衙。

凡　例

一、原本编自日本下田歌子[1]，俱征美善[2]，惟义例[3]多与中邦[4]不合，盖民俗难以强同也；是编就其大略[5]，于我国妇女事实，详加纂辑[6]，不惮烦言[7]，务期切理厌心[8]，有裨[9]实用。

二、是编专为启发我国妇女起见，凡所推广，皆应尽之义务，不倚不偏[10]，间引外邦[11]绪论处，亦皆确切详明[12]，论贵适宜，无分畛域[13]。

三、全编分十二章，始教育，终仆婢，每章条目秩然[14]，了如指掌[15]，务令智愚均晰，贫富咸宜。操内政者，随时翻阅，或亦不无小补[16]云。

四、是编以便妇女日用行习[17]，一切奥义[18]缛词[19]，概所弗尚[20]，反覆详明，如说白话，意在一目了然[21]，亦圣人辞达而已[22]之义。

五、原编名《家政学》，是编仍之，不掠美[23]也；惟加重编二字，以示区别。

六、是编率尔[24]付梓[25]，为赠致[26]亲友而设，非求问世[27]，工拙[28]在所不计[29]，阅者谅之；中国教育渐张[30]，将来女塾[31]遍设，必有无穷善编[32]，嘉惠[33]群媛[34]，是编或不无[35]参考、就正有道[36]，则馨香祝之[37]矣。

注

［1］下田歌子：（1854—1936），日本女子教育家。［2］美善：美好。［3］义例：阐明义理的事例。［4］中邦：中国。［5］大略：大概，大要。［6］纂辑：编集。［7］烦言：絮烦无用、于事无补的话。［8］切理厌心：切合事理而令人心满意足。［9］裨：补助。［10］不倚不偏：原指儒家的中庸之道，常指不偏袒任何一方。［11］外邦：外国。［12］详明：详细明白。［13］畛域：界限，范围。［14］秩然：秩序井然。［15］了如指掌：把东西放在手掌里看一样，形容对事物了解得非常清楚。［16］不无小补：多少有一点益处。［17］日用行习：日常的行为习惯。［18］奥义：内容深刻的道理。［19］缛词：繁密的词藻。［20］概所弗尚：一概不推尚，全部不崇尚。［21］一目了然：一眼就看得很清楚；形容事物、事情原委很清晰，一看就知道。［22］辞达而已：文辞或言辞的表述明白畅达，语出《论语・卫灵公》。［23］掠美：掠夺别人的功绩、美名。［24］率尔：急遽，轻率。［25］付梓：（书稿）雕版印行。梓：刻板。［26］赠致：赠送。［27］问世：指新作品出版跟人们见面。［28］工拙：工巧和朴拙。［29］在所不计：无论如何不计较。［30］渐张：逐渐开展。［31］女塾：女子私塾，女学堂。［32］无穷善编：很多的好书。［33］嘉惠：施恩。［34］群媛：众多的闺媛。［35］不无：不是没有，表示有些。［36］就正有道：向有学问和有道德的人请求指正。语出《论语・学而》："就有道而正焉。"［37］馨香祝之：原指迷信的人虔诚地向神祈祷祝愿，后引申指真诚地期望。

第一章　总　论

家也者，国之本也。何以谓之家，综男女老幼，下至奴婢仆役，共成一团体者也。然则一家之中，其人其事，亦至不一矣；何以各得其所，不紊其序[1]，遂趋进于幸福也？曰：必有治之者也。治之者何？有一定之规范，维系[2]夫男女老幼、奴婢仆役，使之各得其所，不紊其序，以趋进于幸福也。然则治之之责，其谁属乎？曰主妇也。一家之中，有丈夫焉，有主妇焉；不属之丈夫，而专属之主妇者，何哉？曰：丈夫者，治于外者也；主妇者，治于内者也。一家之事，无一不与主妇相关切，盖未可委之丈夫者也。然则丈夫遂不可治内乎？曰：抑亦有不暇[3]者存也。丈夫志在四方，无论士农也、工商也，胥[4]尽一己之能事，以食力[5]于外，竭智虑[6]，积赀财[7]，待经纪[8]于主妇，保守以成家者也。故家道之兴衰，全系主妇之贤否。贤则得人而理，俾[9]丈夫克勤厥职[10]，无复[11]内顾之忧[12]，门户以之崇，儿女以之庇，族党[13]以之睦，邻里[14]以之和，而惨澹[15]之经营，遂以臻进[16]无穷之昌炽[17]，其幸福莫大[18]焉！若颓惰[19]不振，坐事废弛[20]，务服食[21]之绮丽[22]，昧物力之艰难，丈夫终岁勤劬[23]之所蓄，不难因循渐渍[24]而耗之，将儿女竟趋[25]怠慢[26]，仆从[27]

亦习偷安[28]，局面既隳[29]，门户以替，不第[30]失天伦[31]之至乐[32]，其衰微[33]可立致[34]也！然则一家之政，其必赖主妇之防范者，岂浅鲜[35]哉？家政之必需防范，不俟赘矣[36]；其防范之道，可约举欤[37]。曰：妇人之于家，犹宰辅[38]之于国，统百官，综庶政[39]，必有一定之法律制度，以培植人才，发舒[40]民气[41]，内修实政[42]，外扬国威[43]，始能图邦国[44]之富强者也。若宰辅不能端本[45]于上，法律不修，制度不饬，将官吏弄其威福[46]，士民弛其纪纲[47]，国柄[48]既摇，而望其富强也，其可冀[49]哉？主妇何独不然？内图儿女之盛昌，外冀门庭之光大，善则一家安，不善则一家戚。故曰国乱思良相，家贫思贤妻。妻贤而弱可强，危可安，贫可富；则夫主妇之责任，不与家政相终始哉？

然则主妇治家之大略，可知矣；国家之必极进文明也，尚矣。顾文明进化在人才，而振兴人才在教育。教育者，非可猝希夫大成之域者也。人生自胎育[50]以来，本母氏之精神所传授，即由母氏之性质所熏陶，此处失防，终身贻害[51]，则教育宜先也；提倡阃第[52]之规则，综理庶务之纷纭，则表率宜谨也；量入以为出，开源以节流，则理财宜慎也；至于娱长老[53]，营起居[54]，习烹饪[55]，资调摄[56]，以暨役使交际，靡不[57]关主妇之范围周挚[58]，以增进一家之福祉[59]也。孟子曰："国之本在家。"吾以为家之本即在主妇，可矣。今变法维新，造士[60]育材[61]，蒸蒸日上[62]，亿万家之为主妇者，胥得其所以立教之体，由一家而扩之一国焉，则文明之进化，不可思议矣。特将家政之大纲，粗述于此，以下分编缕指[63]，不尚深辞[64]，所冀闺中人[65]得一览周知[66]焉。

注

[1] 各得其所，不紊其序：每一个人或事物都得到恰当的安排，不混乱秩序。[2] 维系：维持和联系。[3] 不暇：没有空闲。[4] 胥：全，都。[5] 食力：靠劳动生活。[6] 智虑：智慧与思虑。[7] 货财：钱财，财物。[8] 经纪：经营，安排。[9] 俾：使。[10] 克勤厥职：能勤劳尽到职责。[11] 无复：不再有，没有。[12] 内顾之忧：旧时形容没有妻子或妻子不尽职，丈夫身在外又要顾虑家事。[13] 族党：聚居的同族亲属。[14] 邻里：邻居。[15] 惨澹：同“惨淡”，尽心思虑。[16] 臻进：达到。[17] 昌炽：兴旺，昌盛。[18] 莫大：没有比这个再大，最大。[19] 颓惰：衰颓怠惰。[20] 废弛：废弃懈怠。[21] 服食：吃穿，服装和食物。[22] 绮丽：华美艳丽。[23] 勤劬：辛勤劳累。[24] 渐渍：浸润，渍染。[25] 竞趋：竞争趋利。[26] 怠慢：怠惰放荡。[27] 仆从：仆人。[28] 偷安：苟安，只求目前的安逸。[29] 隳：破坏。[30] 不第：不但。[31] 天伦：自然的伦常关系，如父子、兄弟等。[32] 至乐：最大的欢乐。[33] 衰微：衰落，衰弱。[34] 立致：立即到达。[35] 浅鲜：微薄，轻微。[36] 不俟赘矣：不要等待多余无用（话语）。俟：等待。赘：多余无用（话语）。[37] 可约举欤：可以简约列举啊。欤：表示感叹，跟“啊”相同。[38] 宰辅：宰相，辅政的大臣。[39] 庶政：各种政务。[40] 发舒：充分发展。[41] 民气：指民众的精神、气概。[42] 实政：实用的政务。[43] 国威：国家的名望声威。[44] 邦国：国家。[45] 端本：从根本上加以整顿清理。[46] 威福：原指统治者的赏罚之

权，后多谓当权者妄自尊大、恃势弄权。[47] 纪纲：网罟的纲绳，借指法度。[48] 国柄：国家权柄。[49] 冀：希冀，希望成功。[50] 胎育：生育，孕育。[51] 贻害：留下祸害，使受损害。[52] 阖第：敬辞，称对方全家。[53] 长老：对年长者的一种敬称。[54] 起居：日常生活作息。[55] 烹饪：做饭做菜，烧煮食物。[56] 调摄：调养身体。[57] 靡不：无不。[58] 周挚：至为真诚，至为笃厚。[59] 福祉：福利，利益。[60] 造士：造就学业有成就的士子。[61] 育材：培育人才。[62] 蒸蒸日上：一天天地向上发展，形容发展速度快。[63] 分编缕指：分成篇章而详尽地指明。[64] 不尚深辞：不推尚深奥的辞藻。[65] 闺中人：闺房中的女人。[66] 周知：遍知，尽知。

第二章　教育初基[1]

初基者，开首[2]一节也。主妇治家，以教育儿女为第一着；而教育开首一节，尤极紧要[3]。盖育儿之法，如园丁之于花草。培植得宜[4]，则花叶畅茂[5]。不得其宜，虽奇花瑞草[6]，亦归荒败[7]；其横枝乱叶之长，有损天然之佳丽者，盖由不能栽培于其初也。教育儿童，就是此理。故儿童长而瘦弱顽蠢[8]者，多由胎育不谨[9]，与幼时失教，令他贻恨[10]一生，岂不可惜？是以[11]欲得贤子，必先其母之教育其精神。世间做大事、成大功的豪杰，谁不由慈母精心保育而来？谚曰：慈母育儿之功，大于丈夫之济世。此语诚然乎哉！为母者切勿[12]怠于幼时之保育，陷儿女于老大悲伤也。作《教育初基》，凡九编。

注

［1］初基：初始。［2］开首：开头，起始。［3］紧要：紧急重要。［4］得宜：得当，适宜。［5］畅茂：旺盛繁茂。［6］奇花瑞草：奇异、吉祥的花草。［7］荒败：衰败荒芜。［8］顽蠢：顽劣愚蠢。［9］不谨：不敬慎，不小心。［10］贻恨：遗憾，遗留悔恨。［11］是以：所以，因此。［12］切勿：千万不要。

第一　胎教

胎教者，谓儿在胎，即须教育也。昔者周之太任[1]，能以胎教子，遂生文王[2]。故妇人有妊妊即孕也，凡身体一举一动，就要想替儿子作好模样。所谓胎教也，盖儿在胎内，感动都与母同；知觉精神，皆由母体传授。真精妙合之际，正形生神发之初。母之气正，子之所受亦正；母之气邪，子之所受亦邪。故妊妇[3]必振作精神，惯习[4]端正，此授受自然之灵机也。且分娩乃妇人大事，产前产后若保护不谨，不有促命之惨，必有不治之病，岂不大可惧乎？能时时留心谨慎，决无意外之虞矣。

妊妇衣服要轻暖忌堆重，要宽缓忌束紧，要清洁忌湿气。冬天尤怕触寒，夏天腰腹亦不宜冷，肚带不要紧结。切不可听俗人言，谓肚带不紧，则胎儿膨胀，必难分娩也。

肚腹虽不宜紧束，然自有孕二三月后，须做一围腰布，长三尺余，宽八九寸，绽带子于两端，松紧合宜，间常换洗，临产始解去，分娩甚易。

妊妇饮食要择滋养多而易消化者，且须调制得宜，不峻不凉为妙。若恣食厚味[5]，不知节减，必致气血凝滞，胎肥[6]难产。又或过食椒、姜、煎、炒及生冷硬物，均与胞气不和，不特[7]产时为难，且必贻胎毒[8]、疮溃[9]之害。须随时谨慎，其不想食、不当食者，即宜勿食，要在恰好为宜。

妊妇居室宜面向南，或向东南，要择日光映射、空气流通之所，及树密花香之处。又或山水园野，最为合宜。若不能得如此，必择高燥[10]忌沮湿[11]、明亮忌黑暗之所，时时敞开窗户，使空气交通。室中陈列物件，最要洁净，便觉精神爽快。

妊妇身体宜常运动，使气血周流，胞胎活动。须随时散步户外，或旷野空阔之地，或庭园田圃之间，呼吸新鲜空气，以快心神。稍能劳力更好，但不可陵高陟险[12]，及负重物、用重力。田野之妇劳苦不遑[13]，而临产快便、生子坚实，即其验也。富贵之家往往嗜欲交恣，全不运动，以至血气凝滞，多有难产之患者，不可不戒。须知日间运动，夜间易于睡眠；睡眠充足，益于保胞不少。

妇既受妊[14]，不可妄看异物如龟、蛇之类，不可妄食异味如鳖、螺之类，不可听淫声[15]，不可视邪色[16]，坐不可偏，立不可倚，且须习讲好话，习看好样，以熔铸胎儿之性质。如此，则生子必形容[17]端正，才智过人矣。

孕妇七八个月，宜服保产无忧方，既安胎，临产又能催生。或十天，或半月，服一剂，千稳万妥[18]。附方：全当归一钱五分、生黄蔗八分、川羌活五分、正川芎一钱五分、兔丝子一钱五分、厚朴七分，姜汁炒、川贝母一钱，去心、甘草五分、祈艾叶七分，醋炒、川枳壳六分，面炒、北芥穗六分、白芍一钱二分，酒炒，冬月用一钱、加生姜三片，水煎，温服。孕妇常常照服，未产能安，临产能催，可保万全。或用此方研末，蜜和为丸，服之更佳。产期将近，精神要保养，身体要洁清，运动要快畅，眠睡要充足，安顿产室一切器俱[19]，静心待之，不可慌忙失措。

附《临产真言》：

妇人生产，乃造化自然之理，俗所谓瓜熟蒂落[20]，原极平常。然往往有难产者，皆因临盆[21]坐草[22]太早，时之未至，即行急急用力，致横生、倒生种种难产，甚至母子俱伤，或命在须臾[23]，或久延时日，可不慎乎？胎前固宜保护，而临产尤当细心。《达生编》[24]六字真言，一曰睡，二曰忍痛，三曰慢临盆，其万世临产之不二[25]法门[26]乎？

产妇初觉腹痛，晓得此是人生必然之理，不必惊惶[27]；但看痛极，一阵紧一阵，一连六七阵，渐痛渐紧，的是[28]当生，方可与人说知，以便伺候。此时浑身骨节疏解，胸前陷下，腰腹重坠异常，大小便齐急，目中金花[29]瀑溅，真其时矣；待儿身已正，头到产门，此际用力一阵，母子分张，不假丝毫勉强，其自然巧妙，实有如此者。若痛得乍紧乍慢，痛定仍然如常者，便是试痛，只管安眠稳食，若认作正产，胡乱临盆，则错到底矣。

第一以忍痛为主，无论试痛、正产，惟忍住痛，照常眠食[30]，痛得极熟，自然易生。且试痛与正产，均须痛久，惟看其紧慢，方辨得清楚，千万不可轻易坐草，至嘱[31]！至嘱！须知此时与性命相关，全靠自己作主。

将产之时，惟有上床安睡，闭目养神最好。若不能睡，或扶人缓行，或扶桌站立。站宜稳站，坐宜稳坐，不可将身摆扭。痛若稍缓又睡，总以睡为总诀。无论仰睡侧睡，宜令腹中宽舒，小儿易于转动。且大人睡下，儿亦睡下，转身更不费力。盖大人惜力，小儿亦宜惜力，以待临时之用，切记！切记！

稳婆[32]亦不能不用，但不可全听命于彼耳，盖此辈不明道理，一进门来，不管迟早，辄令坐草，用力揉腰擦肚，无端做作，总以见他功劳，不肯安静，更有狡恶[33]之辈，借此居奇[34]射利[35]，祸不忍言矣，惟自己中有把握，方不误事。

临产能睡，能忍痛，能慢临盆，小儿他自易生，不须着急，并不须用药。然或坐草太早，用力太过，产母困倦，迟迟难下，至于横生、倒生、以及交骨[36]不开种种难产，方可用药催之。又忌用峻剂[37]，徒渗水道，愈令为难。此时切戒[38]惊惶，不可乱动手脚，乱吃方药[39]。惟有急令安睡，用加味芎归汤服之；如尚迟延，重用大剂再服，可保万无一失。

加味芎归汤：当归一两、川芎七钱、醋炙龟板一大片、妇人发一握，瓦上焙枯存性，只此四味，实催生圣药[40]。产时全要血足，血足如舟得水，何患不行？此方大用芎归，使宿血顿去，新血骤生，能令全体壮健，产后无病，俱有起死回生之功。先贤[41]制此神方[42]，利济天下后世，奈世人视为平常！别求奇方[43]，不论损益，甚至慌急万状，东服西吃，纷纷扰扰，闹成一片。所谓天下本无事，庸人自扰之[44]耳。历观[45]前古[46]方书[47]，参考近今[48]验案[49]，于忍痛慢临盆外，舍静睡，别无上策[50]；舍加味芎归汤，别无灵方[51]，在各知所遵守耳。

产后，宜服童便[52]及生化汤，可免淤血作痛。生化汤用全当归八钱、川芎四钱、干姜五分，炙黑存性、桃仁十粒，去皮尖抖碎、炙甘草五分。凡孕妇将产，于临盆时预煎一服，俟[53]儿生下，即与母服之，随后连服数剂，不特逐淤生新，可免晕厥[54]、汗崩[55]、恶露[56]等症，且诸病不生，精神百倍。如胎前素虚之人，多服尤妙。

注

[1] 太任：又称大任，汝南平舆（今河南平舆县北）人。商朝时期西伯侯季历之正妃，周文王姬昌之母。生性端正严谨、庄

重诚敬，又是历史上有记载的胎教先驱。［2］文王：周文王姬昌（前1152—前1056），因继承西伯侯之位，又称西伯昌，是周王朝奠基者，历史上的一代明君。［3］妊妇：孕妇，妊娠之妇。［4］惯习：习惯。［5］恣食厚味：放纵食用美味。［6］胎肥：胎儿肥胖。［7］不特：不仅，不但。［8］胎毒：妊娠期胎儿被母体的热毒侵袭后，所引起的出生后发热、疮疡等征候。［9］疮溃：疮疖溃疡之疾。［10］高燥：指地势高、气候或环境干燥。［11］沮湿：低洼潮湿。［12］陵高陟险：登陵高处和涉及险地。［13］不遑：无暇，没有闲暇。［14］受妊：受孕。［15］淫声：淫邪的乐声。［16］邪色：淫邪的面色。［17］形容：形体容貌。［18］千稳万妥：非常稳妥。［19］器俱：器具，物品。［20］瓜熟蒂落：瓜熟了，瓜蒂自然脱落；比喻时机成熟，自然成功。［21］临盆：胎儿已降临至盆腔，借指妇女分娩。［22］坐草：临产之别名。因古代产妇临产时，或坐于草蓐上分娩，故名。［23］须臾：极短的时间，片刻。［24］《达生编》：清代早期问世的一部价值颇高的妇产科著作。［25］不二：唯一。［26］法门：佛教用语，原指修行者入道的门径，今泛指修德、治学或做事的途径。［27］惊惶：惊慌，惊恐。［28］的是：确实是。［29］目中金花：指头晕眼花或愤怒时出现在眼前的像星星的小光点。［30］眠食：睡眠和饮食。［31］至嘱：极恳切的嘱咐。［32］稳婆：旧时民间以替产妇接生为业的人。［33］狡恶：奸诈凶恶。［34］居奇：看成是稀有的奇货（卖大价钱）。［35］射利：谋取财利。［36］交骨：耻骨。女性分娩时，耻骨联合之间的裂隙增宽，以便胎儿顺利娩出。［37］峻剂：猛烈的药剂。［38］切戒：务须避免。［39］方药：中医药方中开的药。［40］圣药：旧指能医治百病的万灵之药。[41] 先贤：先世的贤人。[42] 神方：神妙的药方。[43] 奇方：奇异的药方。[44] 天下本无事，庸人自扰之：指本来没有事，自己瞎着急或自找麻烦。[45] 历观：逐一地看。[46] 前古：往古，以前。[47] 方书：医书。[48] 近今：近来，现在。[49] 验案：经检验有效的医方案例。[50] 上策：高明的计策、方法。[51] 灵方：灵验的药方。[52] 童便：小男孩的尿。旧时中医以十二岁以下，健康男孩的小便，作为止血或去瘀血的药。[53] 俟：等待。[54] 晕厥：昏倒。[55] 汗崩：中医所谓虚汗不停地出。[56] 恶露：中医所谓妇人产后阴道排出的秽浊液体，包括瘀血、黏液、坏死的子宫内膜等。

第二　哺育

哺育婴儿，有雇乳母者，有用兽乳[1]者，然皆不及母乳之佳。天之生人，既托于妇人，即与以养人之食料于生母之身。故母之乳儿，实天赋之职。尽职者，儿女肢体得以强健；不尽职者，必至虚弱。且母以乳哺儿，则产后之漏泄，约三四周间可止西俗[2]七日一休息曰礼拜，和文[3]谓之周间，否则七周八周，皆未可知。每见有固执不通者，谓母以乳哺儿，则姿色早衰，将儿子付诸他人而不顾。夫娶妇以育佳儿，何取乎容颜之美？且小儿不是自哺，情必不亲，于将来教育，必多缺失。为人母者，慎毋[4]弃其天赋之职也。

母之乳质，保合适度，较兽乳、牛酪[5]、干酪[6]、质乳糖，实为纯厚。盖分娩之后，母乳中含有一种美质，有轻温下剂之效，其养人之妙，有不可尽言者。

向来积习[7]使婴儿生后服大凉剂，以除胎毒，往往致病，似可不必。面色青白者，断不宜服。然面赤现火者，亦宜酌用去胎毒清热之剂与服，以免后患。

产后之保养，与孕时同，最忌饮酒，食物宜取滋养多而易消化者。

初产之妇，未惯哺乳，颇以为难，数日之后，即渐次习惯。其时乳或患少，及婴儿发育，乳汁自渐增多。又年少产母，临卧时多任儿口中含乳而睡，每至睡极不醒，压儿至死，是不可不慎也。

生母若有故不能自乳，不得已而请乳母，必择容貌端庄、气性[8]慈和[9]、体强无病，年在二十至三十之间，与生母相等者尤宜。司马温公[10]曰："乳母不良，非惟败乱家法；且使所饲之子，其性行[11]亦类之。"故择乳母不可不慎也！但既托儿于乳母，不可自己图个安静，必常留心于乳母之举动，而以宽厚慈爱待之，饮食衣服俱宜加意，须使与我家遂如骨肉，无一毫隔绝为宜。

母乳之外，以兽乳或乳粉等哺之者，此为人工之哺育。最宜者为牛乳，须择年壮牝牛[12]，先求广大牧场，常饲以青草、豆蔬及食盐少许；即不能，亦当择其近于此者。牛乳晨榨者淡，夕榨者浓。小儿初生，宜用淡者，用时必沸腾一次，藏之清洁瓶中。用法，生后一月至三月，牛乳一杯，和水三杯；四月至六月，乳一杯，水二杯；七月至九月，乳一杯，水一杯；以后渐渐减水，纯用尽乳，或和以乳糖，其沸也俟稍冷时哺之。哺器要洗濯干净，哺剩之乳，弃勿再用，夏天尤易臭败，急弃为宜。

牛乳最易腐败，酷热时早榨者不能留至夜，故收藏须密闭瓶口，而置锅中煮沸之，煮后置之冷水中为宜。

凡小儿稍长，能守规矩者，由襁褓[13]时习惯而然。故生后一旬，即宜定一哺乳时刻，渐及一切之事。顾乳汁之于胃中消化也，须一小时四十五分，是以哺乳必过二小时一次，其后次第节减。夜间则于就寝、夜半、天明三时哺之；其次，又改为就寝一次，早晨一次；自余之时，虽啼哭，只宜轻轻拍背、摩擦身体而已，不可滥哺也一小时为一点钟，即半个时辰也。一时辰有八刻，每刻十五分；四十五分者，三刻也。

小儿断乳为紧要之期，调理失宜，必致成疾。大抵在生齿之后，渐渐与以食物，仅早夜哺乳二次。啼哭时，或抱之游览，或诱以笑言，慰抚[14]多言，二年之后，可全断矣。

世俗生儿，必杀生宴客，不知既得生育，而又杀生，殊非保生之道，所当切戒。附载于此，以广流传。

注

［1］兽乳：动物的奶汁。［2］西俗：西方的习俗。［3］和文：日本的语言文字。［4］慎毋：不要。［5］积习：长期形成的习惯。［6］牛酪：用牛乳做成的半凝固的食品。［7］干酪：用牛、羊等的乳经发酵、凝固制成的食品。［8］气性：性情，脾气。［9］慈和：慈祥温和。［10］司马温公：司马光（1019—1086），字君实，号迂叟，陕州夏县（今山西省夏县）人。北宋政治家、史学家、文学家。卒后赠温国公，故称。［11］性行：

本性与行为。[12] 牝牛：雌牛，母牛。[13] 襁褓：包裹婴儿的被子和带子，借指婴幼儿。[14] 慰抚：安慰，抚慰。

第三　小儿衣服

小儿衣服，要轻暖而疏，绵布[1]小绒之类最好。热天用夏布，宜于白色，取其污秽易显也。绸类不可轻用，非特[2]难洗，且恐引儿童易染奢侈之弊。虽富贵之家，亦宜用素净[3]布服。中国向来有用老人旧衣改作儿服，云："令小儿多寿。"且旧棉与小儿铺衣，可免多汗，汗多易致虚弱，此固不为无见[4]。

婴儿衣服要轻要宽，身腹要广，袖筒要阔，带不宜紧结，以便四肢运动。冬衣铺棉，不宜过厚。盛热之候，可只着兜肚一件俗名抱肚，俾两手露外，活动之至。

世人好使小儿着厚重之服，以为身体软弱，防其冒寒致疾，往往厚衣暖服，藏于重帏[5]密室。不知幼稚之年，生气充溢于外，衣薄则四肢灵动，最健身体。若多着厚服，使之不能跳动自由，必致筋骨软弱，不任风寒。所以贫儿坚劲无疾，富儿柔脆多灾。譬如草木方生，以物盖紧密，不令见风日，则萎黄柔弱矣。

婴儿之服，宜时常洗濯洁净，晒干摺平，齐齐整整，以便取换。不特有益于卫生卫生者，护卫其生机也，于德育上亦最有关系德育者，涵育其德性也。盖在婴儿时，即须养成他一种爱洁净、爱端正之性情。

注

［1］绵布：丝织物和麻布。［2 非特：非但，不但。［3］素净：朴素干净。［4］不为无见：不是没有见识。［5］重帏：一层层帷幔。

第四　小儿饮食

小儿生后一年，牙齿渐增，消食器[1]渐大，方可哺以粥汤饭食，及鱼肉、蔬菜、果实等类。未周岁[2]时，切不可食荤腥油腻。食油太早，极非所宜。凡饮食俱宜微温，过冷过热，皆不合度。

小儿食物，须极熟而易消化者。及食量渐大，原宜听其适口，然又不可用意过笃。盖小儿无知，或恐习成过贪之性，不爱寻常食品，别求珍味。故须矫除此弊，使之于卫生、德育二者渐渐晓得。

小儿肠胃脆窄，如稠黏、干硬、甘酸之物，及一切水果、面灰、煎炒、生冷诸类，俱是发热难化之食。小儿任意偏好，只是要食，母畏啼哭，无所不与，多成痼疾[3]虫积[4]等病，虽悔何及？昔有人云："予幼时好食甘饴[5]，忽一日见饴中有蚯蚓，伸头而出，自后不敢食饴；及长，始知父母之所为。"此可为节戒之妙法。

小儿能食，教以右手，更教之咀嚼，使之习惯。母及奴婢，均不可咀嚼授之，盖传染诸病多由于此，所宜切戒。

注

[1] 消食器：消化器官。[2] 周岁：婴儿出生满一年。[3] 痼疾：经久难治愈的病。[4] 虫积：因肠道寄生虫引起的疾病。[5] 甘饴：甘甜的饴糖，用麦芽制成的糖。

第五　小儿居住

居室宜南面，或东南面，要择日光映射、空气流通之所，令小儿呼吸新气，最益身体。学步之时，所居不可近于断崖、池塘之处；若有此等处向，必遍设高栏，以防坠落。

寝室最宜清洁，污秽之物不可与近，必使无恶臭之嫌忌，乃能清爽自由，此洁身之根基也。

室内摆列物件，必一一安顿齐整，不宜乱杂；使小儿习见所接之物，都有一定次序，俾渐渐惯熟[1]，血气与之融和，性情与之变化，以养成其整齐严肃之风。

注

[1] 惯熟：惯用且熟练。

第六 小儿动静

强健之儿，必能久眠、能饮食、专好运动、不肯安静，此最好消息也。然强弱虽由于天赋，实关乎胎内及幼时之保卫如何。保卫得法，弱者亦可增强。故此时之一动一静，尤关系乎毕生[1]，不可不细心也。

儿生后六七周间，除食乳、便溺[2]之外，只是要睡。无他，脑力未十分充足，故善睡。此等经验，发育最好。若虚弱之儿，必不能久睡。故儿睡须任稳久，不可惊醒。被服宜轻暖适体，不可覆其头、面，以防蕴逼气息；头、面露外，极舒畅也。

婴儿以呼吸空气为妙，宜择天晴无风之日，抱之缓缓运动户外，历半时久，最足以发舒精神、刚强血气。其在严寒酷热之际，视其可行则行，不必勉强。每见富贵之家，重裀[3]叠被[4]，日在怀抱中，虽数岁尚未能行。而田舍小儿，终日暴露，绝无他病。岂贵贱之理有殊哉？亦其常见风日，运动有常，得以坚固其资体[5]耳。

学步时，须听其自在活泼，不可惊吓。未满三岁，头脑四肢尚极柔软，须细心照管，防其跌坠。盖保育小儿，先在注意其动作也。又小儿大声歌笑，极能发通肺脏，且使周身血脉流通，宜任意，不宜阻塞。

小儿身体不洁，易致染病，且常遗便溺，宜勤洗浴，免受湿气。凡浴时，须调和汤水[6]，试探冷热，过冷过热，令儿畏怖[7]，惟用纯良温水。寒冷时候，可就日中[8]。先以软布摩擦全身及头部，浮尘多著于毛发故也。次洗面部，须另用手巾，别挹温水洗之，忌用同一手巾并洗面部。水中不宜过久，冬浴久则伤寒，夏浴久则伤热。浴后急以衣服紧束，勿触冷气。

儿体最易染污，衣服床铺都要异常洁净，所浣之衣不可夜露；每食之后，必以净布浸温水中少绞之，拭其口中及两旁，使之爽快。

儿生后，若早剃去头发，此大害也。中国通行以弥月[9]剃头，亦已习惯。惟吴俗[10]有未半月即剃头者，实太早。

注

[1] 毕生：一生，终生。[2] 便溺：排泄屎尿。[3] 重裀：双层的坐卧垫褥。[4] 叠被：重叠的被子。[5] 资体：身体。[6] 汤水：热水。[7] 畏怖：畏惧害怕。[8] 日中：日头正当中，中午。[9] 弥月：满月。[10] 吴俗：吴地习俗。

第七　小儿游戏

小儿游戏，最要留心，盖儿初入世界，所见所闻，皆是新奇可喜之物，渐渐易知易觉，即可于此时，因其自然而导之，以开通其智识[1]。幼时儿闻，最易入骨，为母的婉转曲引，可以随处受益。要玩之物，不宜用玻璃铁片，及有毒颜料彩色之件。手足稍能自由，遇物辄易打坏，虽富家亦不宜与以贵重之物，须给以通常便于随手者。及稍能理会人言，更当导以浅词浅理，使之爱惜物件，以渐养其勤俭慈爱之心，及节己好施之道。

儿童多有好奇之心，其欲为各种之事，盖天性然也。故自彼一事移此一事，一事未就又去而趋他，此其常也，不可不妨。且彼此更换，为许多之嬉戏，则心目为之爽快，最系发育之机。是宜多备嬉戏之具，随其所好，听其自由而玩弄之。但不可与以无益之物，及近于博弈[2]如骨牌[3]、骰子[4]之类。中国近来赌风甚盛，盖未有小儿不玩赌具者，所宜慎之又慎也。

儿能四处行走，宜顺其意，莫阻其机。彼欢嬉哗笑[5]，何罪之有？纵跳舞蹈，何害之有？或大声呼唤，或放歌高唱，最能发通肺窍。只要不在家人病卧，及宾客应接之时；不必厉声怒色[6]以钳制[7]之。但走入危险、有害身体之处，急宜禁止。

保母者，带养小儿者也，选择宜慎。泰西[8]各国，凡保母[9]必卒业[10]于学校；谓必入学校学习教育，然后能为保母也。我国尚不能如此，但择身体强健，气性温柔者用之。既至，宜稍稍导以教育之理，务使小儿与之融洽，而顺其轨范[11]。《礼·内则》[12]云："子生，择于诸母与可者，必求其慈惠[13]温良[14]、慎而寡言[15]者，使为子师，其次为保母，皆居子室。"即此意也。

注

［1］智识：智慧才识。［2］博弈：掷骰子、下棋等赌博游戏。［3］骨牌：一种以骨头、象牙、竹子或乌木制成的娱乐用具。每副三十二张，上面刻着两个到十二个圆点，以不同方式排列，常用作赌具。［4］骰子：传统民间娱乐用来投掷的赌博器具。［5］欢嬉哗笑：欢快嬉笑和放声大笑。［6］厉声怒色：严厉

的话语和愤怒的神色。[7] 钳制：用威势压制制止。[8] 泰西：旧时泛指西方国家。[9] 保母：保姆。[10] 卒业：毕业，修毕学业。[11] 轨范：法则，模范。[12]《礼·内则》:《礼记》之中的篇名，内容为妇女在家庭内必须遵守的规范和准则。[13] 慈惠：仁爱。[14] 温良：温和善良。[15] 慎而寡言：谨慎而话语少。

第八 小儿生齿种痘[1]

儿生齿时，多有不安之状，如眼睑及颊边现赤色，睡中或睁目而惊，或发热，遍身发疹，皆是也，急延医诊之。若因齿根微痛而啼哭，则以洁净青布，浸温水轻拭之。

古来[2]全任天然出痘，任其自出，不先种也；每遭夭折之惨，或来容貌丑恶之嫌，女子尤惧传染。后来种痘之术盛行，几忘天行痘之事，实世界之幸福。亦有愚昧者流，不以种痘为重，全不加意；痘疮流行之期，安坐听之，至遭不幸，岂不可惜？为母者欲保全儿女，自宜相时[3]斟酌行之，奈何轻视之乎？

种痘大约自儿生百日后，至六个月之内，延医视之，只要无病，不论时节，不择天气，俱可随时引种。过六个月，又须接种一次。若非痘疮流行之期，皆可引种。

种痘于左右两腕，各种三颗或五颗。起首三日，针痕稍带红色。第三四日，始露形影，约略堆起，现浓红色。第五六日，起如小疱，中心生脓，周围灌水。第七八日，水足灌浆，微微觉痒。第九十日，灌浆充满，两腋底微痛，略似结核，头额掌心，俱见微热，此周身毒由此出也。十一二日结痂，半月外痂落，其痂光泽坚厚，捲边如小香菰[4]样者，可告成功矣。

注

[1] 种痘：把痘苗接种在人体上，使人体对天花产生免疫预防作用。[2] 古来：自古以来。[3] 相时：审察时机。[4] 香菰：茭白。秋结实，曰菰米，又称雕胡米。

第九 小儿疾病

小儿疾病最多，有脐风[1]、胎疮[2]、噤口[3]、撮口[4]、急惊风[5]、慢惊风[6]、痫疾[7]、伤风[8]、伤寒[9]、伤暑[10]、伤湿[11]、霍乱[12]、咳嗽、哮喘[13]、疳疾[14]、呕吐、泄泻[15]、食积[16]、癖积[17]、虫痛[18]、黄瘅[19]、疝气[20]、痢疟[21]、瘰疬[22]、痘疹[23]，及龟胸[24]、鹤膝[25]、五软[26]、五鞕[27]等症，不可枚举[28]。无论何症，皆易犯染。故幼时宜加意保护，使之呼吸新鲜空气，资身体之健强，大约保婴之法，除随时慎重风寒暑湿外，总以严戒乱食为秘要[29]。《养子真诀》[30]云："吃热莫吃冷，吃软莫吃硬，吃少莫吃多。"诚真诀[31]也。平时小有不安，乳母戒食油腻足矣，勿轻服药。无情草木易伤元气[32]，更非娇嫩者所宜。且问切[33]无因[34]，惟凭望色[35]；粗疏之辈，寒热二字，且不能辨，而欲其识症无差，难矣！惟啼哭忽与平日不同，或呼吸如锯、喘急[36]殊甚[37]，及便溺闭涩、寒热往来种种现象，则延医调治，不容刻缓[38]。小孩无知，即有不安，不能自言其状，全在母氏细心察之，得其实际，使医师中有把握，方为妥善[39]。

调护小儿之病，原极不易，如室内之冷暖、衣服之添减、进药之踌躇，事极繁琐，为母者当细心耐烦，切勿延缓姑息[40]，听其不肯服药，而贻误[41]大事也。

上载小儿各症，《幼幼集成》[42]一书颇称详验[43]。惟自己既不行医，不宜擅开药方，宜备此书，时常阅看，一遇儿病，请医调治，可以察其用药之误否，且可知病预防，即如《本草备要》[44]亦宜家置一部，以便临时查考。

注

［1］脐风：指新生儿的破伤风。因用不洁的器具切断脐带，或是脐带脱落过早，伤口感染所引起的疾病；有牙关紧闭、痉挛等征状，严重时则导致脸部发青、呼吸急促。［2］胎疮：发于婴儿的一种湿疹性过敏性皮肤病，好发于哺乳婴幼儿之头面部，或可延展于其他部位。［3］噤口：闭口不言、不叫，患者不想进饮食的征状。［4］撮口：指口唇收缩撮起，不能吮乳；多出现于初生小儿所患的脐风、惊风等病。［5］急惊风：小儿时期常见的一种急重病症，在临床上突然出现抽搐、昏迷为主要的特征。［6］慢惊风：中医指临床征状表现得比较缓慢，征状都是慢慢变化的，而且大部分都是因为大病，或者久病之后、身体虚弱等原因导致。［7］痫疾：即癫痫，俗称羊痫风或羊角风。疾病发作时吐涎、神昏、卒倒无知，口噤牙紧，抽搐时之多少不等，而苏醒后

起居饮食皆若平常人。[8] 伤风：中医指上呼吸道受病毒或细菌感染，常于受冷或受潮后发生流鼻水、咽痛、轻度发烧、怕冷与全身不适等征状。[9] 伤寒：西医指由伤寒杆菌引起的急性传染病，主要征状为持续发热，热度在39℃—40℃之间，脉搏缓慢，脾脏肿大，腹部有玫瑰色疹；严重时，可因肠出血，肠穿孔而死亡。又称肠伤寒。中医泛指一切热性病，指风寒侵入人体而引起的疾病，征状为头痛、项强、畏寒、发热、骨节酸痛、无汗脉紧等。[10] 伤暑：中医指夏季伤于暑邪，出现多汗身热，心烦口渴、气粗、四肢疲乏、小便赤涩等征候。[11] 伤湿：中医指湿邪所致之病征，可分外感湿邪和湿浊内阻肠胃。外感湿邪，常见体重腰酸，四肢困倦，关节肌肉疼痛，痛处不移；湿浊内阻肠胃，常见胃纳不佳，胸闷不舒，小便不利，大便溏泄。[12] 霍乱：一种以严重胃肠道征状为主的人和家畜的传染性疾患。以起病突然、大吐大泻、烦闷不舒为特征。以其"挥霍之间，便致缭乱"，故名。因饮食生冷不洁或感受寒邪、暑湿、疫疠之气所致。[13] 哮喘：支气管发生痉挛性收缩而引起的阵发性呼吸困难、哮鸣、咳嗽的反复发作。[14] 疳疾：儿童的一种常见疾病，主要表现为食欲差、腹胀、睡眠不安、精神状态差或者烦躁不安、面黄肌瘦、头发稀少、小便量少，与西医的营养不良征状相类似。孩子出现疳疾，大部分是由于喂养不当或孩子存在某些疾病导致的。[15] 泄泻：中医指一种肠病。泄为大便多水而不凝结地排出，泻指大便稀清如水，迅速排出。多因肠道功能不佳，使粪便含大量水分的疾病。[16] 食积：中医指饮食时无节制，引起消化不良，东西停积肠胃的病。征状有胸腹部胀满、口有臭味、吐酸水、便秘或腹泻等。[17] 癖积：中医指多由水饮停结，痰瘀凝滞，食积内阻，寒热邪气搏结而成。多经久不瘥，积有岁年。［18］虫痛：中医指因肠内虫扰动所致脘腹疼痛。其证心嘈腹痛，或上攻心如咬，饥则痛，得食痛甚，饱即安，时痛时止，以手按腹即止。［19］黄瘅：病名，因血中胆红素含量增加，致人体皮肤、巩膜、黏膜变黄的病征。多见于肝胆疾病及溶血性贫血。最常见的黄疸，是新生儿黄疸。［20］疝气：人体组织或器官一部分离开了原来的部位，通过人体间隙、缺损或薄弱部位进入另一部位，多伴有气痛的征状。［21］痢疟：痢疾和疟疾。疟疾是疟原虫寄生于人体所引起的传染病，经疟蚊叮咬或输入带疟原虫者的血液而感染，病征主要表现为周期性规律发作，全身发冷、发热、多汗，长期多次发作后，可引起贫血和脾肿大。痢疾是急性肠道传染病之一，临床以发热、腹痛、里急后重、大便脓血为主要征状；若感染疫毒，发病急剧，伴突然高热，神昏、惊厥者，为疫毒痢。［22］瘰疬：颈项或腋窝的淋巴结结核，患处发生硬块，溃烂后流脓，不易愈合。［23］痘疹：因患天花出现的疱疹。［24］龟胸：鸡胸，胸骨凸起如龟背。［25］鹤膝：中医指结核性膝关节炎、关节水肿等病症，其征状为关节肿大，股胫肌肉消瘦，像鹤的膝部。［26］五软：中医儿科的一个病名，指的是头颈软、口软、手软、脚软和肌肉软。多见于五岁以内的小儿，是小儿的一种生长发育障碍。［27］五鞕：指小儿痉挛抽搐时的五种表现：仰头、硬气、手足心坚、口紧、肉硬。鞕：通“硬”。［28］枚举：一一列举。［29］秘要：奥旨精义。［30］《养子真诀》：南宋陈文中编撰的《小儿病源方仑》4卷之中的章节，分养子真诀、小儿变蒸候、形证门等，皆先论后方，为当时所重视。［31］真诀：妙法，良策。［32］元气：精神，精气。

[33] 问切：中医四诊要诀之询问征状、切摸脉象。[34] 无因：无所凭借，没有机缘。[35] 望色：观察气色。[36] 喘急：呼吸急促。[37] 殊甚：很，非常，形容程度深。[38] 不容刻缓：时间一点都不容许耽搁；形容形势紧迫，必须立即行动。[39] 妥善：妥当完善。[40] 姑息：苟且偷安。[41] 贻误：耽误。[42]《幼幼集成》：陈复正编撰于乾隆后期的儿科著作，共六卷。卷一论述儿科中关于指纹、脉法及保产、调护、变蒸等内容。卷二、卷三、卷四为儿科主要疾病及杂证、疮疡的辨证施治。卷五、卷六介绍经陈氏增删的《万氏痘麻》歌赋 170 余首，附方 130 余首。[43] 详验：给予彻底地检查。[44]《本草备要》：汪昂编撰于康熙三十三年（1694），共八卷，主要取材于《本草纲目》和《神农本草经疏》。卷首为药性总义，统论药物性味，归经及炮制大要。卷一草部药 191 种，卷二木部药 83 种，卷三果部药 31 种，卷四谷菜部药 40 种，卷五金石水木部药 58 种，卷六禽兽部药 25 种，卷七鳞介鱼虫部药 41 种，卷八人部药 9 种，共计 478 种。每药先辨其气、味、形、色，次述所八经络、功用、主治，并根据药物所属之“十剂”，分记于该药之首。后世刊本又增附药图 400 余幅，更臻完善。

第三章　教育渐次

渐次者，渐渐成人之次序也。胎内及襁褓[1]中之教育，前既详矣。过此则儿童知识渐开，发育渐大；善恶诚伪之界，判乎此矣。教育之所宜急讲者，正在此时也。夫论教育于今日，其所望于儿童者，原非浅求于一二小就[2]，其必教以普通各学之准的[3]普通谓于为学各科，皆能通知也。以发摅[4]其智虑[5]，恢张[6]其能力，扩充其好任侠[7]之精神，孕育其爱国家之运量，俱属为父母者所冀望[8]其子之切要[9]，然非童稚[10]所能遽施[11]也，不过其规模必造端[12]于此时耳。凡世运[13]进化之风潮，有不可骤而行之者焉，譬如筑堤御水，苟其基础未固，则转眼而崩溃也必矣，故教儿童于初离襁褓之时，亦犹筑御水之堤也。作教育渐次，凡六编。

注

[1] 襁褓：包裹婴儿的被子和带子，借指婴幼儿。[2] 小就：略有成就。[3] 准的：标准，准则。[4] 发摅：宣扬抒发。[5] 智虑：智慧谋虑。[6] 恢张：张扬，扩展。[7] 任侠：尚气节有担当而乐于助人。[8] 冀望：期望，希望。[9] 切要：要

领。[10] 童稚：孩童。[11] 遽施：紧急、仓促施行。[12] 造端：开头，发端。[13] 世运：世间盛衰治乱的气运。

第一 培植根器

夫欲培养花草，必先择佳土、选佳种，且厚加以肥土之料，而后可望萌芽之美；芽既萌矣，防风避雨，早夜看护，都有定法；迨[1]枝叶渐长，苟有曲者必矫正之，有劣者必增美之，又时而[2]暖之以日，时而润之以水，不知费几多[3]心力，劳几多辛苦，以保护其根基，始能发秀[4]而结果。教育儿童，亦正如是[5]。当夫襁褓方离，应施之教育，前编尽之。及年龄渐长，使之入学修业，此时坐立言笑，一切迁善避邪之事，无一不须母氏约束之、督饬[6]之。凡人见子女言行端正者，则必曰他母必贤也，他家庭必严也；不然，他何以端正若此？又见其学业之优，则又曰他师必良也，他母必贤也；不然，他何以精明若此？盖睹其子女仪范[7]之良，即知其母氏培植之善。然则母氏之育成儿女，其根基可忽哉？为要有二。

一、品格。品格者，立品之格局，即人身模样也。何以幼小即讲品格？凡人立身之善恶，全系乎幼时品格之良否。世人以儿时知识未开，往往听其疏忽，以为不甚紧要；不知他虽幼稚，而五官百骸[8]之感触，为善为恶，恰胎于此时，视导之者之善恶何如[9]耳。大抵婴儿初出世界，各有一种良知良能，变化莫测，纯然不假勉强。孟子曰："孩提[10]之童，无不知爱其亲；及其长也，无不知敬其兄。”即自然之知能[11]也。于此时顺其自然之机，以至善无恶之德性[12]，充其良知，益其良能，开通其聪明材力，使之遇处知有规矩，涵濡[13]渐久，品格自尔[14]上进。若任其自为，全不约束，言行不求诚实，身心不知敬慎[15]，此等根柢[16]，必至放纵无忌，不守正业[17]，斯为下流之品格矣。凡有大作用者，幼时即有非常之器识[18]，卓卓[19]异人，其故无他，总由教训得法、引导有方，其端正规模自小已经立定，然则品格非培植之先务[20]哉？

二、习惯。凡事习至惯熟[21]，久之遂成自然。若幼时之习惯，其为力最大，入骨亦最深，有至终身不改者。故事虽至难，苟自幼年习之，自不复觉其难矣；事虽至易，至长大而始习之，未有见其易者。盖幼稚之初，心中浑然一物，毫无外来之牵扰[22]，乘此灵机，引之以种种善良，使之逐渐学习，至于惯熟，必能持久不忘，其为益岂浅鲜[23]哉？不然，幼既不教，至长大而始督责之，又何益之有乎？须知天性未漓[24]之时，即万善本来之地，必使其于一事一物，认真做去，不臻于美善不止，到后来遇事方有把握，不至仓皇失措[25]，此习惯之效，最足以转移儿童之性质也。

儿童之贤否，全视母氏之教育为进退，顾外虽有贤师良友，苟内无贤母之激励鼓舞，使之尊师取友，听其劝诫劝者，劝其为善也；诫者，诫其为不善也，断难望儿子之贤明。以家庭教育之重，固如此也。然则母氏之责任，其可忽哉？

注

[1] 迨：等到，达到。[2] 时而：表示动作或情况不时地重

复发生。[3] 几多：几许，多少。[4] 发秀：开花。[5] 如是：如此。[6] 督饬：督促命令，督促告诫。[7] 仪范：典范，表率。[8] 五官百骸：泛指人体的各个器官和部位。五官：通常指脸上的器官，耳、目、口、鼻、舌。百骸：人体的各种骨骼。[9] 何如：如何，怎么样。[10] 孩提：幼小，幼年。[11] 知能：智慧才能。[12] 德性：道德品性。[13] 涵濡：滋润，沉浸。[14] 自尔：从此，自然。[15] 敬慎：恭敬谨慎。[16] 根柢：草木的根，比喻事物的根基。[17] 不守正业：不干正当的工作，多指丢下本职工作而去干别的事。[18] 器识：器量与见识。[19] 卓卓：杰出，高超出众。[20] 先务：首要的事务。[21] 惯熟：熟练，熟悉。[22] 牵扰：牵绊困扰。[23] 浅鲜：微薄，轻微。[24] 漓：浅薄，浇薄。[25] 仓皇失措：匆忙慌张而不知所措。

第二　炼养性质

教儿如读书、习字、习算[1]、格物[2]之类，皆智育之最要者智育者，心思上之教育，开其聪明知识也。虽然，尤莫要于德育德性上之教育，纯是教人行善去恶，有德育以坚固其心坚固者，外物不能移也，养成其爱敬孝友之性，而复强健其身体，磨炼其精神，使之能耐寒暑身体健，精神足，虽寒暑之苦亦不足畏，能忍饥渴。虽饥渴亦能忍耐。成一真实坚定之性质，与他委靡不振者[3]，迥然不同[4]。夫男儿志在四方，平素如此养炼，一旦有急，必能精神振刷[5]，勇往直前，无论大小事件，均可担当得起。此等性质，非养之幼时不为功也，其要有二。

一、期大成[6]。教儿，要在不求小就[7]，而求大成。世人动夸儿子之聪明，见其稍通一字一义，百端称道[8]；小儿无识，因宠生骄，其材力至为所限。又有爱惜过甚，动怕儿子吃苦，因循姑息，毫不加严。此皆无大成之期望也。不知婴儿自有生之始，即为国民之一人，他日或置身朝廷，造福万民，担当国事，都未可量。然此等成就，虽难过期，而呱呱[9]者发越[10]方长，亦属意中之事，视父母之规范何如耳。若夫贫贱之家，无力造就，亦当从其大者着想。虞舜[11]一历山耕夫[12]，汉高[13]一泗上亭长[14]，后来俱贵为天子，彼其父兄，岂曾有如富贵家之教育其子弟哉？芝草[15]无根，醴泉[16]无源，人只患不立志耳，非必云大官厚禄，可以妄加冀倖[17]，第实而求之，为士、为农、为商、为工，皆可致富厚而召名誉，固非人力做不到者。故教育之道，不争贫富之悬殊，惟在父母志趣高明，切实提撕[18]，使儿子力争上进，以求为他日世界上大有作用的人，斯家庭之幸福。若第夸其一线之明，甚至因循姑息，小就且不能，遑云大成哉？

二、则先哲[19]。则先哲者，看先辈好样也。贵耳贱目[20]，人情类然，盖入耳最易留心也。幼儿初出，心中游移无主，可正可邪，有好榜样以感发之，其入正途也自易。且幼时所闻之事，最易稳记，至终身不忘。为母者即其平时之一举一动，勉以行正事、说正话，固属切要。尤宜举古今来之忠臣孝子、仁人义士[21]，及邻里之嘉言懿行[22]，详细指示，说某也忠孝，青史流芳[23]，某也奸邪，万年遗臭[24]，某子弟好，后来富贵，某子弟不好，后来贫贱，此等格言处处教之，日日教之，事事教之，务使听得惯熟，长其立志之进步，发其爱国之感情，其性质自必趋于正大[25]一途，亦引伸触类[26]之一法也。

注

［1］习算：算术。［2］格物：推究事物原理，清末称西洋自然科学为“格物”。［3］委靡不振：形容精神不振作，士气低落。［4］迥然不同：完全不同，相差很远。［5］振刷：奋起图新，振作。［6］大成：大的成就。［7］小就：小有成就。［8］百端称道：多种多样的称赞。［9］呱呱：形容小儿哭声。［10］发越：出息。［11］虞舜：传说中的父系氏族社会后期部落联盟领袖，建立有虞国。［12］历山耕夫：历山的耕田人。［13］汉高：汉高祖刘邦。［14］泗上亭长：泗上的亭长。亭长：秦官名，属于低于县二级的行政建制长官。［15］芝草：灵芝草。古以为瑞草，服之能成仙。［16］醴泉：水的味道像薄酒的甘泉。［17］冀幸：侥幸，希冀。［18］提撕：提醒。［19］先哲：先世的圣人。［20］贵耳贱目：重视耳听来的，轻视亲眼看见的；借指轻易听信传闻而不重视事实。［21］仁人义士：有德行并信守节义的人。［22］嘉言懿行：有益的言论和高尚的行为。［23］青史流芳：在历史上留下好名声。［24］万年遗臭：死后恶名一直流传。［25］正大：公正大气。［26］引伸触类：指从某一事物的原则，延展推广到同类的事物。

第三　勉励学务

古者人生八岁而入小学，小学者，学习幼仪也；十五而入大学，大学者，明德新民之学也。古今来为圣为贤，为豪为杰，无他谬巧[1]，不外从读书做起，盖人生最重读书。姑无论其为圣贤豪杰也，即为农为士，为工为商，总须胸中有墨，始能到处顺手，不为人欺。故教儿读书，不可不力也。大抵童子之向学，全赖为母者实心振作，方能有成。每见世之母氏，往往过于溺爱，尽儿子嬉游无度，不加箴规[2]，即令入学，既防体资不健，又恐先生太严，一暴十寒[3]，休暇[4]时全任丢弃，不问功课之勤惰，不查进境之有无，不知重道隆师[5]、奉行故事，名为读书而已。且即为父者十分斟酌，而母氏必故意相争，其视读书为天下最苦人之事；此等母氏，无论儿子愚顽也，即极聪明之子，亦断不能成学，岂不可惜？不思人在世上，不学便是废人。儿子既生，便当存一大有作用的想，我惟勉其勤学、惩其懒惰，彼到学问深时，自有无穷乐趣，何曾苦人？又何须替他着急？昔孟母因子不学，断其机杼[6]，后孟子成一代大贤[7]；盖有此母，自有此子，学何尝负人哉？是以凡为母者，宜将此事认为治家上业[8]，壹意敬师重道，须知儿子学成，一可磨炼智德，二可光曜门庭，三可担当世务，何等清贵[9]！且中国维新之基已启维新者，改行新政也。将来学堂林立，无分贫富，皆当使之入学，入学之后，教以如何发奋，如何用功，于其还也，令其复习，研查其学问之有进境、无进境，有则加勉，无则加严，俾家庭与学校相辅而行，如是则儿子之在家，亦自与在师侧无异，其为益顾不大哉?

注

[1] 谬巧：诈术与巧计。[2] 箴规：劝戒规谏。[3] 一暴十寒：原意是说即使是最容易生长的植物，晒一天，冻十天，也不可能生长。后比喻学习或工作一时勤奋，一时又懒散，没有恒心和毅力。[4] 休暇：休假，闲暇。[5] 重道隆师：重视应遵循的道德规范和尊敬师长，尊敬师长及其其所传之道。[6] 孟母因子不学，断其机杼：即孟母断机，《古列女传·母仪·邹孟轲母》："孟子稍长，就学而归，母方织，问曰：'学何所至矣?'对曰：'自若也。'母愤因以刀断机，曰：'子之废学，犹吾之断斯机也。'孟子惧，旦夕勤学，遂成亚圣。"机杼：织布机。[7] 大贤：非常有道德才能的人。[8] 上业：上好的事业。[9] 清贵：高贵显要。

第四 专定职业

《曲礼》[1]云："为人子者，所习必有业。"故教子之道，以专定职业为主脑[2]。盖子将成，趁早妥为安置。即富家，亦宜各有职业。每见富家子弟，奢侈无度，不知爱惜物力，动辄以势压人，且赌荡[3]自恣[4]，不守家规，推原[5]其故，多由父母看得十分骄宠，习为故常[6]，不加约束，致败坏不可救药；此大不可，家虽富贵，愈要务崇正道，储为他日国家有用之人，斯能承先人之遗业，贻父母之令名[7]。若夫贫贱之子，尤须安置得宜。资质敏捷者，教之一心读书，务底于成。其质鲁[8]者，亦须读书四五年，俟其稍识文义后，或令耕田，或学做艺，或习商贾[9]，总要有一门手段，认真从幼年做起，方能成人。若手中不能成一件事，便是废物，他日衣食缺乏，流荡无耻，贻谁之羞？昔汉朝邓禹[10]，有子十三人，使各执一艺，而禹家以长。近日泰西[11]各国，一家之中，无人不能成艺、不善理财，所以国家之富强，愈增愈大。中国游荡[12]者多，每由母氏溺爱不明，因循贻害。故为父母者，务先相其资质，于士农工商中，专授一业，使之各有谋生之本领，此治家之总诀也。又中国习俗往往贵男贱女，以为男当教育，女则不甚紧要；不知女子重在育儿治家，其关系尤切。故教女当与教儿同一认真，先教以读书识字，开其聪明材力，继勉以规矩礼法，养成其慈惠温和之性情，而平时中馈[13]、针黹[14]、纺绩诸务，在在[15]须实力操持，不容疏怠[16]，异日[17]增光门楣[18]，不全赖幼时之母教哉？

注

［1］《曲礼》：《礼记》的一部分内容，是指具体细小的礼仪规范。［2］主脑：最重要的，具有决定作用的人或事物。［3］赌荡：从事赌博等浪荡活动。［4］自恣：放纵自己。［5］推原：从源头或本原上进行推究。［6］故常：惯例。［7］令名：美好的声誉。［8］质鲁：质朴鲁钝。［9］商贾：行商坐贾，做生意。［10］邓禹：（2—58），字仲华，南阳新野（今河南省新野县）人。东汉开国名将，协助刘秀建立东汉。［11］泰西：旧时泛指

西方国家。［12］游荡：闲游放荡。［13］中馈：家中供膳诸事。［14］针凿：缝纫、刺绣等针线工作。［15］在在：处处，各方面。［16］疏怠：疏忽懈怠。［17］异日：他日，将来。［18］门楣：门户上的横木。旧时富贵之家门楣高大，因以“门楣”喻门第。

第五　宽严赏罚

赏者嘉其善也，罚者责其不善也；然赏罚之用，亦须宽严得中。盖过于誉扬[1]，则足以长骄傲之习；责之太甚，彼小儿浑浑无知，非疑则惧，忧愤之余，甚或变为执拗不听，亦非善道。尝有一般严父，见他儿学艺之优，乃尽力课责[2]己儿，不问其天分之高低，卒至督责太过，有能力因此而疲、身体因此而弱者。不知教人之道，贵乎因材，材有贤愚，即教有缓急。故赏罚之道，须恕而公，严而正。惟其为诡诈以骗人，假媚词[3]以讨好，又或专习懒惰、不勤正业，皆儿童恶习之尤。苟有如此现象，不容宽假[4]，须从速惩除之。其余为患不大之事，惟有反覆指明，从容训诫，使之循循迁善。若概施以鞭挞[5]叱怒[6]，是促其善机也。是以为父母者，不虑叱责之不严，而虑教诲之未尽。家庭常有一种仁慈和乐之风，斯为美耳。若小儿有济人困苦、救人急难、知过能改之事，即宜温语[7]奖慰[8]，以砺其益进[9]之心，如此则宽严得中矣。

注

[1] 誉扬：赞誉称颂。[2] 课责：考课督责。[3] 媚词：谄媚的话语。[4] 宽假：宽容，宽纵。[5] 鞭挞：鞭打。[6] 叱怒：发怒叱骂。[7] 温语：温和的话语。[8] 奖慰：夸奖安慰。[9] 益进：长进。

第六　戒慎条例

一、戒欺。欲儿无欺，先莫欺儿。世人每于小事之欺诈，以为不关紧要，如有病进药，明明苦的偏说是甘，或称与以物而复不与既称与他，便不可假。或故意使之诳语[1]，以为得意。虚诡[2]如此，将小儿习惯，终至说话没有对证，成为无信之人，可不慎哉？孟子幼时问母曰："东家杀猪，何为？"母佯应之曰："与汝食耳。"既而悔，曰："吾闻古有胎教，今儿适有知，而我欺之，是教之以不信也。"乃买猪肉以饲之。

二、戒报复。教儿童以报复之事，虽不常有，然亦往往流露于无意之间者。如儿童跌地触柱，辄骂地打柱以慰其心，此常有之事也。不知儿童复仇之念，遂胎于此；乃长，苟有伤己骂己者，遇处即想完仇[3]，必尽其报复而后快，此不可不为预防，以充其坚忍之性。

三、戒恐吓。凡人有怯懦之性怯懦者，遇事畏惧也。实由于幼时，盖为父母者，欲儿童之易于听从，往往设计吓之或儿吵甚，即说外面有虎，又说背后有鬼，吓得儿子哑口畏避。此不特无知之人为然，即贤者亦所不免。不知常人动怕鬼神妖怪者，多由幼时之习闻[4]。是故幼时告以鬼神妖怪之事，长大必生怯懦之心；幼时告以英雄豪杰之事，使知鬼神妖怪之不足畏，则懦者亦变为勇者，此一定之理也。又儿童稍稍受伤，不可过于怜悯，以弱其气过怜者动谓我儿造孽、我儿可怜，儿便涕泣矣；致将来不能忍苦耐劳，遇事退缩。平时须励以刚强有为之性，到后来方有胆略[5]。不可加意怜恤，使之涕泣说不要紧他便不痛矣，说他可怜便哭起来矣。至女子性本柔懦，若更教以怯懦，将偶遇事变，但知涕泣而已。世人每以涕泣为女子之常态，不知乃积习[6]之所致也。若平素胸中宽大，遇事自有把握，断不乱哭。

四、戒偏爱。父母见兄之纯良[7]，辄指弟之顽陋[8]，遂至饮食衣服亦分优劣，最为不宜。又或偏重一儿，欲使他儿迁善，如是必至伤兄弟姊妹之爱情，而渐生其猜忌嫉妒之心。故兄弟阋墙[9]之祸，多生于父母偏爱之私，不可不慎。

五、戒妄语[10]。妇女相聚谈笑，每戏言[11]妄语，在乳母婢女尤多。此等恶习，最易污染儿女之视听[12]，至成言行不正之人，不可不戒。

六、戒伤生[13]。博爱及物，实教育之切要博爱者，凡有生之物，无不爱惜也。幼时遇虫鸟任意残杀，则长大必以其手段施于同类，至成凶恶残暴之人。在儿时，便当戒以莫妄残杀，以生其爱物之仁。

七、戒过激。闻母氏之叱咤大喊大噪也，见母氏之愤怒，固属小儿所畏。然家庭之内，常常有叱声怒色，徒足使儿童之性日近顽恶[14]，非教育之良法。何也？喜怒无常[15]，旁人亦为之不乐。儿童解免[16]无由[17]，反至激成蠢傲[18]，久之一味不听，不可复教。西人[19]有言：爱欲强，而怒欲弱。谓慈爱宜重，怒气宜轻。诚为笃论[20]。故教儿须苦心劝诫，寓严厉于温和之中，其效究胜于叱咤愤怒者远甚。至于实有大错，则不能不严厉行之；然平时总以慈惠为主。

注

［1］诳语：说谎话，说大话。［2］虚诡：虚伪欺诈。［3］完仇：报仇。［4］习闻：常闻。［5］胆略：勇气和谋略。［6］积习：长久以来而形成的习惯。［7］纯良：纯正善良。［8］顽陋：愚蠢而鄙陋。［9］兄弟阋墙：兄弟之间不和。［10］妄语：虚妄不实的话，荒唐无稽的话。［11］戏言：开玩笑的话语。［12］视听：见闻。［13］伤生：杀生，伤害生命。［14］顽恶：愚妄而桀骜不驯。［15］无常：时常变动。［16］解免：逃脱，避免。［17］无由：没有原因、理由。［18］蠢傲：愚蠢傲慢。［19］西人：西方人。［20］笃论：确切的评论。

第四章　教育总义

总义者，统巨细言之也。渐次之教育，前已详矣。而日用饮食，周旋举动之间，精粗大小，关系犹多，宜逐节详明也。作教育总义，凡七编。

第一　伦常之整饬

伦常[1]莫先于孝弟[2]，整饬者孝弟之谓也，人苟不孝不弟，是先自绝其天，岂得复齿于人类哉[2]？世间每有此等悖逆[4]之子，把父母兄弟全不郑重，伤天理，坏风俗，及至罪大恶极[5]，不有人祸，必有天刑[6]。盖不孝不弟，断未有得其善终者也。故教儿，先要讲明长幼尊卑之道，不容稍有乖违[7]。父母之前，下气柔声[8]，和颜悦色，呼则急应，召则急趋，美食必请先尝，寒热必时顾问，有疾则细心调理，有过则婉言劝导，此事亲之大略，为人子所不可缺一者也。若夫兄弟之间，尤惧易生嫌隙[9]，兄固宜友，弟更宜恭，平时亲洽[10]齐心，可以御外侮，可以济急难，毋好货财[11]而伤手足之爱，毋听妇言而乖骨肉之亲。兄弟能和，父母固属欢娱，族邻[12]亦生敬畏，何等安乐！全在教儿时切实诰诫[13]，斯家庭之福矣。近来风俗衰颓[14]，父子兄弟之间，言语多有流于不敬之态；此事似小而实大，长幼之序不明，即紊乱伦常之基所由起也，整饬可不亟[15]哉？

注

［1］伦常：封建宗法社会的伦理道德。［2］孝弟：又作“孝悌”。孝顺父母，敬爱兄长。［3］岂得复齿于人类哉：怎么能够再列于人类呢？借指被人看不起。岂得：怎能，怎可。齿：并列，在一起。［4］悖逆：违反正道、犯上作乱。［5］罪大恶极：形容人的罪恶很大。［6］天刑：天降的刑罚，上天对恶人的惩罚。［7］乖违：违反。［8］下气柔声：口气谦卑，声音柔和；形容十分恭顺。［9］嫌隙：因猜疑或不满而产生的隔阂、仇怨。［10］亲洽：亲密和洽。［11］货财：财物，钱财。［12］族邻：宗族邻居。［13］诰诫：告诫。［14］衰颓：衰弱颓废。［15］亟：紧急，急需。

第二　举动之沉潜[1]

儿童举动之良否，表一家教训之善恶。故举动之模范，最重者沉潜，最忌者轻躁[2]。幼时一举一动，即须养成谦让温和之风，若轻躁而不厚重，见人不知谦让，性格不能温和，则他人不咎儿童之不良，只咎主妇之失教，动谓他家没有家规，不特鄙薄[3]其儿童，因而轻视其家族，种种抹煞[4]由此而生。若对人不失礼法，循循规矩，则人皆钦慕[5]其主妇之风采，因之尊重其家族。小儿之举动，关乎一家如此，为主妇者可不随时加意乎？

注

[1] 沉潜：深沉不露。[2] 轻躁：轻率浮躁。[3] 鄙薄：鄙视菲薄。[4] 抹煞：完全勾销，一概不承认。[5] 钦慕：敬慕。

第三　言行之防闲[1]

孔子教弟子谨而信，即防闲之谓也。儿童作事说话，总要诚实无伪，方为可嘉；若信手乱动、轻口乱谈，动辄[2]招人嫌忌[3]，岂是教道？此防闲不可不力也，兹撮其不可者十有一。

一、不可为苦人之事。宁肯自苦，切莫苦人。

二、不可为害人之事。只防人害我，我切莫害人。

三、不可嫌忌他人。人比我好些，不要忌他；就比我差些，更不要嫌他。

四、不可指摘他人容貌丑恶，及身家忌讳。人品不齐，或行检[4]有玷[5]，或相貌不全，或今虽尊显[6]而出身本微，或先世[7]昌隆[8]而后裔流落，言语之间，须留心检点，切勿犯人忌讳、扬人丑恶，令其愧恨，无地自容，不独自失厚道，亦且结怨于人也。

五、不可指摘他人罪迹过失。人有罪过必十分惊惶，畏人指摘；若指摘之，就是终身之恨。

六、不可粗心作事。心作一事，即须一心注意于此，方能完全不误；若粗心浮躁，断难成功矣，慎之慎之。

七、不可负人之托。凡受人托付，既已应允[9]，必代做到；若不能代，即先莫妄应允。

八、不可信口出言。凡说话须极和缓，须细思想，不祥之话少说，恐人厌听；遇有应说之处，只宜轻轻说过。

九、不可妄述人言。道听途说[10]，德之弃也，凡一事而关人终身，一言而伤人阴骘[11]，即实见实闻，不可轻口传述，切记！切记！

十、不可看淫词小说，及谈人闺阃[12]。遇有淫词小说，不特不看，并宜焚之；若听得人家闺阃，事急宜闭口勿宣。

十一、不可说话做作。对人说话，两手整齐，手指莫乱做作，斯为得体。

注

[1] 防闲：防备约束。[2] 动辄：动不动就，常常。[3] 嫌忌：嫌疑和猜忌。[4] 行检：操行，品行。[5] 有玷：有损。[6] 尊显：尊贵显赫。[7] 先世：前代，祖先。[8] 昌隆：昌盛兴隆。[9] 应允：答应，允许。[10] 道听途说：在路上听到一些没有根据的话，不加求证就又在路途中说给其他的人听。后泛指没有经过证实、缺乏根据的话。[11] 阴骘：阴德。[12] 闺

阃：古称女子所居住的内室，借指妇女。

第四　对客之行为

古者人生八岁入小学，习应对进退之节，即对客之礼寓焉，客来须对之极其恭敬，无论亲疏远近，待之都要殷勤，是使人他日敬我之根源也，故儿童须教以待客之道，其要有七。

一、客来接以敬爱之意，先叙寒暄[1]，和气正容，亲切有味。

二、对客要多谈论，使客欢喜，又须从容庄论[2]；对客无言，使客厌倦，是慢客之渐也。

三、对客言，须处处端敬，句句切实；凡问答之间，知之为知之，不知为不知，不可冒昧[3]。

四、客前，忌头发蓬松，衣冠拖沓。

五、客前，忌口中磨牙，及衔食物。

六、客前，忌剪爪歌唱。

七、坐必两膝整齐，不可将脚架在膝上，尤忌拖鞋步于人前。

注

[1] 寒暄：问候与应酬。[2] 庄论：庄重的言论。[3] 冒昧：鲁莽轻率，无知而妄为。

第五　食膳之禁忌

《曲礼》："毋放饭[1]，毋流歠[2]，毋咤食[3]，毋啮骨[4]。"即禁忌之谓也。食时规矩，最关紧要，不可不教之遵守。无论何事，行为不正，人必生嫌[5]。而食时不正，可嫌尤甚。彼儿女在广众中贪食无度，使他人乐趣顿消，最足为父母之耻。禁忌之条有九。

一、当食，要候他人坐齐，不可先行自食。

二、两人同坐，膝宜整靠，不可将身摆开，占同坐者地位，即《曲礼》"并不横肱"[6]之意。

三、伸手人前取物，最为失仪，须起身近取为是。

四、席上不可多话，长者未问，不要发言，惟傍听长者之谈，即《曲礼》"长者不及毋儳言[7]也。"

五、食时，忌抛弃饭米，及遗失桌上菜汁，或含物过多，如饿者然，最为可厌。

六、食时要容貌整齐，身手洁清；不齐不洁，一座生嫌，虽有佳殽[8]，亦趣味索然[9]矣。

七、手指有污，忌以衣服拭之，亦不可拭于桌凳两傍。

八、不可玩弄食器，及口中咀嚼作声。

九、不可以他人食器，供己之用。

注

[1] 毋放饭：不要把手里多余的饭放回公用的食器。[2] 毋

流歠：不要喝汤像流水一样不停地喝。歠：吸，喝。［3］毋咤食：不要吃饭时口舌作响。［4］毋啮骨：不要啃骨头。［5］生嫌：产生嫌弃。［6］并不横肱：并排坐时不能横起胳膊。［7］儳言：饶舌，别人说话未完便插话而打乱别人的话题。［8］佳殽：精美的饭菜。［9］索然：毫无兴味。

第六　出外之规矩

孔子曰："弟子入则孝，出则弟。"是儿童之出外，不可不讲明规矩也。或亲师，或访客，一有失礼，他人不当面指摘，必暗地訾议[1]，旨父母受其责备也。为要有五。

一、出外先告明父母，说儿去；回时禀明，说儿回。在外所见所闻，于可告者一一细述，即《曲礼》"出必告，反必面"[2]之谓也。

二、走路宜沉重端庄，身莫摇摆，足莫轻佻[3]。

三、逢长辈必让路，不可横行直撞，《曲礼》云："遭先生于道，正立拱手。"此之谓也。

四、路遇长者，大声称呼，不可呼其名字；即遇平辈，亦须称呼得宜，总以谦恭为是。

五、路遇邪曲不正者，如花鼓[4]坏俗之类，不宜留看；若遇人争斗，须急走避为宜。

注

［1］訾议：非议，指责。［2］出必告，反必面：外出一定要

告诉父母，返回之后要面见父母。［3］轻佻：言语举动不庄重，不严肃。［4］花鼓：一种以边打小鼓边歌舞的方式演出的民间戏曲。

第七 约束之大端

儿童平居无事，最易荡轶[1]其心思，盖逸则思淫，自古为然，不时加约束，以励其奋勇之气，则流失不可究诘[2]也。总揭其要有七。

一、威仪[3]为定命之符。儿子平时，先使习洒扫、应对、进退之节，衣冠时常整齐，坐立时常端正，大忌筋弛脉懈[4]，乱跑动叫，此极关系人品，不可不使习惯。

二、儿子须知择交。近朱者赤，近墨者黑[5]。一与之交，终身之成败系之，不可不慎。须择至诚正直者，使之时常亲近，学些好样。若轻狂浮躁，酗酒[6]赌博一流，概宜远避，免致学坏。

三、嗜酒最足误事，且易致病，戒之为宜。若鸦片[5]贻害一生，流毒无尽，尤万不准近。

四、赌博失业伤财，为败坏家风之极；戒子弟者，所宜加意防之也。

五、子弟最重勤恳，遇事提起精神，大忌懒惰，须勉以早起晏眠，无荒无怠。

六、奢侈乃败家之由，子弟尤宜俭朴。一饭食也，当使知来处不易；一衣服也，当使知成之为难，浪费何忍？凡物都要晓得如此着想，方能崇俭。

七、整齐为成家之要道，室中摆列物件，须随时安放妥贴，如某件从某处取来，用后仍归某处，忌乱堆乱掷，及混杂污坏，一有破损，按时整好。幼时在家，不知整齐物件，后日必是糊涂乱来的人，切戒！切戒！

注

［1］荡轶：同“荡佚”。放荡纵逸，不受约束。［2］究诘：深究追问，追问原委。［3］威仪：仪表威武严肃。［4］筋弛脉懈：筋骨脉络松弛懈怠。［5］近朱者赤，近墨者黑：靠近朱砂容易被染成红色，靠近墨则容易被染成黑色；比喻人的习性因环境、他人的影响而改变。［6］酗酒：无节制地过量饮酒。［5］鸦片：得自罂粟乳汁干燥物的一种味苦且辣、有刺激性的麻醉毒品。

第五章　家庭表率

表率者，为一家倡首也。教育之要，上文已详且尽矣。然主妇非徒以教育卸责也，盖主妇佐夫成家，实一家内政之总理，必先正己，方能正人，则提倡一家，尤其专职也，作家庭表率。此章专论主妇榜样，凡八编。

第一　事奉敬谨

妇人以顺为正，于敬奉舅姑[1]外，所当始终敬事者，厥惟[2]丈夫。妇有三从，既嫁则以从夫为张本[3]，一有不敬，而丈夫之局面隳[4]矣。故平时在夫前，务须品行端方[5]，清静雍容[6]，不躁不暴[7]，遇事仔细商量，十分和顺，使丈夫安心职业，不生内顾之忧[8]。夫妇者，人生之大伦[9]，夫贤固是幸事[10]，即遇不贤，须知命数[11]所定，不要将丈夫看轻，只好婉言开导，斯为得体。古人相敬如宾[12]，何等和顺！《易》曰："妇人贞吉，从一而终[13]。”明夫之尊无二上[14]也。孟子曰：“必敬必戒，无违夫子[15]。”言敬夫也。又岁时祖宗祭祀、供奉酒食，须洁净整齐，更宜教导儿童，跪拜祭扫，养成其不忘本之一念。妇人能敬夫奉祀，家道自昌矣，此表率第一义也。

注

［1］舅姑：丈夫的父母，俗称公婆。［2］厥惟：只有，只要。厥：语首助词。［3］张本：根据，理由。［4］隳：毁坏。［5］端方：庄重正直。［6］雍容：形容仪态温雅大方。［7］不躁不暴：态度从容，不急躁。［8］内顾之忧：旧时形容没有妻子或妻子不尽职，丈夫身在外又要顾虑家事。［9］大伦：伦常大道。［10］幸事：值得庆幸的事。［11］命数：命运，天命气数。［12］相敬如宾：指夫妻互相尊敬、爱护、相处融洽，互相尊敬如待宾客。［13］妇人贞吉，从一而终：妇人守持正固可获吉祥，要顺从一个丈夫终身不改。［14］尊无二上：意思是指一个国家不能有两个皇帝，犹言国无二君，引申为至高无上。［15］必敬必戒，无违夫子：必须恭敬、必须警戒，不能违背丈夫。夫子：旧时妇人对丈夫的尊称。

第二　行止端正

端庄正直，大有益于家庭；而主妇表率一家，尤不可不习惯也。盖惯习端正，不特为儿女榜样，且使长幼仆婢都生敬畏之心，而邪淫播丑[1]之迹自然泯绝[2]，丈夫之体面更好，儿女之规矩愈严，邻里族党皆尊重之，而家道之隆盛[3]可决焉。故正一家之风范[4]，实自主妇之端正始。

注

[1] 邪淫播丑：邪恶下流而传播丑恶。[2] 泯绝：完全消灭、消失。[3] 隆盛：兴隆繁盛。[4] 风范：风度，气派。

第三　德性温良

坤道主柔，妇人性情以温良为第一著；盖温则不至粗暴，良则不至阴险，一家之幸福赖焉。语曰：家有温良之母，犹太阳之照临下土，草木赖以萌芽，百花赖以吐秀，各得其所，使世人享自然之利益。若主妇性情粗暴，心术阴险，则一家为之不快，譬如狂风暴雨，花草被其倾颓[1]，毫无一点生趣也。故主妇欲家之平安，必养成温良之德性，无粗暴阴险之风，乃为幸福。

注

[1] 倾颓：倒塌，衰亡。

第四　言语和平

和平者，所以表德性之温良也。凡人家突起忿争[1]，多由妇言不谨，贾祸[2]招怨，世所恒见[3]。不知以盛气服人者，人服于一时之盛气，非心服也；若势力敌他不住，一反手而报我之祸烈矣，言之不逊，可不慎哉？尝有一种悍妇[4]，不顾局面，常以恶语触夫怒，甚至与夫争斗，叫喊之声出户外，或将儿女常事打骂，或将奴婢任意逼喝[5]，又或因一鸡一鸭之细故，动辄胡言乱语，与邻里喧闹不休，有妇如此，丈夫为之不安，儿女为之不乐，邻里为之生厌，由是众目之为悍泼[6]，鄙之为薄福，不特夫家受其玷辱[7]，即娘家亦遭谴责，此等人家，尚能望其兴哉？故主妇语言容止[8]，总以和平为贵，即遇有忿怒[9]处，亦宜细心忍耐，温言出之，一家安慰，岂不是好？谚云："家和福自生"，又云："平安为福"；此言虽小，万世不可易也。

注

［1］忿争：忿怒相争。［2］贾祸：自招祸患。［3］恒见：常见。［4］悍妇：强势、凶悍、蛮横、耍赖，不讲理的妇女。［5］逼喝：逼问呵斥。［6］悍泼：狡猾凶悍。［7］玷辱：蒙受耻辱。［8］容止：仪容举止。［9］忿怒：忿恨嗔怒。

第五 居心仁恕

仁者心存宽厚，慈爱于人也，恕者我所不欲，勿加诸人也。主妇之待人，正宜如此，若居心刻薄，只顾自己，不顾他人，只说他人不好，不问自己之好与不好，待奴隶仆婢，横加苦楚[1]，与肩挑贸易，强占便宜，都非载福成家之道，且使子女易于看样，渐成不良之人。故主妇平素须养成仁心[2]恕道[3]，其为福不浅也。

注

［1］苦楚：痛苦，苦难。［2］仁心：仁爱之心。［3］恕道：宽恕之道。

第六 仪容整洁

妇人平素，不在艳服浓妆、胭脂粉黛，只须布衣布服洗濯干净、身手洁清、坐立端庄，无一切懒惰疲痿[1]之态，斯为整洁。若髻发[2]蓬松，衣服垢敝[3]，终日倚门伴户，颓废不堪；又或在家发乱头蓬[4]，一些也不修饰，到出门时，却又装得妖妖娆娆[5]，花言巧语，做作出许多媚态来，此等妇人，全不替丈夫争门面，断无兴家之理。故主妇必整洁仪容，使人敬畏，斯可以正家矣。曹大家[6]《女诫》云："行违神祇，天则罚之[7]。礼义有愆，夫则薄之[8]。"又云："妇所求者，非谓佞媚[9]苟亲[10]也，固莫若专心正色，礼义居洁[11]，耳无淫听[12]，目不邪视[13]，出无冶容[14]，入无废饰[15]，无聚会群辈[16]，无看视门户，此则谓专心正色矣。若夫举动轻脱[17]，视听倾侧[18]，入则乱发坏形，出则冶容作态[19]，视所不当视，观所不当观，此谓不能专心正色矣。"

注

［1］疲痿：疲弱不振。［2］髻发：发髻，头发。［3］垢敝：又脏又破。［4］发乱头蓬：头发蓬乱。［5］妖妖娆娆：娇艳华丽。［6］曹大家：班昭（约 49—约 120），一名姬，字惠班，扶风安陵（今陕西省咸阳市）人。班彪之女，班固、班超之妹，曹世叔之妻。博学高才，完成班固未竟的《汉书》。曾多次被召入宫，被皇后和妃嫔们视为老师，号"大家"。［7］行违神祇，天则罚之：行为如果违背神灵，就会受到上天的惩罚。［8］礼义有愆，夫则薄之：礼义如果有过错，就会受到丈夫的薄遇。［9］佞媚：谄媚，巧佞媚悦。［10］苟亲：苟取欢爱。［11］居洁：居止端洁。［12］淫听：听闻淫侈之事。［13］邪视：斜着眼睛看。［14］冶容：艳丽的容貌，借指女子修饰得很妖媚。［15］废饰：罢妆，卸妆。［16］群辈：朋辈，同类。［17］轻脱：轻佻而不端庄。［18］倾侧：邪僻不正。［19］作态：虚假做作，装出某种态度或表情。

第七 早起之益

早起为治家要著[1]，何则？儿童多有早起之癖也，又如役使仆婢、安排庶务[2]，无不宜早。若主妇晏起，则不能教诲儿童、安顿仆婢，将仆婢因而晏起、儿童亦不复早起，驯至[3]日高三丈，一家酣眠[4]，宾客来门，无人接应，成何门户？且主妇之起晏，就使儿童不晏、仆婢不晏，而家无统率，将儿辈四处嬉游、不管正事，婢仆束手[5]偷安[6]、不务职业，一日之事去其大半，甚至相率怠荒[7]、渐生失物失业之弊，人家若此，其衰败可立致！不知早起之益，不特益于成家，且益于养身。凡晏起之人，筋肉多薄弱，精神少振作；早起则旦气[8]清明，精神爽快，遇事有一团壮气。且日光初出，能助生物之发育，若生物不受日光，体干必弱，譬如背日处之草木，枝叶黄萎，可以验之。故早起而受日光，得天地之清气，实健身之一法。富人早起，家必益富；贫人早起，必不终贫，主妇尤宜为阖家[9]倡。

注

[1] 要著：首要之事。[2] 庶务：各种事务。[3] 驯至：逐渐达到。[4] 酣眠：酣睡，形容睡得很香甜。[5] 束手：捆住了手，拱手。[6] 偷安：苟安，只求目前的安逸。[7] 怠荒：懒惰放荡。[8] 旦气：清晨的空气。[9] 阖家：全家。

第八　规矩次序之习惯

凡事各有规矩次序，顺之者成，逆之者败，妇人尤当谨守。盖一家之事，错杂纷陈，日不暇给[1]；苟无一定之规矩次序，将临急慌忙，必至误事。就使不误，而延缓拖搁[2]，迟滞甚多，实非成家之道。须有一定布置，习成惯熟，为要有三。

一、预订时刻。家中应理之件，不可胜数，主妇每日须分配时刻，某时理某业，某时做某事，一一先为算定，临时竭力[3]整理，方不忙迫，此虽似乎难行，然平素如此习惯，久之自能如常耳，西洋[4]妇女皆能如此，裨益[5]殊为不浅。

二、器物定在。衣服藏于箧，食器列于厨，固宜有条不乱，其他大小器物，亦须置适宜一定之地，用后即置原处，不得乱杂，若东摆西列，乱杂不一，不特使人生厌，且使儿童随意堆砌，最足败坏家规，不可不慎！又桌椅凳几等物，每日须打扫洁净，或自己经手，或呼奴仆，或唤儿童，随时为之；倘桌上灰扬，椅席尘积，客来坐则污衣，使之站立四顾，主人有何面目？故平时宜常常留心。

三、分职有条。一家之事，均须听主妇指挥，各命分职，宜井井有条[6]。如儿子数人，其能理某业者，就使干某业，不可听其自逸，又不可偏重一儿，专使他儿去做，须就事派匀，使之齐心整理，盖一律布置，最昭平允[7]，亦免分心之法也。若仆婢某人理何事，某时干何件，更当预先安排清楚，若安排不先，临时听其自为，必至立者立、坐者坐，废事岂可[8]胜言[9]？

注

[1] 日不暇给：指事情繁多，时间不够，来不及做完。[2] 拖搁：拖拉耽搁。[3] 竭力：用尽全力。[4] 西洋：泛指欧美等西方国家。[5] 裨益：益处，补益。[6] 井井有条：形容说话、办事有条有理。[7] 平允：公平适当。[8] 岂可：表示反诘，相当于怎么可以。[9] 胜言：尽言。

第六章　理　财

人莫不喜富恶贫，抑知贫富虽由天定，究由人力之经营。非善于理财，决难望其致富，此固丈夫之事也；然理财虽属于丈夫，而守财全赖乎内助。盖丈夫在外经营，惟愿多积赀财[1]；兴家创业，必主妇严谨，善于保守。斯财聚方能成家，若丈夫铢积寸累[2]而聚之，主妇穷奢极欲[3]而耗之，能望其家之成乎？主妇有理财之责任，不可不知也。作理财，凡六编。

注

[1] 赀财：钱财，财物。赀：通“资”。[2] 铢积寸累：形容一点一滴地积累。[3] 穷奢极欲：形容奢侈和贪欲到了极点。

第一　勤恳

开财之源，莫要于勤，每见赤手[1]成家的人，无所凭借[2]，惟日夜勤劳不怠，久而遂成巨富者，盖劳而后能聚财，未有不劳而财为我聚者，此必然之理也。主妇总理内政，万分不宜惜劳，不特专心纺绩、洁齐[3]酒食，无论何事，都要躬亲操作，以身先之，为一家之倡。如是，下至仆婢，亦可观摩迁善[4]。尤须用时得法，凡有应为之事，当必为之时，趁此努力做去，则办事极快，劳苦反少。若软弱不振，缓一时又缓一时，久之疲玩[5]日甚，颓废百出。甚至厨下则食物馁败[6]，腐臭生虫；堂室则椅桌参差，灰尘山积；器物破坏，随处散置；衣服垢敝，洗补为难。此等人家，虽与以千万之财，亦必消受不住。主妇宜及时自醒，勿蹈此种懒弊。古语有云："大富由命，小富由勤。[7]"诚哉其言乎。

注

[1] 赤手：空手，徒手。[2] 无所凭借：没有依靠。[3] 洁齐：同"洁斋"，净洁身心，诚敬斋戒。[4] 观摩迁善：学习后变好。[5] 疲玩：懈怠玩忽。[6] 馁败：腐烂变质。[7] 大富由命，小富由勤：指发大财要靠有好的命运，好的机遇；能过上小康生活，则凭的是自身的勤劳苦干。

第二　俭约

节财之流，莫要于俭。夏禹[1]为一代帝王，尚菲饮食[2]，恶衣服[2]，卑宫室[4]；我辈居家，何苦将钱乱用？每见贫困之子，当有钱时，食爱肥甘[5]，衣爱华饰[6]，遇事求好，浪用不计[7]；

及钱件拮据[8]，困苦百端，借贷则呼应不灵，衣物则典当[9]殆尽[10]，势必[11]流荡无耻，岂不可哀？想来想去，与其无钱受苦，何如有钱少用？可以成家，可以裕后[12]，那些不好？故治家宜节省浮费[13]，专务俭约，以为家道长久之计。

俭与吝有别，俭者于正用外，不滥用而已；吝则当用不用。与人来往，当赠而故短之，当与而故措[14]之，不知礼义，不辨慈惠[15]，两手抠紧，笑骂不畏，鄙浊[16]不羞，俗所谓“要钱不要脸[17]”者也，此等人嫌怨[18]业集[19]，必至招祸非常，不败于其身，必败于其子孙！为主妇者，当知俭与吝之分也。

注

[1] 夏禹：夏代开国的君主。相传是颛顼之孙，姓姒氏，号禹。因平治洪水有功，受舜禅让为天子，世称为大禹；在位八年而卒，传位于子启，而开中国古代君主世袭之制。[2] 菲饮食：(吃喝) 菲薄的饮食。[2] 恶衣服：(穿着) 粗糙的衣服。[4] 卑宫室：(居住) 低矮的宫室。[5] 肥甘：肥美甘甜。[6] 华饰：华丽的装饰。[7] 浪用不计：随意花费而不知节制。[8] 拮据：境况窘迫，尤指经济困难而言。[9] 典当：以物品财产作抵押借钱。[10] 殆尽：几乎全部完了。[11] 势必：根据情势的发展，推测必然会怎样。[12] 裕后：富裕后代。[13] 浮费：不必要的开支。[14] 措：卡留，扣留。[15] 慈惠：仁爱。[16] 鄙浊：鄙陋浊秽。[17] 要钱不要脸：为贪求得钱财，丢弃脸面、人格。[18] 嫌怨：怨恨，仇怨。[19] 业集：汇集。

第三　量入为出

主家计者，必先量一岁或一月之所入，以定所出。若所入尚未可必，或先向人借贷，冀[1]以他日所入偿之，倘入不敷[2]借，势必受困无疑。则量之之法，不可不知也，为法有三。

一、预算。凡事须先算定，况家计乎？惟统计所入，先行通盘打算，如所入只有此数，则将来之出款，不得越此数之范围，所谓量之之法也。又如某物早办，可以省钱；某事迟做，可以获益。急宜用者，于不急时筹之；尽可省者，于未省时决之。一一细心揣摩，胸中默定成算[3]。如裁衣者，先将尺码扣定，然后动剪，无不合法；若不先扣定尺码，信手裁去，岂能成衣？家计亦正如是。

二、亲任。银钱出入，主妇必亲任之；若委之于人，则冗费必多冗费，无益之费也。最属不可，即其人正实[4]，终必生不良之念，暗中私饱[5]，弊窦[6]繁生，殊不可测；及亏欠不符，不得不多记出款[7]名色[8]，以填满之，是导之陷于罪恶也。故虽富家，主妇必亲理出纳。

三、簿记。出入不论多少，当随时登簿，详细琐载，无论何时查核，皆得一目了然。又不可支付之后，延久始行簿记，盖延久必多遗漏，至于失数，日后无从查算，为害不浅。

注

[1] 冀：希望，期望。[2] 不敷：不够，不能满足。[3]

成算：打算，计划。[4] 正实：诚实。[5] 私饱：私自吞没公家的财物。[6] 弊窦：弊病，弊端。[7] 出款：支出钱款。[8] 名色：名目，名称。

第四　蓄积须知

凡有家不可无蓄积之念，本身应入之财，尽可赢余[1]蓄积，或生息[2]，或置产，务须经营竭力[2]，以备缓急[3]。若尽所有而悉用之，必至终身无余，常忧不给。一旦猝[4]遇事变，需钱甚迫，手中匮乏，不得不借贷于人，而财主放债起息，多贪重利，因而不能猝还，日积月累，利上起利，愈久愈多，不得已将田地房产典售[5]抵偿[6]，遂至一身孑然[7]，皆由不知经营蓄积，其受困岂堪设想？故有余不论多寡，总以蓄积为良图[8]。谚云："常将有日思无日，莫把无时作有时。[9]"岂非[10]见道[11]之言。

无钱借贷，固足应一时之急，若负欠不能偿还，其逼迫之来，必至凌辱[12]不堪，即幸而免辱，已觉无面见人，且子孙亦受牵制，动畏指摘，稍有衅隙[13]，辄以骗账名目加之，受害实属不浅。故成家务知蓄积，若蓄积尚未甚充，不敷应用，宁肯省事少用、得过且过，切勿向人乱借，此为治家总诀。

主妇教育儿女，便要导以谋蓄积之念，一丝一粟、半菽寸缕，务须看得珍重，不轻抛弃。千里之行，始于一步[14]。能少积，自能多积；能常积，自能久积。孟子曰："有恒产者有恒心[15]。”苟无恒心，放辟邪侈[16]，无不为矣。恒产者何？常有蓄积也。盖常有蓄积，不特可以保身成家，且可以济人作善，故曰有恒心也。蓄积之益，顾不大哉？

注

［1］赢余：多余，剩余。［2］生息：产生利息。［3］缓急：指危急之事或发生变故之时。［4］猝：突然。［5］典售：典当售卖。［6］抵偿：赔偿。［7］孑然：孤立，孤单。［8］良图：好办法，良策。［9］常将有日思无日，莫把无时作有时：在过富有的生活的时候，要想到以后可能会过贫穷的日子，不要到了一无所有的时候再来回想以前的美好生活。意为应注意节约，不要浪费。［10］岂非：难道不是，表示反诘的语气。［11］见道：洞彻真理，明白道理。［12］凌辱：欺凌侮辱。［13］衅隙：裂缝，引申为意见不合而感情有裂痕、仇怨。［14］千里之行，始于一步：走一千里路，是从迈第一步开始的；比喻事情是从头做起，从点滴的小事做起，逐步进行的。［15］有恒产者有恒心：有恒定财产收入的人，才有恒定的道德观念和行为准则。［16］放辟邪侈：肆意作恶。

第五　买置物品

购买物件，关系乎家计者不少，主妇须常体形勤俭之意，不宜任意浪费，为要有四。

一、选择宜慎。应用之物，当各适宜。常供日用者，只求坚固，不求华美；屡须更换者，亦求坚固，不在精工。盖物之坚固者，便于随手应用，无须十分加意珍惜。若格外价低之物，不宜贪廉妄购，恐防假冒，或缺损也。

二、料理宜先。买物须得其时，如油盐柴米之类，日不可缺，用之最多，宜俟其价低时，多多预办；且为时甚暇，任其择善选精，为益不少。若不先料理，一旦需之甚急，虽比从前货低十倍、价高十倍者，亦必迫而买之，是之谓无算计，此中受亏，何可胜言？主妇当预先留心，毋致临期着急。

三、赊欠[1]宜戒。买物宜于现付，不宜赊欠。现买则不论何物，可以得廉价之便，且不论何铺，可以随我所欲，此铺不合又往彼铺，此货不合又看彼货。俗云："货买三家不吃亏[2]。"岂不是实？且现买之主见一定，有钱买之，无则缓之，尽有限制。若恃其铺主不为较量，任我赊欠，则易购入无用之物；因其来往太熟，不便争价，其昂贵已不待言；店铺一定，不便他往，虽货不如意，亦必姑为[3]迁就[4]。尤可虑者，买时不须现付，势必随手捡取，不计多少；及至完帐之期，始觉困难，多因此受累负债者。故成家之上策，以不赊欠为要著[5]，尤主妇所宜习惯。

四、时价宜考。主妇须知时价之高低，苟茫然不知，则买物之时，或唤奴仆，或托邻人，难保不以多价欺骗，又或评价不当，易招诽侮[6]。故平素必考求物价，俾知某物价廉可用，某物价高可省，庶[7]用钱尤有限制。

注

[1] 赊欠：买卖货物时买方延期交款。[2] 货买三家不吃

亏：买货物时，多跑几家作个比较，就能比出货物的优劣与价格的高低，不会上当吃亏。[3] 姑为：姑且，暂且。[4] 迁就：曲意将就。[5] 要著：首要之事。[6] 诽侮：诽谤侮辱。[7] 庶：但愿，希冀。

第六　保财十要

人只患无财，然有财而不能保，亦与无财等。人第知紧守之为保，不知亦有放松为保者；第知节用之为保，不知亦有不节为保者。取与得失，都有道理，主妇随时保全，庶家道可久焉，总要有十。

一、妇人存悭吝[1]之见，最为不好。古人云："刻薄成家，理无久享[2]。"盖一己俭约蓄积，本是正道；若以悭吝待人，则当与不与、当费不费，是刻薄，非俭约也，虽勉强蓄积，亦必惹人嫌怨，大非成家之道。故主妇守己宜约，而待人宜宽。

二、败家多由争讼。丈夫与人争讼，主妇须极力劝阻，斯为美善。若执拗不听，至于无可挽回，即宜暗地出钱，请人设法和息[3]，既免伤财，又免怄气，一时虽似畏避，久后自尔[4]见功。

三、放债取利，必力取方成蓄积。若借者负欠过重，势难全还，亦当劝夫量减，家有盈余，少收一些，亦不害事；若十分穷困，至嫁妻鬻[5]子以偿者，无论多少，概宜丢弃。

四、嫁女择佳婿，娶媳求淑女，奁仪[6]何足[7]介意[8]？世之为母者，往往盛备嫁妆，必求十分热闹，过费不已；又于嫁后生儿之三朝[9]、周岁[10]，备办极丰，而男家办理喜筵亦必十分热闹，动掷数百，习为故常[11]，多有从此受亏告穷者，何苦乃尔[12]？今为筹一善法，婚嫁成礼之期，相约会议，除大略应用外，其余繁费[13]，约计多少，两家勷[14]成一款，或修道路，或施衣粥，撤无益之费，以为利济之资，较之盛办嫁妆、喜筵者孰长？此法近人亦有行之者，然行与不行，均听人家自裁，不过因嫁娶而费多钱，则殊不必耳。为主妇者，所当勘破此弊。

五、徒聚而不知散，究非善道。家既富足，则钱谷之盈余，用不尽、吃不尽，余剩不知凡几[15]，而目睹邻里之疾病孤寡，十分困苦，谁不伤心？若能暗中以钱谷周济，我原惠而不费[16]，彼已沾活无穷，此等好事，男子每看不破，全在主妇发此慈悲，曲为劝导。

六、男治外，女治内，主妇不宜干预丈夫之事。若或丈夫在外嫖赌浪费，不务正业，甚至渐耗家资，于此而不先为苦谏[17]，受害将有不可胜言！即当竭力劝阻，不听，亦必设法拦绝，不宜强为容忍，自命为性格温柔。

七、有家无人，亦没有趣。如主妇中年尚未得子，即劝夫纳妾，妾既生子，便当竭力抚育，以延家运而绵宗祧[18]，万不可自生妒嫉。

八、人家兄弟不和，多由妇人暗中刁弄[19]，吵分家业，遂致手足成仇[20]，殊非正道。主妇所当破除此弊，妯娌和睦，使之兄弟同心，兴家创业。兄弟不和，易招人侮，盖乘其亲身无助也，此等弊病，丈夫最易耸动，全在妇人知醒，斯为幸福。即欲分家，亦宜推多取少，切不可锱铢必较[21]，不肯吃亏，要知明中吃亏，暗中自占便宜，天理固不负人也。

九、地方义举，如创兴学校、救荒济贫、造桥修路，皆公共之正事，家用足者亦宜量力捐输。若一味悭吝，人将目为守财虏，遇事必排挤之，主妇宜劝丈夫行此公德。又放生一事，亦最善举，随时买放尤宜。

十、家中利益之事，虽微细不可忽略。即如蔬菜一项，宜时勤种。蔬菜不足，犹之无米一般。主妇饬令[22]仆俾，多种多栽，其灌水、淋粪、扯草诸件，不可稍疏。《朱子家训》[23]云："园蔬愈珍馐[24]。"蔬菜者，一家之旺气也。若多喂鸡鸭，最耗谷米，成家者尤不宜多，惟喂猪利息最好。俗云："富人靠读书，贫人靠养猪[25]。"此之谓也。以上十要，皆成家必有之义务，遵之则立兴，逆之则立败，且皆切实易行，并无难施之事。为主妇者，无论何人，均当遵守也。

注

[1] 悭吝：吝啬。[2] 刻薄成家，理无久享：因刻薄待人而致富的人，不会长久享受富裕的生活。[3] 和息：调处和解，以息争讼。[4] 自尔：从此，自然。[5] 鬻：卖。[6] 奁仪：嫁妆，送给嫁女儿的人家的贺礼。[7] 何足：哪里值得。[8] 介意：在意，把令人不高兴的事放在心上。[9] 三朝：旧时称出生后第三日。[10] 周岁：婴儿出生满一年。[11] 习为故常：指经常如此，养成习惯，就被当作常规了。[12] 乃尔：如此，竟然如此。[13] 繁费：费用繁多。[14] 勷：辅助，完成。[15] 凡几：共计多少。[16] 惠而不费：给人好处，自己却无所损失。[17] 苦谏：苦心竭力地规劝。[18] 宗祧：宗嗣，嗣续。[19] 刁弄：挑拨离间。[20] 手足成仇：像手足一样的兄弟成为仇人。

[21] 锱铢必较：形容非常小气，对很少的钱或很小的事也一定要计较。锱铢：旧制锱为一两的四分之一，铢为一两的二十四分之一；比喻极其微小的数量。[22] 饬令：命令。[23]《朱子家训》：又名《治家格言》，朱柏庐（1627—1698）编纂的修身治家的家训名篇。[24] 园蔬愈珍馐：虽是园里种的蔬菜，也胜于山珍海味。[25] 富人靠读书，贫人靠养猪：富裕的人家依靠读书赚取功名，以改变命运；贫穷的人家依靠养猪赚取钱财，以改变命运。

第七章　养　老

女子在家事父母，不如出阁[1]后事翁姑[2]责任之重；盖丈夫多半外出，而翁姑既老，全在主妇奉养以终余年。《内则》[3]云："妇事舅姑[4]，下气怡声[5]，问衣燠寒[6]，疾痛疴痒[7]，而敬抑搔之[8]。"又云："父母舅姑之命，勿逆勿怠[9]。"大抵人老则身体枯瘦，精力衰颓，取携不能自主；如草木逢秋凋落，状殊可悯。为主妇者，能无恤乎？尝见有一般子妇，其待翁姑，每不如待儿女之亲切。如幼儿遗便溺[10]，则忍臭勤洗；老人吐痰涎[11]，则恼厌[12]不堪。幼儿思果饼，必随时买来；老人思饮食，则全不计及。幼儿值啼哭，必细意慰抚[13]；老人或询问，则叱为多心。种种怠慢，逆理伤心。不思人在世间，终日劳苦，原为留贻子孙，图老来安静。若我今日怠慢养老，异日儿女亦必怠慢养我。何也？凡儿女最易看样[14]。幼时见父母待祖父母如此，已视为故常[15]，不加诧异。且不特其看样如此，而天道之循环，必使如此报复而后快，此一定之理也。故主妇主持中馈[16]，务当于养老加意，以立儿童孝顺之基。然此书先教育，次表率，次理财，而后及养老者，非颠倒其次序也；盖因其项目之便利而施之，阅者勿误会也。作养老，凡五编。

注

[1] 出阁：泛指女子出嫁。古代未出嫁的女子常住在阁楼，所以把出嫁的女子称为“出阁”。[2] 翁姑：丈夫的父亲和母亲，即公公和婆婆。[3]《内则》：《礼记》之中的篇名，内容为妇女在家庭内必须遵守的规范和准则。[4] 舅姑：丈夫的父亲和母亲，即公公和婆婆。[5] 下气怡声：形容声音柔和，态度恭顺。[6] 燠寒：热和冷。[7] 疾痛疴痒：疾病痛痒。[8] 而敬抑搔之：恭敬地按摩抓搔。[9] 勿逆勿怠：不要违反，不要怠慢。[10] 便溺：排泄屎尿。[11] 痰涎：痰与口水。[12] 恼厌：恼火厌烦。[13] 慰抚：安慰，抚慰。[14] 看样：学样，照着样子做。[15] 故常：惯例，旧例。[16] 中馈：指家中供膳酒食诸事。

第一　衣服

人老则全体就衰，调养之法当如幼儿，凡事随时体察，不容稍有错失也。即如衣服，宜轻暖宽博，富家可用细绢软绸[1]，否则用绵布[2]亦好。盛热时，不宜用夏布[3]，夏布虽吸收湿气，未免冰冷侵肤，似不合宜。且老人垂暮，为子者不可惜费，必为斟酌制好。若老人不爱修饰，则弗背其意，但取合体者以为之衣。冬衣铺絮，须择其新鲜者，以极软为宜。

老人感觉极钝，寒冷每不自知，侍者当审寒冷之节，以增减其衣服；盖老人体衰，一受寒暑，最易致病。出外时，衣服宜厚，以极温暖为度。要之老人衣服，当与小儿同一用心也。

老人视听日衰，每不自知衣服之污秽，每日穿脱之际，须留心检点，污者洗之，破者补之，而贴肉之衣，尤宜勤洗，且必俟极干方用，其褥席床铺，亦必常常取换洗晒，如有秽气，急以枫毬[4]及各香料熏之，盖老人之衣服房室不洁，使人生嫌，实家人之耻也。《内则》云："冠带垢，和灰请漱[5]。衣裳垢，和灰请浣[6]。衣裳绽裂，请补缀。"言经礼舅姑之衣服也。

注

[1] 细绢软绸：细软精美的丝绸。[2] 绵布：丝织物和麻布。[3] 夏布：手工织麻布。[4] 枫毬：枫树果实，呈圆球形，故名。有香味，可去除异味。[5] 冠带垢，和灰请漱：帽子和腰带脏了，就蘸着灰汁洗涤。[6] 浣：洗涤。

第二　饮食

老人饮食，亦如小儿，宜取滋养多而易消化者。饭宜软煮，菜宜烂熟，蔬菜宜新鲜，调理之际最防粗硬。其不嗜者，毋强进也。饮料则温水、清汤、牛乳、肉汁等类，投其所嗜者进之。酒最无益，嗜之者亦不宜多。茶能破睡，多亦非宜。生冷之类，尤宜慎也。

老人在家时多，各种嗜好因之而减，除饮食外无可为乐，故主中馈者须用心烹调，时进珍味，以得其欢心。虽贫家鱼肉常少，亦有新鲜时蔬，最宜口味。调理得法，食之亦甘。《内则》云："妇事舅姑，枣栗饴蜜以甘之，滫瀡[1]以滑之。"言调和饮食也。

食物入胃，不经一定时刻，不能消化；而老人终日静坐，每有停食之虞。故三餐以外，不宜杂进他食，尤须察其身体之强弱，与运动之多寡而斟酌之，视其可进则进，务使无贪食过度之患。

注

[1] 滫瀡：古时调和食物的一种方法，用植物淀粉拌和食物，使柔软滑爽。

第三 居住

老人居室宜南面或东南面，以日光映射、空气流通者为佳。凡一举足，必扶持之，如登楼上阶及他危险之处，不可听其直往，避之为宜。室中尤宜处处平稳，碍步之物须随时检开。寝室宜闲静，以夏凉冬暖者为上。老人不能酣睡，必使有起卧优游之乐，又宜洒扫清洁。夜备便器，日间按时检点，勿使室中有污臭不洁之气。寝具必时以香物熏染，俾居之精神快爽[1]。

老人精力既衰，不爱劳动，室内器具一一为之整齐，使之取携顺便。又出外时少，无以新其眼目，须设佳艳[2]之花卉及赏心悦目之物，时时交换勿怠，顾而乐之，其足以助身体之康健多矣。

注

［1］快爽：爽快。［2］佳艳：美艳。

第四　动静保养

少儿好动，老人不然，大抵厌喧哗、喜闲静，饮食起卧及行步逍遥之时，不可逆其意向。然有时十分性急，一呼就要到，一想就要得，于此时当缓言委婉导之，勿致忙迫不及。

老人以少睡为常，宜使之早眠晏起，衾枕[1]毡席[2]各物，都宜轻暖，冬夜以汤婆[3]插入被内最宜，万不可用烘炉。不特火气逆上，有碍身体，且恐倾倒生祸，切宜戒之。凡有倦容时，劝其就睡，睡后禁儿童之喧闹，以能令熟睡为好。

老人身体纵健，亦不宜过劳。然其好决断、好查问之心，虽至老未尝稍衰。盖老人磨炼多年，每不肯遽尔[4]抛弃，宜体察其意，以无损精神身体，使之随意消遣，亦甚适于卫生。

老人最宜之运动，如培植花草、饲养禽鸟、逍遥古迹、游览名胜，或于春秋佳日，使之徐步[5]园庭景物清新之地，以快其心神，最有大益。在酷暑则早晚行之，严冬则日中行之，娱老之妙莫过于此。

保养精神，人生紧要，况老者乎？盖其身体颓弱[6]、齿牙脱落、耳目力衰，其欢乐不能复如少壮[7]；为子媳者，或与之闲谈，或读古书、论古事，或嬉弄小儿游戏其前，使之自生欣悦。其在嗜文艺者，可招呼朋辈[8]，时为风雅之谈，时为诗酒之会，此亦保养精神之一助。

洗浴者，去污洁身，为卫生切要之事，且得以散血液之集于脑部及筋肉皮肤间者，并得舒展其筋力之疲劳，使之精神爽健，易于睡眠。《内则》云："五日则燂汤[9]请浴，三日具沐，面垢请靧[10]，足垢请洗。"言勤舅姑之洗浴也。主妇宜及时具热汤请浴；然当严寒之时，易触冷气，却以不请浴为宜。

注

[1] 衾枕：被子和枕头。[2] 毡席：毡制的铺垫用具。[3] 汤婆：为盛热水放在被中取暖用的扁圆形壶，用铜锡或陶瓷等制成。[4] 遽尔：骤然，突然。[5] 徐步：缓慢地步行。[6] 颓弱：颓败衰弱。[7] 少壮：年轻力壮的人。[8] 朋辈：朋友们。[9] 燂汤：烧热水。[10] 靧：洗脸。

第五 疾病

老人易致疾病，皆由消化不良所致。平素于其饮食运动，须常加意，以不使过度为宜。盖年老则全身衰弱，每发病而不自知，须随时细心体察。一有病容，速延医诊之，勿使迟缓，致贻后悔。

医来听其指挥，毋致失错[1]。惟老人之性，常恃其一生阅历，不以疾病介意，有病则以为经过许多，坚不欲医，且不信近今之新是医法，其难喻[2]每过于儿童数倍。当此之时，宜令平素亲信之人，委婉劝导，出之以至诚，期之以必信，万不能听其不医，亦不可过拂[3]其意。

老人有病，其看护极难。盖衰年突遇疾病，多有不耐痛苦，动辄生气，至使子媳问之难问，言之难言，不说太快，即说太迟，种种难状不可胜数。须耐烦慰问，感之以至性至情，念兹在兹，毋稍疏忽，又不可因病久生厌，要在始终不怠，使病者安心。

注

［1］失错：错误，差错。［2］难喻：难以理喻。［3］过拂：过分地违逆。

第八章　治　病

主妇为合家之综理，凡家人罹病[1]，必知其看护之方，不早为察看详明，则当病症猝投，必至束手无措[2]，甚或罹不测之惨，可不慎哉？虽富贵之家，呼奴唤婢，总不若主妇之察看，有一定之把握，知其缓急也。作治病，凡四编。

注

[1] 罹病：患病。[2] 束手无措：遇到问题，就像手被捆住一样，一点办法也没有。

第一　看护

所谓主妇宜知看护之方者，凡人通常罹病，多为感冒寒暑与肠胃等病。冒寒暑者因皮肤柔弱，邪气易入，故遇寒触热则发。肠胃病多原饮食过度，或滥食不消化之物。此等小疾，虽似不甚可恐，然不早为疗治，每有易变他症之患。主妇细审其呼吸之缓急、饮食之多寡，一切病症之由来，看他病从何起，可自治者，不难以一二陈方[1]却之，要在平时领略看病之理，临症[2]方有把握，此亦治家之要务[3]。若病重，急遣人走迎医师，将病状询问清白，一一达出，切忌慌忙失措。

病者呈痛苦之状，或有呼号[4]等事，侍之者不必惊惶，宜静心安慰之，容貌宜愉悦，举动宜肃穆[5]，弗忤[6]患者之意，若在旁惊惶万状[7]，病必增剧矣。

若有罹传染之病者，先使老幼避之，次移患者于别室，急招良医治之，听其指挥，不可失错。病由传染，虽极可怖，然不可怀疑惧之心，必振其精神，洁其身体，诚意正心，勿萌邪淫之念。放胆处之，则病者易愈，传染自少。

注

[1] 陈方：老药方。[2] 临症：诊断和治疗疾病。[3] 要务：重要的事务。[4] 呼号：因极端悲伤、无助而叫喊哀哭。[5] 肃穆：严肃庄重。[6] 弗忤：不要违反。[7] 万状：极多的样子、状况，表示程度很深。

第二　择医

谚曰："庸医杀人。[1]"故择医不可轻忽，须探问其人之医学良与不良，及平日所医之人效与不效，审察详明，信实[2]可用，方以病者托之。又不可轻听人言，强为更换。然而疗法之好歹[3]，犹必由主妇平日于看病用药之大要[4]，先有心得，方能辨之。故主妇平素当购备医书，时常阅看研究，择医方有主宰，医既开方[5]，须体察其用药之对症[6]与否，若不对，可以另延，不宜擅用己意加减药方。若秘密不与商量，大可误事，切宜戒之。病症中有须过剧之手术，如割切、开针之类，更宜审慎。此等用法，一有不当，则易伤根，有因之成废疾[7]者。若审明必须用之，则又不可因循姑息，使医师不好动手，至贻后悔；须激厉行之，使病者安心受治而愈。又如幼孩，每有不肯诊视、服药之弊，多由母氏爱惜太甚，反致贻误，最宜禁之。

注

[1] 庸医杀人：医术低劣的医生误用药物而害人性命。[2] 信实：相信。[3] 好歹：好坏。[4] 大要：要旨，概要。[5] 开方：开具药方。[6] 对症：针对病症。[7] 废疾：残废，有残疾而不能做事。

第三　病室

调理病室，须极幽静，不可有儿童喧哗、宾客谈笑，病者最不耐烦也。若属传染之病，尤当与家人隔绝为宜。

病室宜面向南，东南次之，宜日光映射、空气流通之所，然又不可使病者直触日光与风气。

遇风寒病，室内常置火炉，使有暖气。门窗隙风最易增剧，防备须极细心。夏天燥气，尤应远避。室中器物，且须安放整齐，不用之物，置之别室，盖病人见器物之乱杂，转生愁闷。若器物齐整，更陈列以书画花草之类，光彩耀目，使病人望之，自觉爽快，尤可为却病[1]保神[2]之一助。

卧床不可高低，要使病者平正舒展。枕宜长而软，不可过高，须如病者之意。被褥须轻暖清洁，勿使有一点秽臭[3]，自然神爽。

注

[1] 却病：防止生病，消除病痛。[2] 保神：保持精神。[3] 秽臭：脏臭。

第四　常备药物

富贵人家财力充足，平时多制药物，以备不时之需；不特应一家之急，且足济他人之急，所谓方便者此也。每见乡村贫民猝遇病症，无力购药，抑郁拖毙者，不知凡几[1]。又瘟疫流行时，劳人[2]旅客暴触恶症[3]，措手不及[4]，有顷刻[5]致命[6]者。此等可矜[7]可怜之事，不一而足[8]。有力之家，宜广采经验良方[9]，如法多为制造，按时发给；又刊刻药方，广为传送，亦属要着[10]。如此方便，非有力者，断难胜任。譬如一家之中，除食用外，每年可剩一二百金，即以百金作发药费，尚可赢余[11]百金，此百金中不知救许多危急，而我家并不受害，且不惟不受害，而冥冥中必有加倍之利息以偿还之。凡好事只患不为耳，若诚实做去，比放帐生息，其利无穷，有断然不爽者。若贫贱之户，无力发药，遇有猝病无依者，为之寻医求药，以奔走应其危急，亦行方便之一法。所谓富人出钱，贫人出力也。而平时于土物[12]之可却病者。如苏杆[13]、姜、蒜及午日[14]办香薷[15]、臭草[16]之类，亦须按时备办，皆主妇所宜留意也。

治家不可不看医书，如《本草备要》[17]《验方新编》[18]《笔花医镜》[19]《白喉症书》[20]，治小儿如《幼幼集成》[21]，皆切实可行，确有效验[22]，平时宜各置一部，以便时常看熟，或可不为庸医所误。且乡村僻壤[23]，仓猝[24]不及延医者，尤可借行方便。

常备药物，如痧药、红灵丹、通关散、六一散、藿香正气丸、苦瓜霜、救疫丸之类，皆确实效验者，药方附后。

八宝红灵丹：麝香三钱。明雄黄水飞[25]，六钱。马牙硝一两。辰砂水飞，一两。礞石四钱，硝水煅。真金箔五十小张。梅花冰片三钱。硼砂六钱。以上各味精选道地[26]，研极细末，瓷瓶装好，用蜡固封瓶口，专治中寒、中暑、吐泻、转筋[27]、霍乱、绞肠[28]、痧气[29]、胸闷、腹痛、不服水土、四时感触山岚[30]瘴气[31]、猝中恶忤[32]、痰涎壅塞[33]、不省人事[34]，每服一分，开水送下。另用少许吹入鼻中，能安魂定魄[35]、散郁解闷。并治无名肿毒、痈疽发背[36]、蛇蝎诸毒、跌打损伤、汤火[37]烫伤、疔疮[38]用陈醋调搽患处，小儿疳疮[39]冷茶调搽患处，忌发物[40]。时疠瘟疫[41]点眼角，男左女右，服一分，盖被出汗，小儿急惊风服一分，开水送下。疮疖[42]不能收口，将药掺于患处，用膏药贴上，拔毒生肌。以上诸症，屡试屡验，常带于身，不染时气[43]，孕妇忌服。

塘栖痧药一名平安万应丸：茅山苍术米泔水[44]浸软，切片，焙干，三两。公丁香六钱。当门麝香四钱。沉香落水，一两。蟾酥一两二钱。甘草去皮炒，二两四钱。大黄切片，焙干，六两。明天麻切片，焙干，三两六钱。西麻黄去节细挫，三两六钱。雄黄研细，水飞，三两六钱。辰砂研细，水飞，三两六钱。广木香一两。共研细末，糯米浆水为丸，如半菉豆大，朱砂为衣，磁瓶[45]装贮，以蜡封口，不可泄气，每服七丸，日久味薄者，可加倍服。

一治泻痢。寒暑痧胀[46]肚疼，头眩眼黑，开水送下七丸。若痧胀甚重，绞肠肚痛，心口闭闷，急研三丸吹鼻内，再以三丸放舌上，俟微麻咽下。不愈，再用。若昏迷不省，研末温水灌下。一山岚瘴气，夏月途行，口含三丸，免触邪疫。一感冒风寒，头痛、胃痛、气痛[47]、腹胀、风痰[48]等症，以三丸放舌上，微麻咽下。一痈疽疔疮、虫蝎诸虫咬伤，数丸研末，好酒调敷。一小儿急惊风，牙关紧闭，研四五丸，吹入鼻内，随以三丸温水调灌。若慢惊风，万不可服。一跌打至死及惊死[49]、魇魅[50]、痰厥[51]、冷厥[52]等症。急研数丸，吹鼻，灌口，可望复醒。遇自缢[53]之人，勿割断绳，解下，研数丸吹鼻，胸口有微气，皆可活也。

通关散：细辛六钱，皂角六钱，生半夏四钱，研细末，瓷瓶装贮，凡感冒寒暑、一切疫气，随取少许，入鼻取嚏。

六一散：滑石水飞净，六两，甘草一两，研细末，每服三四钱，凉水调下，治中暑、口渴、烦燥、小便不通、泻痢、热疟、霍乱、吐泻等证。

藿香正气散：藿香二钱，白芷、桔梗、制半夏、紫苏、焦术、大腹皮、川朴、姜汁、炒陈皮、茯苓各一钱，炙甘草五分，姜一片，枣三枚，煎服。如为丸，加重分两，去姜、枣，研末，净水和匀，每丸如梧子[54]大，治外感风寒，内伤饮食，寒热呕逆[55]，头痛胸闷，咳嗽气喘，伤冷伤湿，疟疾，霍乱，吐泻，各项痧症，及四时山岚不正之气，不服水土，不和脾胃等症。

瓜霜散喉科吹药：瓜霜一两，人中白一钱，火煅，辰砂二钱，雄精二分，冰片一钱，研极细末，再乳无声，瓷瓶紧闭，凡白喉[56]急症，吹入喉内，如不效，连吹十数次，神效。若非白喉，必去雄精。一切喉风之症，均可吹之。平时于此药，须制两种为宜。

附制西瓜霜法：

一、西瓜宜于迟买。五六七月：天热易坏，且瓜嫩力薄，待至九十月间瓜老结实，方可取用。用时，将西瓜剜去薄盖，瓜肉、瓜子剜尽，仅存瓜白、青皮，将皮硝[57]灌入，约半瓜许，推滚数周，使内硝融洽，仍合上薄盖，装入篾篮[58]，悬挂空处，下用瓦钢或瓷盆，接其滴水，滴下者亦可成霜，切勿抛弃。

二、挂空宜临风。不可触日冒雨，恐其朽坏生虫，用稀布旧纱等遮蔽，免蚊蝇侵蚀，待风吹透，瓜面上起有白霜，刷下即是。

三、寻常皮硝，恐不洁净。惟向药肆[59]买元明粉[60]，即是制净皮硝，价虽较昂，成霜甚易，并免折耗[61]。

四、成霜不嫌迟，愈冷愈妙。弗因无霜而弃之，待到冬寒时候，将皮壳向阳晒挂，仍可得霜，如结块成饼，研细筛取。

五、制造宜择吉。未日[62]、戌日[63]忌用，配合时，诚意正心，勿令妇女窥见，总以洁净精微为主。

六、不必拘定西瓜。南方炎热，九十月间市肆西瓜所存无几，且价值甚昂，购制不易，惟有用苦瓜代之，苦瓜一种，随意皆有，《本草》[64]所谓锦荔枝也，夏末秋初，选取苦瓜之肥壮长大、尚未极黄者，制法与西瓜同，数日即能成霜，将霜刷下，其瓜不必抛弃，可刷三四次，以取至无霜为率，其效验更神于西瓜霜也，价廉而功大，取易而用宏，亦何惮而不为哉？

汤火药：当用生地榆晒干为末，以香油调搽，不愈多搽，实汤火之圣药。又采腊梅花泡茶油，亦效。家有小孩，所宜预备。又桂圆核去光皮，研末，麻油调敷，治汤火亦佳；若刀伤流血，敷之尤能止血。

七厘散：上朱砂水飞净一钱二分，真麝香一分二厘，梅花冰片一分二厘，净乳香钱半，红花钱半，明没药钱半，瓜儿血渴一两，粉口儿茶二钱四分。上药[65]精选道地，五月五日午时为极细末，磁瓶收贮，黄蜡封口，贮久更妙，每服七厘，不可多服，孕妇忌服。

专治金枪跌打损伤，骨断筋折，血流不止，先以药七厘、烧酒冲服，复用药以烧酒调敷伤处，如金刀伤重或食嗓割断，不须鸡皮包扎，急用此药干糁，定痛止血，立时见效，并治一切无名肿毒，亦用前法调敷。此方治斗殴诸伤，无不立手应效。

凡受伤时，或仓猝无药，僻处无医，多有伤轻变重，因之致命者；地方官平时虔制此药，遇验伤，随时施用，不特伤轻者立愈，即重亦可救，实阴德无量也。

救疫丸：藿香二两五钱，细辛三两五钱，牙皂三两五钱，木香二两，桔梗二两，法夏二两，防风二两，苏叶二两，贯众二两，陈皮二两，朱砂二两五钱，雄黄二两五钱，枯矾七钱五分，薄荷二两，生甘草二两。上药拣选精良，须晒极干，共研细末，净水为丸，如黍米大，装入磁瓶，勿令泄气，专治一切时疫、各种急痧、中暑中风、伤寒伤热、胸闷气急、头痛肚痛、昏眩厥逆[66]、霍乱吐泻、腹胀水泻、红白痢疾。触感四时不正之气，每服壹钱，病重加倍，小儿减半，孕妇不忌。研末搐鼻，能祛疫毒。又有一种急症，起时脉散牙紧，手足麻木，闭目不语，此症最险，俗名烂喉痧；无论男女老幼，先用此丸三分研末搐鼻，再以一钱或钱半，用井河水煎降香一钱，将此汤送下，服药后，细看心口背心两处，见有红点发出，即用银针挑破，内有红筋挑出，可保无虞[67]。

以上各方，皆屡试屡验，应效如神，岁时虔心[68]配制，广为施送，功德无穷。若瘟疫流行之时，应急扶危，尤为切要。虽其中间有一二昂贵之药，需费颇多，而在有钱、力之家，何难购备？大抵人情凡事只求利己，不顾利人，一则惜费而病其伤财，一则恶劳而惮其费力，总以利属他人，与自己无关痛痒，从不肯捐丝粟之力，施济于人。不知此等好事，只患不做，若实心做去，不徒与人方便，亦正与自己方便也。兹录其方之切实可用者于此，其他良方甚多，不能备录，尤在好义者之广采博施焉。

注

［1］凡几：共计多少。［2］劳人：劳苦之人。［3］恶症：恶疾。［4］措手不及：事情发生太快，来不及还手应付。［5］顷刻：片刻，一会儿，形容极短的时间。［6］致命：要命，可使生命丧失。［7］可矜：值得怜悯。［8］不一而足：指同类的事物不只一个而是很多，无法列举齐全。［9］良方：疗效好的药方。［10］要着：首要之事，重要之事。［11］羸余：多余，剩余。［12］土物：本地的物产。［13］苏杆：苏梗，一种中药材，是唇形科植物紫苏的干燥茎。煎剂有缓和的解热作用；有促进消化液

分泌，增进胃肠蠕动的作用；能减少支气管分泌，缓解支气管痉挛。[14] 午日：此处指五月五日端午日。[15] 香薷：一年生或多年生芳香草本植物。茎方，叶卵形，秋日开白花，茎和叶可以提取芳香油，全草入药。[16] 臭草：多年生草本芸香的全草，6—7 月采收，阴干。性寒，味苦、辛。有祛风，退热，利尿，活血，解毒，消肿之功能。用于感冒发热、风湿骨痛、小儿惊风、小便不利、泄泻、疝气、跌打损伤、热毒疮疡、湿疹。[17]《本草备要》：汪昂编撰于康熙三十三年（1694），共八卷，主要取材于《本草纲目》和《神农本草经疏》。卷首为药性总义，统论药物性味，归经及炮制大要。卷一草部药 191 种，卷二木部药 83 种，卷三果部药 31 种，卷四谷菜部药 40 种，卷五金石水木部药 58 种，卷六禽兽部药 25 种，卷七鳞介鱼虫部药 41 种，卷八人部药 9 种，共计 478 种。每药先辨其气、味、形、色，次述所八经络、功用、主治，并根据药物所属之“十剂”，分记于该药之首。后世刊本又增附药图 400 余幅，更臻完善。[18]《验方新编》：鲍相璈辑于道光二十六年（1846），共八卷。本书于内科杂病、妇儿外科、急救、食疗及时疫等无所不及，分九十九门六千余条，选录历代医家的医论与治验，收载民间习用验方、单方，价廉、简便、效验，是一部医方为主、合参医论的医著。以外治居多，而内治诸方亦斟酌入选，唯药性未能尽谙。[19]《笔花医镜》：江涵暾编撰，全书以阴阳五行分属，列为七卷。全书共收录了伤寒、中风、温病等六十余种疾病，以阴阳五行为纲，辑《内经》之要言，诸家之正论，并结合著者数十年的实践精华，对所收诸病的病因、病理、征候、诊治等进行了阐述，使中医理论与临床实践紧密结合，并在每一病症之后附有汤头歌诀，便于读者临床使用。[20]《白喉症书》：张绍修编撰的耳鼻咽喉口齿类中医文献，约成书于清同治三年（1864）。书中论述白喉病的病因、病机、临床表现、治疗宜忌等，末附解毒丸、马勃消毒饮二方及其加减法。[21]《幼幼集成》：陈复正编撰于乾隆后期的儿科著作，共六卷。卷一论述儿科中关于指纹、脉法及保产、调护、变蒸等内容。卷二、卷三、卷四为儿科主要疾病及杂证、疮疡的辨证施治。卷五、卷六介绍经陈氏增删的《万氏痘麻》歌赋170余首，附方130余首。[22]效验：成效，效果。[23]僻壤：偏僻的地方。[24]仓猝：匆忙急迫。[25]水飞：中药炮制法，利用粗细粉末在水中悬浮性不同，将不溶于水的药材（矿物，贝壳类等药物）与水共研，经反复研磨制备成极细腻粉末的方法。[26]道地：真正是有名产地出产的。[27]转筋：中医指局部筋肉痉挛的抽筋现象，通常指小腿的腓肠肌痉挛。[28]绞肠：中医指患者腹中绞痛，吐不出、泻不出的疾病，多由饮食不洁引起胃肠闭塞所造成。[29]痧气：夏秋之间，因感受风寒暑湿之气，或因接触疫气、秽浊之邪，阻塞于内，出现腹痛闷乱的一种病症。[30]山岚：山间的云雾。[31]瘴气：山林间因湿热蒸郁而成的毒气。[32]猝中恶忤：突然忤犯浊恶之气，所致心腹暴痛，闷乱如死之证。[33]痰涎壅塞：痰与口水堵塞。[34]不省人事：昏迷而失去知觉。[35]安魂定魄：指使人心安定。魂、魄：人的灵气、精神。[36]痈疽发背：生于背部的毒疮。[37]汤火：滚水与烈火。[38]疔疮：恶疮，常生于表皮内毛囊汗腺等处，初起形似粟粒，肿硬疼痛，重则可致命。因其形小、根深，坚硬如钉状，故名。多因饮食不节，外感风邪火毒及四时不正之气而发。[39]小儿痱疮：皮肤病之一，初起如粟米，四周略有红晕，多痒少痛，破则出黄水。[40] 发物：指因富营养或含有刺激性容易使疮疖、内伤或某些病状发生变化的食物。如羊肉、鱼虾、花生、蚕豆等。[41] 时疠瘟疫：流行性急性传染病的总称。[42] 疮疖：小疮与热疖等皮肤疾患。[43] 时气：因气候变化而流行的传染病。[44] 米泔水：淘米用过的水。[45] 磁瓶：瓷瓶。[46] 痧胀：夏秋之间，因感受风寒暑湿之气，或因接触疫气、秽浊之邪，阻塞于内，出现腹痛闷乱的一种病症。[47] 气痛：指气滞三焦所致的疼痛。[48] 风痰：因感受风邪或风热怫郁而发的病症。[49] 惊死：惊风而昏死。[50] 魇魅：噩梦。[51] 痰厥：指因痰盛气闭而引起四肢厥冷，甚至昏厥的病症。[52] 冷厥：昏厥。[53] 自缢：用绳缢颈而自杀。[54] 梧子：梧桐的子实。[55] 呕逆：气逆而产生呕吐的感觉。[56] 白喉：由白喉杆菌引起的急性传染病，以咽头、喉头为主要患部。征状包括发烧、咽喉肿胀、失音、呼吸困难或严重虚脱等，最明显的征状是在咽、喉部位产生一层白膜，故称。[57] 皮硝：质地不纯的硫酸晶体，由海水或盐湖水熬过沉淀而成，用来硝皮革，也可供药用。[58] 篾篮：竹篮子。[59] 药肆：药店。[60] 元明粉：中药名，用朴硝与萝卜、甘草煎汁熬制而成，可解热消毒。[61] 折耗：折损消耗。[62] 未日：农历的纪日法之中的辛未、癸未、乙未、丁未、己未。[63] 戌日：农历的纪日法之中的辛戌、癸戌、乙戌、丁戌、己戌。[64]《本草》：《本草备要》。[65] 上药：疗效极高的上等药物。[66] 厥逆：中医病症病机名，此病征状包括突然昏倒，不省人事，伴四肢逆冷。[67] 无虞：没有忧患顾虑。[68] 虔心：恭敬而有诚心。

第九章　卫　生

卫生者，保卫其生理也，人各具此生理，不得其保卫之道，将身羸体弱[1]，常为疾病侵寻[2]，甚至元气[3]斫丧[4]，种种败裂[5]，岂不可惜？况一家之中，食繁人众，不得一总理卫生之任者，为之提倡；则家人之生机，终难舒畅。大抵家以平安为福，纵令[6]富贵逸豫[7]，苟有一人病卧呻吟，则一家欢乐为之顿减，欣喜和乐[8]之家庭，忽变为暗淡悲凄[9]之景况[10]，不尤可叹乎？若一家康健，则虽遇困苦之事，而精神畅旺[11]，自能耐艰苦、免祸灾。故主妇于卫生之道，不可不讲也。古谚曰："卫生成于一家之庖厨[12]。"诚非虚语[13]，历观[14]古来[15]世家[16]长久者，男子须讲求耕读二事，妇女须讲求纺绩、酒食二事。《诗·斯干》章[17]言帝王居室之事，而女子重在酒食是议；《易·家人卦》[18]以二爻[19]为主，重在中馈[20]；《礼·内则》[21]一篇，言酒食者居半，皆主妇卫生之要道[22]也。作卫生，凡十三编。

注

[1] 身羸体弱：身体羸弱不好。[2] 侵寻：渐进，侵入。[3] 元气：精神，精气。[4] 斫丧：摧残，伤害。[5] 败裂：

毁坏，破败。[6] 纵令：即使。[7] 逸豫：闲适安乐。[8] 和乐：安和快乐。[9] 悲凄：悲伤凄凉。[10] 景况：情况，状况，光景。[11] 畅旺：旺盛。[12] 庖厨：厨房。[13] 虚语：假话，空话。[14] 历观：逐一地看。[15] 古来：自古以来。[16] 世家：旧指门第高贵、世代为官的人家。[17]《诗·斯干》章：《诗经》之中的《斯干》篇章。[18]《易·家人卦》：《周易》的《家人卦》，主要讲家教和男女的家庭角色。[19] 二爻：《周易》的学术语，指六十四卦或八卦中的从下向上数第二个爻。[20] 中馈：指家中供膳酒食诸事。[21]《礼·内则》：《礼记》之中的篇名，内容为妇女在家庭内必须遵守的规范和准则。[22] 要道：最切要的道理。

第一　光线之要

光线者，人身常爱日光也，人若居卑下黑暗之室，出外不多，则气血凝滞、精力委顿[1]、面色苍白，岂养生之善道？日光者，乃照临下土之光曜，最足以发舒郁气[2]，人受之则周身畅适[3]，郁抑[4]变为光明，获益良非浅鲜[5]。且日光不仅益于人生，凡物之动植者，无不赖以滋生长育，植物受日光最盛，则花叶畅茂，结果必充，而受日光少者反是，试观背日晒之花木，大抵黄萎[6]枯瘠[7]，不能结实，即此可以验之。西人[8]最重日光，惟出外，虽盛夏必戴帽，不使头目受光热，亦自有理。

注

[1] 委顿：疲乏，憔悴。[2] 郁气：心中没有发泄出的怨恨、憋气。[3] 畅适：舒畅顺适。[4] 郁抑：忧愤郁结，忧懑压抑。[5] 浅鲜：微薄，轻微。[6] 黄萎：枯黄衰萎。[7] 枯瘠：枯瘦。[8] 西人：西方人。

第二 空气之要

空气者，空中流通之气也，人身不能瞬息[1]相离，其入人身者，自鼻孔达咽喉，经气管而入肺，由气胞以运行全身，增其血液，破其积滞[2]，变陈血为新血，再循环于全身，助各部之营养，无异于食物入胃，滋养人身。故空气不洁，其害营养，亦无异粗恶食物之害胃。顾肺脏以吸取新气，吐出旧气为务，是之谓内呼吸。此外又有外呼吸者，则全身皮肤，亦为新陈代谢之作用是也。大抵空气有清浊之分，山川草木之郁积[3]而吐出者为清气，人得之，血轮[4]转运，全体充满，滞塞[5]者赖之以通，污浊者赖之以洁，气机[6]鼓铸[7]，筋骨卷舒[8]，其受用不可究诘[9]。若夫[10]沮洳[11]垢污[12]之场，发出者为浊气，其中含有毒质，人触之，则血液污败，精力羸弱[13]，至罹痈疮[14]及肺病、胃病等不治之症[15]。不见夫鱼之在清流者其肉甘，在浊流者其肉臭乎？是故贫民群居，房屋矮小，秽臭[16]逼处，常呼吸污浊空气，其人大半陋劣[17]，清气毫无，且多罹不正之疾，皆其验也。然则空气之宜知所趋避[18]也，可不审乎？

注

[1] 瞬息：形容极短的时间。瞬：一眨眼之间。息：呼吸。[2] 积滞：积聚滞留。[3] 郁积：蓄积，积聚。[4] 血轮：血球的旧称，亦泛指血液。[5] 滞塞：阻滞，阻塞。[6] 气机：中医学名词，指人体内气的正常运行，包括经络、脏腑的功能活动。[7] 鼓铸：鼓风扇火以冶炼器物，借指陶冶、锻炼。[8] 卷舒：卷缩和伸展。[9] 究诘：深究追问，追问原委。[10] 若夫：句首语气词，表示另提一事，可以翻译为“至于”。[11] 沮洳：低湿之地。[12] 垢污：肮脏，污浊。[13] 羸弱：软弱无力。[14] 痈疮：痈疽恶疮。[15] 不治之症：医治不好的病症。[16] 秽臭：脏臭。[17] 陋劣：浅陋低能。[18] 趋避：疾走回避，借指趋利避害、趋吉避凶。

第三　土地之要

土地亦大有关于卫生，极须慎重。如居宅方向宜面南、或东南，地位宜高敞[1]、忌卑湿[2]，宜树木郁苍[3]之境、忌原野空旷之场。前后无浓密树竹，及土质不甚坚硬者，决不可营筑宫室。且饮水求其清洁，柴树足供樵采[4]，气候得其温和，出入极其方便，留心斟酌，四者不可缺一。若地气潮湿，或邻近有潴水秽潦[5]，则空气温度因之而腐，将各种微生霉菌毒气，繁殖其间，人受之，最易生疾，如伤寒、霍乱、赤痢[6]，以及结核病之类，多由土地之毒郁[7]所致。是以西国[8]都府[9]，近世[10]排泄污水之法，最精最详；故道路及房屋地盘，筑造极为坚洁[11]，入其境，入其室，光明清穆[12]，全无一点尘秽[13]，一丝浸湿，病疫遂以顿少，人皆健爽异常，实其明验[14]也。霉音眉，物中久雨所致；菌音窘，众声郁积竞出之貌，皆微虫[15]之感湿气而生者，实毒物也。

注

［1］高敞：高大，空间开阔。［2］卑湿：势低下潮湿。［1］郁苍：草木苍翠茂盛貌。［4］樵采：砍伐柴薪。［5］潴水秽潦：污秽的积水。［6］赤痢：感染赤痢菌而发病，由饮食不洁引起。有腹泻、粘液便、血便及呕吐等征状，且有脑征状及循环障碍等并发症。多发生于二至六岁的小孩。［7］毒郁：毒气郁积。［8］西国：西方的欧美国家。［9］都府：都城。［10］近世：近代，过去不远的时代。［11］坚洁：坚实洁净。［12］清穆：清静，清和。［13］尘秽：污秽。［14］明验：明显的证验或应验。［15］微虫：微生物，微小的生物。

第四 运动之要

运动肢体，以伸缩筋肉，有促血液循环之益。筋肉之伸缩益急，血液之运行益速；血液之运行益速，心脏之作用亦随之而速。如此，则脾胃之消化，周身之补益，亦必加速。故运动之妙，受益原无穷尽。每饭之候，能行走数千步，则谷食易于消化，血脉更觉流通。又于每日久坐之时，或精神困倦之候，忽而周行[1]庭宇[2]，忽而游眺[3]林园，举动自由，随其所适。常常如此，则百病自除，身体自健，精力自充。若长此坐卧，不爱运动，血液之运行既缓，食物之停滞更多，肺心二脏及筋络[4]诸机关，皆不得其活泼之作用，必至身心衰弱，及罹不消化之疾，不可不省也。

运动之妙，无论男女老幼，皆所当知。小儿常动，则生气益畅，发育无穷。老人能动，则饮食易消，精神不败。若妇人受孕，时常运动，则临产快便，生子灵明[5]。此中受益，实有不可言喻[6]者，亦家政之明训[7]也，主妇宜常以此开导其家人。

注

［1］周行：巡行。［4］庭宇：房舍庭院。［3］游眺：游览。［4］筋络：骨络筋脉，中医指气血的通路。［5］灵明：聪明，智慧。［6］不可言喻：无法用语言来说明，只可意会。［7］明训：明确的训诫。

第五　洁身之要

清洁身体，非装美服饰之谓，勤洗浴之谓也。顾洁身不惟有益健康，且使人发爽快之感。盖人身之皮肤，有无数血管细孔，常排泄血液中之败物于体外；故皮肤不洁、尘垢堆积，则管孔闭塞，不能排去血中污物，致血液不纯，为疾病之原因。平时罹风邪[1]者，固由冒寒所致，而由于身体不洁者甚多。故西人[2]以勤洗浴为保身之上策，其育小儿及养老人，均有郑重洗浴之法，不可不细思其故也。

注

[1] 风邪：中医学名词，受外邪而得风寒、风热、风湿等症。

第六 用水之要

孟子曰："民非水火不生活。"水也者，所以运行周身血络也。盖人体之构造，非水不能全生理之作用。何也？水性流动，善溶解凝滞之食物，输送养分于全体各部，凡筋络之循环通畅者，皆水之力也。顾食物自口入胃，依水为作用，变食物为流动体，进入血液中，血中水分配输此滋养质入各部，水清则各部之脂膏[1]亦清，水浊则各部之脂膏亦浊，浊则真精必耗、灵气不舒，一变而百病生矣，故用水不可不慎也。盖水有各种之不同，莫不含有多少杂物，纯净澄明者恒少。最污者，为街市团近之井水，统各处秽物[2]，聚混其中，饮之，必生一切恶疾，且有因之致毙[3]者，此而不慎，是自蹙[4]其生机也！惟乡里涧水、泉水，最洁清而无害。其次为河水，以其流动不滞也。若遇通常井水，明知其中不净者，必不得已，须设法澄清之，而后可用。法有简便者三。

一、净过。用明矾或雄黄，及夏天用石菖蒲[5]贯众蒜头之类，浸入缸内，虽极泥混之水，立时澄清，且能拔去一切毒气。

二、漉过。凡漉水，须取极细之沙，或木炭细屑亦佳，置密箩内，沙愈厚愈妙，又或用毛布、海绵等，箩下置受水器，使水从箩内流下，水内微虫及各种杂质皆为所隔，再将流下之水澄清而后用之。

三、沸过。寻常所用之水，如以显微镜看之，则见有无数微虫游泳其中。烹水至沸，含物立化，是以沸过之水，鲜受虫害。且水至沸，能令一切杂质，自然坠于水底。故未沸之冷水，不可混饮。

盛水于缸，置之室内，数时后，吸取室中腐秽[6]之气，水遂化为不洁，过一二天便变臭矣，此等积久之水，含有毒气，饮之必然生病。懒惰之流，因循惜力，惮于换水，每罹此毒而不自觉，殊失卫生之道。故每日宜汲取新水饮之，味清而神爽，益于滋养不少矣。

注

[1] 脂膏：油脂营养。[2] 秽物：污秽肮脏的物体。[3] 致毙：导致毙命死亡。[4] 蹙：穷蹙，困窘。[5] 石菖蒲：常绿性多年生草本，茎匍匐于地。叶似剑而细长，全株具特异的香气。可供观赏及入药用。民间习俗于端午节时，束其叶插于檐前，以为避邪。[6] 腐秽：腐烂污秽。

第七 饮食

饮食，宜用补养多而易消化者。食物之于人，关系最密，谚不云乎“病从口入[1]”？虽身体健全，苟暴食豪饮，不知节啬[2]，只顾目前之贪求，不计后来之伤毁，必致暗生蛊疾[3]，至难疗治。夫饮食本生人之大欲[4]，烹调珍味，亦养生娱乐之一端。若遽从节啬，未免不近人情，但须适可而止[5]，即极嗜之物，亦不宜饱之过量，此卫生之总诀也。若在儿童，尤宜慎戒[6]。且食必有定时，每日三餐，不早不迟，则胃中易于消化。若多食他物以杂之，胃腑消化过劳，脾气必至受损，因之停滞，最害健康。又或食后凝坐不动，则为害更烈，皆主妇所宜提醒也。

注

［1］病从口入：疾病多是由食物传染，借指应该注意饮食卫生。［2］节啬：节俭。［3］蛊疾：久病。［4］大欲：最大的愿望，普遍的欲望。［5］适可而止：指做到适当程度就停下来，不要过头；常用于比喻做事恰到好处。［6］慎戒：谨慎戒惧。

第八 酒

酒为人所易嗜，其有损于人之健康者，不知凡几[1]。酒之性质，其一，损筋肉之组织，减活动之力量；其二，暴乱性情，沮丧元气；其三，柔软筋骨，使人神昏志倦，废事失业。若饮量过大，长此不休，久之必至损胃烁精，动火生痰，振作之气于焉颓丧，且有皮肉渐形浮肿、暗生湿热诸病至于不治者，人何苦自投悲境哉？然欲遽然禁之，亦最难行之事；第嗜之者，能知节饮，不至过多乱性，犹为善美。孔子曰："不为酒困。"节饮之谓也。禁之不饮，则全善矣。惟妇人断不可嗜，妇人嗜酒，伤体尤烈；倘至乱性，则败德何可胜言？非特自己宜戒，即平时教育儿女，便当发明酒害，坚戒毋饮，幼时习定[2]，长大自无贪酒之虞，亦卫生之紧要也。

然而造酒之法，主妇亦不可不知。盖一家之中，宾客往来，以及岁时伏腊[3]，宴集[4]无常[5]，若陈列无酒，亦不足以通情愫[6]而道款洽[7]。盖禁己之不饮，不能禁人之不饮也。故一家仍不能不造酒，以为飨宾[8]之需。造酒之时，身手宜洁清，暖冷须斟酌，制法甚备，全在主妇细心经理，归于美善。若主妇不知造酒，而徒委之奴仆，断难求美酒也。古人论妇职，曰："惟酒食是议。"即此意欤？

注

[1] 凡几：共计多少。[2] 习定：养静以止息妄念。[3] 伏腊：伏祭和腊祭之日，泛指节日。[4] 宴集：宴饮集会。[5] 无常：时常变动。[6] 情愫：真情实意。[7] 款洽：亲密，亲切。[8] 飨宾：宴饮宾客。

第九 烟茶

嗜烟之风，到处皆然，近来少年尤甚。烟之为物，无论何种，含有一种毒质，能令脑减灵机、胃不消化、口津变臭、血质变坏，有害养生。教育儿女时，宜急禁之。若鸦片[1]之毒害，更不胜言，一入此门，英雄变为残弱，强壮变为疲顽[2]；无论贵贱人家，均当一律严禁。又如茶叶、珈琲[3]，皆日需之饮料，其性亦主消耗，有损胃经之作用，弊犹与烟酒等，多饮亦非所宜，随时慎重为要。

注

［1］鸦片：得自罂粟乳汁干燥物的一种味苦且辣、有刺激性的麻醉毒品。［2］疲顽：疲乏倦怠。［3］珈琲：咖啡。

第十 食物须知

供膳之物，或供常食，或宴客宾，无论家计富贫，一肉一蔬，一果一菽，调治得宜，食之自然愉快，亦养生之要务，治家之良图也。主妇综持内政，须一一亲手检点，其分别不可不知也，约举十类于左。

一、谷菽类。谷类，如粳米，粳乃稻之总名，补脾清肺。糯米，温补，性粘滞病人、小儿不宜。谷芽，健脾消食。大麦芽，行气消积。小麦，养心除烦。黍稷，益气和中。粟，补肾。荞麦，利肠解积。大抵皆以精熟为宜。菽类，如黑大豆，补肾解毒。赤小豆，行水散血，然渗津液，久服令人枯瘦。绿豆，清热解毒，利便消渴。白扁豆，补脾，除湿，消暑。淡豆豉，发汗解肌，治伤寒，以之和羹生鲜味。惟菽类消化稍钝，胃弱者斟酌用之，煮须极熟，乃能消化。

二、蔬菜类。蔬菜之肥养人身，其功过于食肉。故乡农[3]体强力果[4]，大半茹蔬食粝[5]之人。《朱氏家训》[6]云："饮食约而精，园蔬愈珍馐[7]。"虽山珍海错[8]，杯盘狼藉[9]，而无蔬菜佐之，亦鲜至味[10]。大抵蔬菜以新鲜生嫩为美，四时各有适口之品。如萝卜，宽中化痰，生食升气，熟食降气，其子亦破痰降气。芜菁，利火明目。马齿苋，泻热散毒。冬瓜，泻热利便，消水肿，其子补肝明目。丝瓜，泻热解毒，宣通经络。茄子，散血宽肠。百合，润肺止嗽。薤，助阳散血。葱，发表和里。姜，散寒正气，解郁畅胃。蒜，通窍开胃，其气熏臭，多食耗血散气、损目昏神。芋，温补，多食滞气。白薯、薯蓣即山药，补脾化痰，益肾。芥，温中开胃。凡此种类，日用所需，顺时烹调，益人无尽。平日莳蔬，主妇须严督仆役，勤恳用力。蔬菜之丰歉，足验一家之盛衰也。

三、果实类。大枣，补脾胃，润心肺。杏仁，润燥泻肺，去皮尖，炒研成粉，泡服最佳。梨，润肠泻火，生者清六腑[11]之热，熟者滋五脏[12]之阴，实火宜生，虚火宜熟。橄榄，清咽生津。菱角，解暑止渴。芡实，补脾涩精。莲子，补脾固精。梅子，生津止渴。枇杷，泻肺降火。龙眼肉，养心补血，治思虑劳伤及肠红。荔枝，甘涩而温入肝肾。落花生，补脾润肺。橘柚，清心化痰。桃李虽佳，不宜多食。西瓜、甜瓜，解暑利便，人多啖之。凡啖果食适度，颇助营养，益消化；然啖之过多，则损肠胃，或至泄泻。盖多食生冷，伤脾助湿，殊非所宜；当吐泻病流行之时，尤宜慎之。

四、肉类。肉能补血，其味清鲜，而滋肠胃、生精液、丰肌体，固其所也，食之亦以适度为宜。猪肉，能通肺脏，引经络。鸡，补虚温中，乌骨者尤良；盖鸡属木，黑属水，得水木之精气，极益肝肾，补虚劳。鸭，滋阴补虚，白毛、乌骨者，为虚劳圣药，均以年久者为上。羊，补虚劳，益气血。大抵皆含有一种滋养质，调和以煮至烂熟为宜。

五、鱼类。蟹能解郁，蛤能滋阴，皆美品也。若鱼类，则鲫能补土和胃，鲤能下水利便，种种佳妙，不可胜言。无论何鱼，大抵以新鲜活动为上；调理最宜清蒸，盐酱姜葱之佐，缺一不可。谚云："多食鲜鱼，可蕃生育。"极有实验，故家有池塘，以多畜鱼为要。

六、盐酱类。各种食品，皆少咸酸之味，故必助以盐酱，始能适口，而助消化液之发出焉。主妇极须讲究作小菜，如腐乳、酱油、酱菜、好醋、盐姜、腌菜之类，盖五味调和，具有至味。人家无此等备办，便失兴旺气象，尤主妇之羞也。

七、香料类。香料有益于增长食量，常用者如胡椒、辣椒、花椒、生姜、芥末、丁香、茴香、桂皮等类，皆家中所不可不备。然此等物，虽为开味爽口之良佐[13]，而其性质之激烈，亦甚有害于人身。试将芥末和水成浆，贴于皮肤，不久变红，稍久有发水泡者；又将胡椒末少许，误入眼中，眼必大痛，发炎发红。故知食此等物，必令胃内发炎发红，多食尤火气逆上，及发眩晕等疾，须斟酌慎用。

八、煎炒类。食味出之煎炒，固甚适口，然煎炒务在生嫩，不宜过熟，食之甚难消化，其热毒入胃入血，每发痈疽[14]、肠痣[15]等症，故食物以清润易化为主。然调和之际，虽不能无煎炒一门，要须适中而止。若偏于咸酸辛烈，终必有损于心身；益以煎炒，则其热毒更甚，非滋生之要也。

九、卵类。食卵亦最有益。禽鸟之卵利于营养，消化尤速。鸡卵镇心、安五脏，益气补血，清咽开音；故各国多以鸡卵为常食。鸭卵能滋阴，除心腹隔热，盐藏食良，惟蛋久煮，黄白变硬，难以消化，以熟而质嫩为宜。

十、果品类。果品非日用必需之物，寻常随时应用，亦家中不可不有之数。西洋果品，以香味、酸味果实等成之，有益于滋生。中国所制，糖蜜过多，食之猝难消化，且日时杂食，有碍饭量，于脾胃更多凝滞。惟宾客谈笑之间，亦须借以为茶酒欢娱之佐，其余究以不轻用为是，若小儿尤非所宜也。

注

［1］要务：重要的事务。［2］良图：好办法，良策。［3］乡农：乡村农民。［4］体强力果：身体强壮，力气很大。［5］茹蔬食粝：吃蔬菜和粗粮。［6］《朱子家训》：又名《治家格言》，朱柏庐（1627—1698）编纂的修身治家的家训名篇。［7］饮食约而精园蔬愈珍馐：饮食简约而精致，园蔬也可胜过山珍海味。［8］山珍海错：山野和海里出产的各种珍贵食品，泛指丰富的菜

肴。[9] 杯盘狼藉：桌上的杯盘放得乱七八糟，形容宴饮已毕或将毕时的情景。[10] 至味：最美好的滋味，最美味的食品。[11] 六腑：胆、胃、小肠、大肠、膀胱、三焦的总称。[12] 五脏：心、肝、脾、肺、肾五种器官。[13] 良佐：良好的佐料。[14] 痈疽：常见的毒疮，多由于血液运行不良，毒质淤积而生。大而浅的为痈，深的为疽，多长在脖子、背部或臀部等地方。[15] 肠痣：肛门部痈疽，肛门周围因痈疽形成周围脓肿，并由此而伴有恶寒发热。

第十一 饮食调理法

调理之法，须立食单；凡常食与宴客；均须用之。盖先选定食品，汇成一单，以便配合调理者也，虽富贵之家，不乏庖宰[1]，而主妇亦当躬自指挥，预先算定用费，选择各种食品，盐酱葱椒，各得其宜，则烹者可无乱杂之虞，食者自生愉快之念。凡宴宾客，宜随宾客之身位，配合各种之浓厚淡泊，又须相土地气候之寒暖，更换适宜，如炎热之候宜淡泊而清凉，寒冷之时宜浓厚而温暖，逐一选定，汇成一单，然后授之庖厨，而价值丰啬[2]，在我主持，较之听庖厨之指挥，则极善矣。若夫平日常食，无须美观，只择价廉而易消化者，惟配合调理，及所盛器具，均须清洁得宜，斯足滋人补养，快人心意，虽家计饶裕[3]，若常供美味，必致骄奢淫佚[4]，不顾他人之饥寒，且于卫生修身之道，皆不相叶[5]。然过于吝啬，不问营养之益否，概施以粗粝[6]极浊之食，亦非王道。此皆主妇所宜斟酌持平，能自入厨调理更善；盖主中馈，议酒食，本妇人职业也。亦须汇有食单，临时照单施行，方不忙迫。此等料理，俱非可以委之他人者也。大凡[7]饮食之美善，在五味之调和；否则珍馐肥美苟调和失宜，尚不及野蔬之清爽；如得其宜，虽蘋蘩蕴藻[8]，亦可以宴尊客[9]矣。

注

[1] 庖宰：厨工。[2] 丰啬：多少。[3] 饶裕：富饶丰裕。[4] 骄奢淫佚：形容生活放纵奢侈，荒淫无度。[5] 皆不相叶：都不协调、不相合。[6] 粗粝：糙米，泛指粗劣的食物。[7] 大凡：表示总括一般的情况，犹言大抵、大约。[8] 蘋蘩蕴藻：水草野菜。[9] 尊客：尊贵的客人。

第十二　收藏法

收藏食物，使之经久，亦治家之要务。近世热力扑灭霉菌[1]之法，发明以来，凡物欲久收藏，其法先煮沸之，后遏抑[2]空气之侵入，装入坛中，密闭其口，则霉菌之萌芽，无从窜入。又有可用盐藏者，如鱼肉之类，用盐擦透，亦能经久不腐。霉菌乃腐气所生之微虫，上文已详言之。藏蔬菜，有干收及盐腌、糖腌、盐豉腌等法，然欲经久如新，莫如用盐擦腌，晒至极干，入坛紧封之。又芋薯、萝卜之类，可深掘屋下暗窖，埋藏之，得以不腐。

米中放螃蟹壳，日久不生虫。梨，用萝卜隔开小者整用，大者切开用，勿使相著，以竹篓收藏，忌木器，经年不坏。橙、橘以菉豆拌收，亦可经久。

藏卵，先以冷水洗净壳上尘垢，盖外壳不洁，易致内部腐败；去垢之后，亮干水气，用黄泥调盐，涂包卵壳，则盐分浸入，可防腐败。又用极净之水煮沸之，撒盐于内，随时以卵浸其中，亦同一盐藏之法。

收皮衣服，宜用樟脑[3]片，包裹紧密，须三四月天气晴明干燥、地无潮气，晒透，候冷，收箱，加樟脑藏皮箱内，不使透风。五月黄霉[4]，不宜开看。又或用旱烟叶亦可，须晒干、隔纸放，否则恐混烟油于衣中，然不及樟脑之佳。

注

［1］热力扑灭霉菌：高温杀菌。［2］遏抑：抑制，遏制。［3］樟脑：樟树的枝干及根中提取精制所得的酮类白色结晶，其功用可以驱虫，并可用为兴奋剂、局部止痒剂、防虫药、火药等。［4］黄霉：黄梅季节的天气容易起霉。

第十三　衣服

衣服在保持体温，及防杜[1]外物之激刺，并增助仪容风采，宜择其适于身分者用之，要使卫生与修容[2]，两得其当，时之寒冷，服之厚薄，在随时斟酌耳，为要有六。

一、材料。材料原有多种，举其总目，则有棉布、夏布、丝绸各类。棉布，人家通常用之，其质温暖，不问寒暑，适于保持身体，且吸收湿气，其价廉，其制易，各家可以自造，服时可以经久，诚材料之美品也。近来布物专讲艳色，市肆[3]贩买之货，全是外观，毫不经久。故妇女能自勤纺织，则所用皆坚实宽厚之品，胜于市货多矣。

夏布，传热之力，胜于棉布，且吸收湿气，及蒸发之力亦大，夏天服之，不惟适于健康，使人爽快，且为价亦廉，贫家亦可备办。

丝绸，衣料中美而极贵者也，其质轻软细腻，近来苏杭[4]制造，愈出愈奇，价值愈增愈贵，非富贵之家，难以言此，然而俭朴者，固亦不轻用也。

衣服之于人，有由其色之异而大生寒热之差者。如黑色则暖于白色，何也？白色反射日光，而黑色不然也。今依颜色之别，而考其寒热之度，则黑色最暖，青色次之，绿色、黄色又次之，白色最凉。故夏天之衣宜白，而冬衣则宜于黑色、青色。是以西人冬衣皆黑，夏衣皆白，其意良可味也。

二、裁制。裁制衣服，皆妇女当务之急。所谓妇功者，即此类也。须自幼习熟，方不至失算误事。学裁制法，先在讲明尺寸，某衣须材料多少，某处可节省迁就，默定成算，后将各种裁法，再仿效之，要在不过费材料，适于身体，不致紧束障碍，斯为得法。至于幼儿衣服，往往裁制失宜，穿时许多妨碍，尤所必知，盖主妇知裁制之法，即不自裁，亦可由我指挥布置，不至任裁工之信手[5]妈孚[6]也。

三、称体[7]。裁制不在过于合时，惟在善于称体。近来风俗日奢，少年衣服恒多格外生新、无穷巧样，全不是正经态度，殊属伤风败俗[8]，子弟万不可令其沾染。一切异常新样，概不准施。又凡少女之性，好服华美，专讲时样[9]，故意趋于新奇，实则伤财过费，抑思时样之来，原无穷尽，此样方制而彼样又出矣，今年才制而明年又换矣，家资[10]几何？能任其更换哉？惟遵平正之式，无论时样新奇，一以称体为度，可久可暂，宜古宜今，任花样之层出，而守吾故态[11]，不见异而思迁[12]，此中既有定见，可换者换之，不换亦听之，非成家之善道哉？主妇所宜拿定此心，以矫儿女厌故喜新[13]之弊。

四、轻便。人每以衣服之厚重为温暖，是大不然。肢体之温暖，由其滋养笃厚，保有空气之多；故衣服与其重而厚，毋宁轻而匀。凡冬衣铺绵，须择极细、极新之绵绒，铺得极匀极净，俾四肢活动，其过于堆重者多矣。

五、宽博。衣服之宽博，比紧束者极为活泼。中国前时贴身之衣，过于宽博，冬天亦殊不暖。近来时样袖筒极细，腰身极小，过于裀紧。均非所宜，惟在酌中。宁肯稍为宽博，不宜十分束紧，亦卫生之要也。

六、保存之要。保者，保之勿坏也；存者，存之勿弃也。无论何物，保存得宜，皆能历久，而衣服尤宜。夫衣服之于人，须臾不可离；故整顿之良否，其益于卫生不少。且保存之事，为妇女之专职，女子须自幼时，学其用心整顿之法，不可染疏懒之习，以至于没有收检[14]也。

保存衣服之要，如污者洗之，色褪者染之褪色，谢也，破绽者补之，非时者藏之非时者如夏时不用冬衣，冬时不用夏衣也。旧新交代之长短配合之，此等职务，男子全不干预，皆妇女所宜讲究也。

注

［1］防杜：防止杜绝。［2］修容：修饰仪表，整饬容貌。［3］市肆：市中店铺。［4］苏杭：苏州和杭州。［5］信手：随手，随便。［6］妈乎：马虎，粗心大意。［7］称体：合身。［8］伤风败俗：败坏良好的社会习俗风气。［9］时样：时髦流行的样式。［10］家资：家中资产钱财。［11］故态：旧日的情况或态度。［12］见异而思迁：看到别的事物就想改变原来的主意；指主意不坚定，喜爱不专一。［13］厌故喜新：讨厌旧的，喜欢新的。［14］收检：整理。

第十四　居宅

居不可无宅，犹身不可无衣，不特赖以御寒暑、蔽风雨已也；一家之所以团栾[1]、共享此安乐者，皆室庐[2]之所维系也。况家中终日在外从事职务之人，不可不慰以居室愉快之乐。是以卜宅[3]者，宜按家计经营起居，如庭园之风趣、室中之装点、器物之配置，亦不可不留意调度，使之有次序，而清洁肃穆[4]也。且夫[5]一乡一邑之中，房屋栉比[6]而居者，能宽宏壮丽，不特表一乡一邑之强盛，且以表一国之强盛。是故居室壮丽，非特益于家庭，亦所以代表国家之威仪[7]也，此盖从其居室之大者言之。然而家有贫富之不齐，何能概以此等过望[8]？要在称家之有无，各适其宜而已，为要有十一。

一、空气方向。空气之裨益[9]于人，前已论之。然室内亦须有流通之清气，大抵宜择地位高燥[10]、地势开豁，又有树木浓密之地。盖树木吸取天地雨露之菁华[11]，吐出来便是清气，人得之最有益于肢体。屋之前后，有树者固宜添种，无树者急宜多种，皆开通空气之作用也。

方向以面南为最，东南、西南次之，然其西北若有森林可御风雨者亦佳。盖所择方向，宜取日方之映射，使满室光明快爽[12]，莹澈[13]异常，琴书增辉，椅席生色，自能培养精神，发舒抑郁。故居幽暗之室，而受日光不足者，其人多神气沮丧，是方向与空气，须两两注意也。

二、地质。地质成于砂石、岩石等者，土皆坚厚，最宜卫生。若低下或近于沿泽之地，极为有害。又污水集聚之处，酿生毒气，人呼吸之，易生疾病，如疟疾、赤痢、伤寒、霍乱等症，多因于此。故开通池沼、排泄水道之法，不可不知。

三、屋式。屋式各种不同，宜先通筹全局，以适于居住之方便为宜。如己不甚详明，须与屋工[14]仔细商量，或仿照他家已成之模样，择其如意者用之，必通知其大略，心中已有成算，然后兴工，方不临期失措。

四、木料。木料以杉木为易购，其体质最能耐久，不畏风、蚁之蚀伤。而柞木、株木、檀木、绸木之类，皆极坚实而能经久者，惟不如杉木之易得；然作门窗、柱梁等物，则此类为宜。余只宜用杉木，极不可用者松木松木最易虫蛀。皆造屋所宜知也。

五、地板。屋中能设地板最好，须择厚而干、坚而实者用之。距地须尺许，地板高，可防湿气之上升，不特利于人身，且保器物不至朽蠹[15]。又板下须设有空穴，便通空气。至寒气过甚之地，地板有用至数层者。

六、壁。壁不坚厚，则屋亦不坚固，能通用炙砖固好，否则用土砖亦须厚而宽。惟壁脚三四尺，则泥砖万不可用；或用条石，或筑灰沙，纵小亦须炙砖双砌，此建屋之要着[16]也。

七、形式之配合。形式之配合，须方圆斜角，及长短、大小、高低，各各相对，而位置得宜。然配方必以圆，对匾平必以长平，亦未免拘泥太甚。要在得天然之形式，合元妙[17]之意趣。又屋前出入大路，宜纡回曲折，忌直冲，下手[18]须长过上手[19]，所谓“青龙宜长，白虎宜缩”[20]也。照面水宜入怀，忌斜飞直去，此又建室者所必知也。

八、庭园。屋前后不可无庭园。不特便于家计，亦且便于游览。闲庭可以散步，园林可以怡神[21]，或莳时蔬[22]，或植花果，或娱禽鸟。地方不嫌宽阔，须与正室相关切。若有力之家，且于其中建设亭台楼阁、花榭曲栏，固未可一例视。然莳时蔬、植果树，则无论何家，均当加意栽培也。

九、家具。家具有供日用者，有备装饰者。其日用者，宜置有定所，便于急遽[23]取用，无论何物，安置有定向，不特取携顺便，且能经久不坏。凡器物经久者，自有一种风致，转胜新奇之物。故藏器之法，不用之时，或纳之箱箧，或贮之密室，尤必标以记号，录之簿中，以便随时查核。否则或有遗失毁坏之件，不得而知，致有不齐之恨，最不相宜。

十、陈设。陈设物品，亦大关于家风。室中有美观，即属茅檐亦生优美之感，而精神顿为爽快。若座中腐杂不堪，虽广厦[24]，人将鄙之，故陈设不可不讲也。且装点华丽，最有益于儿童，不特娱其心目，且得加增智识，壮其气质。盖儿童神经锐敏，易于感触，见室内华丽器物整洁，因之感情大展，发巧艺[25]之思想，变鄙朴[26]之恒情，而言语形容，务适于优美端庄而后止。且不特儿童为然，即成人亦自受无意之薰陶、无形之感化，其为益岂浅鲜哉？

古今书画玩器[27]，最足生技术之感情。书案椅席，拭垢生光，而陈设皆极精良，使净几明窗，清爽悦目。又列盆花于室内，植果木于园中，亦陈设之佳况[28]也。顾植物有天然之雅致[29]，随时培植，怡神悦志[30]，且吸收空中之浊气，而吐清气以益人身。此皆陈设中之要义[31]。

户牖[32]随时开敞，器物随时清洁，用心排列，打扫庄严，能使人发尊敬之感；装点益人德育如此，故杂乱不齐，最不可也。

寒素[33]之户，不能丰其陈设，但得洒扫洁净，安放整齐，入室无厌鼻[34]之臭秽[35]、恼情[36]之嫌疑，而座有清芬[37]，肃然起敬[38]，亦俱见家风之清穆[39]也。

十一、物品借贷。互相借贷，亦交际上不能已之事。有无相通，本属便宜。若珍重之物，如衣中绨绤[40]之类，用之一次，难免污坏，非亲友中诚笃[41]之人，岂容轻借？

器物不得已而借于人，比时必登簿载明，以防日久忘记。如久假[42]不归，不妨遣人过问。在借户，还时，必先检点件数，有无损坏，须完好如初，然后送还，殷勤致谢。若托人带还，嘱咐十分保重，且请交代清楚，务期无稍亏损为要。

借物与人，比还时若有亏损污坏，怡怡[43]纳之，盖既往不咎[44]，成败之数无常。《诗》云："民之失德，干糇以愆[45]。"勿以小故[46]而伤交情也。子路[47]车马轻裘[48]，与朋友共，敝之而无憾，其胸中宽大如此，良可味也。至于先代古器[49]，及珍重难求之品，如果十分爱惜，惟以不轻贷[50]为愈。

注

［1］团栾：团聚。［2］室庐：房屋。［3］卜宅：用占卜的方法来选择住处或判断居住地的吉凶。［4］肃穆：严肃庄重。［5］且夫：况且。［6］栉比：像梳齿那样密密地排列着。［7］威仪：仪表威武严肃。［8］过望：超过原来的希望。［9］裨益：益处，补益。［10］高燥：指地势高、气候或环境干燥。［11］菁华：事物最精粹、精美的部分。［12］快爽：爽快。［13］莹澈：莹洁透明。［14］屋工：建筑房屋的工人。［15］朽蠹：朽腐虫蚀。［16］要着：首要之事，重要之事。［17］元妙：玄妙，奥妙。［18］下手：座次的下方者，即右方。［19］上手：座次的上方者，即左方。［20］青龙宜长，白虎宜缩：（房屋）左边的山势要长，右边的山势要短。青龙：左方。白虎：右方。《礼记·曲礼》："前朱鸟而后玄武，左青龙而右白虎。"［21］怡神：怡悦心神。［22］莳时蔬：种植适时的蔬菜。［23］急遽：快速，急速。［24］广厦：宽广高大的房屋。［25］巧艺：精巧的技艺。［26］鄙朴：粗俗质朴。［27］玩器：供赏玩的器物。［28］佳况：佳良、优良的状况。［29］雅致：高雅秀逸的意趣，美观而不落俗套的意兴。［30］怡神悦志：怡养心神，娱悦情志。［31］要义：要点，要旨。［32］户牖：门窗。［33］寒素：清贫。［34］厌鼻：刺鼻。［35］臭秽：脏臭污秽。［36］恼情：烦恼情绪。［37］清芬：清香。［38］肃然起敬：形容对某人或某件事产生了敬佩之情。［39］清穆：清静，清和。［40］絺绤：葛布的统称。葛之细者曰絺，粗者曰绤。［41］诚笃：诚实忠厚。［42］

假：借。[43] 怡怡：和顺喜悦、安适自得的样子。[44] 既往不咎：已经过去的事不再追究。[45] 民之失德，干糇以愆：民众早已失去美德，一口干粮就导致争执埋怨的过错；形容非常见利忘义。干糇：干粮。愆：过错，过失。[46] 小故：小过失，小过错。[47] 子路：仲由（前542—前480），字子路，又字季路，鲁国卞（今山东省泗水县）人。孔子的弟子。被后世尊为“孔门十哲”之一，“二十四孝”之一。[48] 轻裘：轻暖的皮衣。[49] 古器：古物，古董。[50] 轻贷：轻易借出。

第十章　交　际

人在世间，不能无往来之交际；况一家之中，所宜交之以道，接之以礼者，尤指不胜屈乎[1]。族戚朋友之和与不和，邻里乡党之睦与不睦，皆视交际之善否以为准。交际之为事，不独丈夫不可不讲，主妇亦当留心。大抵丈夫外出，主妇综理内政，凡宾客来往，问其事由，可告主人则告之，可自了者则了之，且飧宴[2]馈送等事，所以厚其情谊者，关系于妇人者最多，不可不考究而习熟之也。作交际，凡五编。

注

[1] 指不胜屈：扳着指头数也数不过来，形容为数很多。[2] 飧宴：宴饮。

第一　访问

妇人无事，不宜轻身出门。妇道以贞静为主，外走成何体统？有等妇人，以走人家为上业[1]，家计不管，纺绩不务，闲游无度，今日东邻，明日西舍，任他旁人指顾，毫不为羞；若此者，不特失丈夫之局面，亦且招戚友[2]之嫌疑，大不可也。若有紧件，必须访问者，未始全不可动，必请家中或戚中年老妇人伴之，路上逢人，低头站避，不可与人交言，又不可无故回顾。《曲礼·内则》云："道路，男子由右，女子由左。"又曰："女子出门，必拥蔽[3]其面。"即此意也。

注

［1］上业：上等之事。［2］戚友：亲戚朋友。［3］拥蔽：遮掩。

第二　对客

主妇对客时，一切都宜留意，要在谨肃[1]谦恭[2]，常有和悦之色，又须端庄容貌、厚重威仪，示人以可敬之容，言语须切实，吐音宜明爽[3]，言不称身，殊不庄重也。

对贵客，殷勤固不待言；对平常客，亦不可疏忽；各如其分，处之以厚情为宜。客若长谈，姑耐坐听之；若不得已，可告以不暇之故，从容暂别。少女与少男，不得对面而语；若相与语，必高其声音。尤必有侍婢或儿女在前，不可只身与人对谈。且客在座，无论长上平辈，偶有失仪处，不可与人耳语及笑指之，且严禁儿童此等弊病。

客去，勿论长辈、平辈，主妇必亲送之；即晚辈，亦须起而送至外室。又凡命奴仆使者辈，须十分庄肃[4]。毋使有侮慢[5]之态，及一切笑语轻薄之行。

平日闲杂人等，即乞丐之来去时，主妇不亲走视，必呼儿辈或奴役，视之出外，以防失物等弊，此亦治家之切要[6]也。

注

［1］谨肃：谨慎严肃。［2］谦恭：谦虚恭敬。［3］明爽：明晰，清楚。［4］庄肃：端庄肃穆，庄严恭敬。［5］侮慢：对人轻忽，态度傲慢。［6］切要：确切扼要。

第三　款客

既立门户，凡宾客来往，不可无款待之礼。客入门，无论贵贱，甫坐，必进茶酒，不宜过迟。茶宜清亮，虽富家有奴婢传递，主妇亦当亲自斟酌之。即此一小事，可验人家之兴替[1]、主妇之贤否。酒食不宜过惜，客来非饭时，陈以小酌，即粗淡果食，亦表殷勤。若适当用膳之时，当留者必坚留之，能佳殽狼藉[2]固善，否则虽蔬食菜羹，苟出诸诚意，客自乐之。此等事要在主妇平时勿图自食，留心收藏，以待不时之需；客来，方不至束手失措，此为居乡者立论也。有等妇人，不替丈夫争门面，一有佳味则私饱之，而盘飧[3]市远，客至一无所具，岂不贻笑[4]？为主妇者其知之。

设席宴客，宜讲究者尤多，请客之先，细察其相会者素有嫌隙否。有隙者相聚，必至互相不快，大失燕饮[5]之欢，所宜先事预防。

宴客，预先芟除[6]庭中蔓草[7]，洒扫室中尘秽[8]，摆列物品，须安排得体，冬则暖炉火盆，夏则盥盆茶具，皆须检点整齐。

宴客固宜亲切，若不顾身分，漫涉奢侈，亦非善道。盖爱客之真意，不徒在外面之品物也；自始至终，情意恳挚[9]，斯为浃洽[10]。室中随时敞开窗户，使人爽快，客谈论动作，须细心体会，期洽其心。酒随客意，不宜过敬，防其醉也。若系嗜酒者流，尤宜嘱咐斟酒人留心扣酌；非惜酒也，恐滥醉反不美耳。

广开筵席，必书众宾姓名于纸，并一一安排坐次，以便请客就坐时，不致忙错。到人家赴宴，见主人、主妇，必先道谢。导之入席时，必固辞上座，择其与己之位置相合者坐之。有后至之客，必起让，在随时斟酌耳。席间或有不快，毋露于词色[11]，尤忌席上耳语以及邪视左右。若年少女子，更不宜有轻亵[12]之容，以端庄沉静为要。

上席之长者辞归，然后引退，居人后，所以示谦恭也。

宴客须预设脱帽处及挂衣处，帽衣安置，然后导入客堂。专请之上宾，坐于主人指定之席。上席对陪席之人，必示敬意。膳出，主人敬客，客敬主人，酬酢[13]如礼。上宾取箸皆取箸，不宜先后也。进膳必有序，主人举杯，客答之如礼。

众宾聚宴，均宜姿容端正，举止大方，食时尤须静肃[14]，切忌碗箸发响、咀嚼作声。

附录西俗宴饮：

凡请客，以偶数为宜，而尤忌十三之数。

设席，先配肉汁，次荐食品，参以各种之酒。主人主妇，应接众宾，勿离席。食事终，主妇起立食前，引客还客室，荐以珈琲[15]。

女子赴宴，为男子所引，倚其腕而入食堂。既就席，男子临去，少为礼，食巾覆膝上，不可高挂胸前，食毕，旋取而置桌上。入席时，童子进以肴果[16]，徐取而移之皿，难割取者，使自割之，其致于皿者，令食尽。食刀食叉用过，斜仰置于皿右。鱼、肉随切随食，不可一时切尽，用右手持叉，取鱼或肉，左手取面包薄片，相辅而食。其难去骨者，先以刀叉离骨与肉，然后舍刀执叉而食，食刀非鸟兽之肉不用。面包可以手劈，毋用食刀。肉汁或半匙啜之，不可作声，不可倾皿而饮，以左食少倾为宜。取果食多用食叉，或用刀切之、剥之。指尖有污，水洗之，手巾拭之。女子不可含嗽于桌上，及用牙签刺齿。酒随意，不饮亦可。女子食后，不可进烈酒。肴误坠于地，毋注视之。触他人之裾，低声道歉。若刀叉坠地，亦不可拾，见童子，可请其代拾。食毕，上宾既起，已亦随起离席，待男子之引。在冬季，初就席而除手套，离席之前再著之，著自左手始；若不得闲，至客室著之。食后，饮珈琲。

按西人食用刀、叉、皿，不用碗箸，每人前设一皿，盛羹于内，刀以切之，叉以食之。食毕更进，每食一品，皿与刀叉皆换。用面包不用饭食，以另皿置于旁。每人必有食巾，可以男女共席。席间谈论，须极诚实端敬。食时，须极静穆。珈琲，食后饮之，其形如豆，炒枯研碎，煎作茶饮，能消食、去油腻，西人多喜饮之，和以糖与牛乳更佳，产于热带。录此一则，稍知西俗宴饮之大略也。

注

［1］兴替：兴衰成败。［2］狼藉：杂乱不堪、乱七八糟的样子。［3］盘飧：盘中的菜肴。［4］贻笑：遗留笑柄。［5］燕饮：宴饮。［6］芟除：刈除。［7］蔓草：蔓延滋生的草。［8］尘秽：污秽。［9］恳挚：非常真诚恳切。［10］浃洽：和谐，融洽。［11］词色：言语和神态。［12］轻亵：轻慢。［13］酬酢：宾主互相敬酒，泛指交际应酬。［14］静肃：宁静肃穆。［15］珈琲：咖啡。［16］肴果：佳肴水果。

第四　书信

书信者，记言语于纸，而代达情意也。行文须平易简明，无取乎繁文缛词[1]。表诚心，适实用，礼至情亲而不近于迂，斯为得体。若文人之致辞，选言宏当[2]，则固未可一例视矣。

书式不可失体，书人名住址，字画务须正确，称呼务要清楚。近日邮局风行，凡信入封筒邮寄者，贴邮票于封筒表面左角上，快便异常，诚新政之妙用也。书信字体多用行草[3]，然字画宜清楚，切忌糊涂。不能草书者，毋强为之，恐读者索解[4]不得，反易误事。寄音[5]平辈[6]，亦宜寓有敬意；若长者之前，更非端楷[7]不可。

凡密函[8]家信之类，虽至亲[9]接领，不宜擅自拆看。即本人自拆时，亦无须强为索看，教儿时须加入此层。

书信寄远，宜于自书，故女子亦当知书。然我国妇女精通者，恒不多觏[10]；是以女子自幼，必教以读书识字。

注

［1］繁文缛词：烦琐而多余的文词。［2］宏当：宏大恰当。［3］行草：介于行书和草书之间的一种书法字体。［4］索解：寻求解释。［5］寄音：传递音信，传递书信。［6］平辈：同辈。［7］端楷：端正的楷书。［8］密函：秘密信函。［9］至亲：最亲近的亲戚。［10］恒不多觏：不多见，很少见。

第五　馈赠

馈赠之事，主妇掌之，亦交际之不能已也。赠物于人，当先考究时节，与其家之品位、嗜好，以有裨于其家计者为上。顾近世[1]馈赠，多偏重外观之模样，投赠以不急之物，究之所费多，而受者无实惠，何益乎？此亦风俗虚伪之一证，不知往来酬酢，只要情谊笃厚，虽土物[2]亦当嘉珍[3]。富贵之家，稍从丰厚，亦理势所必然，原不宜过形[4]俭啬[5]。若小康平常之户，究须慎重，不必勉强以期完美。即以甲所赠而移赠与乙，辗转相投，亦经济上成家惜物之道，全在主妇收贮有素，调理得宜耳。

注

［1］近世：近代，过去不远的时代。［2］土物：土地所产的普通物品。［3］嘉珍：佳美珍贵。［4］过形：过分地表现。［5］俭啬：节俭吝啬。

第十一章　避　难

《易》曰："君子思患而预防之[1]。"祸患之来，大抵出人意外，平居安乐之日，宜常存一恐惧戒慎之心，勿谓安乐可恃也，防备先有成算，临事时方不至于失措，全在主妇之随处留心也。作避难，凡五编。

注

[1] 君子思患而预防之：君子当思谋远虑，要考虑将来可能出现的弊端而防患于未然。

第一　火灾

火之为灾，不可一日不防。平日督率婢仆治事，宜常注意。将就寝，必先细心周巡[1]室内前后，凡灯烛火钵之类，宜早熄灭，且灶下不宜留火过夜。近日洋火[2]盛行，无论富贫，均可买作火种，价极廉而用极快，其便无有过于此者，此防火之大要[3]

也。又琐碎宜防者有五。

一、夜间灶下不宜留柴，须打扫干净。

二、门首及出入要路，不可堆放一切柴木草稿之类，防匪徒不测也。

三、夜间不可用火炉烘鞋及小儿洗濯等物，如必须用之，亦宜留心斟酌。

四、天气亢阳[4]之时，及收获之候，屋前后堆放稻草，宜十分留心，总以隔远为宜。

五、岁时喜事，开放炮铳[5]，以及小儿玩炮[6]，宜十分留心。

闻有失慎[7]之家，先查其火之所自起，与风之方向。若在下风，虽相隔甚远，亦宜戒备；居上风，则虽接近，尚可无虞。然风向顷刻又变，故在近火之处，总宜不怠防御。若自家失火，先急促老幼避出，然后筹灭火之策，不可徒注意于财产，贻误伤人也。

凡菜油、桐油、洋油[8]等起火，直以卧褥之类扑灭之，或用灰亦可，不可泼以水。盖水因激行，转助火烈，万万不可。若油在锅内起火，惟先备有芥菜、萝菔菜[9]之类者，覆之可御，即用锅盖沓住亦可。

凡起火急遽之时，取出金银陶器之类，可投之塘池，以便事后取出，若衣服及粗物，可取则取，总以惜命为是。

近邻无论亲疏，有罹火灾者，急遣人趋救，助其搬迁器物。即平日与我有嫌[10]，亦当遣人往救，如此大灾，谁不伤心，尚挟嫌怨[11]哉？

有婢仆来救者，可使检运财产，或任护视之役。凡来救灾者，须各尽职任，不可纷扰。若有生人来救，不可委以器财，恐有匪徒[12]乘势掠夺也。

注

[1] 周巡：巡看周围。[2] 洋火：火柴。当时都是从国外买来，故称。[3] 大要：要旨。[4] 亢阳：盛极之阳气，借指旱灾。[5] 炮铳：旧式小型管状火器。[6] 玩炮：玩鞭炮。[7] 失慎：疏忽大意，借指失火。[8] 洋油：煤油。当时都是从国外买来，故称。[9] 萝菔菜：萝卜菜。[10] 有嫌：有嫌隙，有仇怨。[11] 嫌怨：怨恨，仇怨。[12] 匪徒：盗匪，强盗。

第二　风灾

暴风将起，其势必急，可备之于事先。盖风起时，各处柴木极易引火，尤当注意。且风势之来，如怒马，如激湍[1]涌潮，状极可怖；急宜阖扉钳户[2]，毋徒惊惶失措。树木栽而未久者，可扶以圆木以防倾倒。若窗格为风扬开，不可遽往闭之。盖风性难当，切勿与之抗拒也。

注

[1] 激湍：急流和浪潮。[2] 阖扉钳户：关锁门窗。

第三 旱灾

旱之为灾，最苦最剧。盖民以食为天，遇旱则终岁勤劳，粒米莫给，其惨不可胜言，则预防之道宜讲也。大抵禾稼需水而成，水足，虽旱不足畏。近年以来，旱患最多，虽曰天时，岂非人事？何哉？管田者吝惜修费，听塘池之泥掩，任坝圳[1]之崩颓[2]，幸而雨足之年，差免灾祸；一遇旱岁，则塘池早彻，坝圳皆枯，点滴毫无，坐受其困，岂不可惜？然而欲弭此困，究亦甚易，管庄之户但先细察田间之塘池坝圳，有宜修者，即时兴工，认真修整，虽遇旱岁，而我之水足，尽可保其无虞，纵难遍收，而所获亦已不少，不特田主受福，即佃家[3]亦托庇[4]不至全荒，两两俱幸，何苦不为？且认真修理一年，可保至十数年而不敝，故御旱之法，舍担塘筑坝，别无良策[5]也。

注

［1］坝圳：堤坝。［2］崩颓：倒塌毁坏。［3］佃家：佃户，租种田地的人。［4］托庇：依靠别人的庇护。［5］良策：善策，妙计。

第四　水灾

水害有起于暴雨之后，而山岳崩摧[1]、溪水涨溢[2]者；有起于堤防[3]决坏[4]，而河水泛溢[5]者。防之之法，修筑堤防，多植树木，要在先时率居近人民，同心堵备，若临时修植，不为功也。然居近水泽者，尤宜讲求避水之策，在平时置备小舟短艇，一遇洪水暴至，则置全家器物于其上，尚可为保全性命之道，若房屋固难两全也。

山间村落，猛遇急雨水溢，仓卒间无术御之，亦有成灾者。且水势比火力尤烈，暴雨一倾，数里陆地顷刻化为大湖，一时老者惊惶[6]、少者号哭[7]，辗转相携，非往高处，不足避难。无舟可载者，全在视雨初起时，早为避出，稍迟则害至矣。

注

[1] 崩摧：倒塌毁坏。[2] 涨溢：水流上涨泛滥。[3] 堤防：堤坝。[4] 决坏：冲决，毁坏。[5] 泛溢：泛滥漫溢。[6] 惊惶：惊慌，惊恐。[7] 号哭：连喊带叫地大声哭。

第五　盗贼

盗贼虽属意外之虞，多由门户不谨[1]所致，故凡建屋，周围壁脚[2]宜用石板，或灰砂坚筑亦可，约计须四尺高，用火砖[3]宜厚，若用泥砖则内间须装木板，能装石板更好，窗柱门叶宜用坚厚之木，此言屋之修整结实也。然结实之处，犹恃夫主妇之谨慎有常，每夜须于点灯时，检点各处之门窗、关锁[4]整固，又须率家人趁早就寝，毋使迟眠熟睡。一闻响动，则大呼家人起视，斯为要著[5]。若遇盗至，在女子不可亲自抗拒，恐致受害；即家人追赶，亦宜相机而动[6]，黑夜不见，恐贼反埋伏凶器，使赶者触之而受伤也。

御盗之法，尤在平时和睦邻里，意气相投，毫无嫌怨隔阂。俗云："远贼必有近脚[7]。"和睦则断无此弊，且可大家同心，随时守望相助。若邻里平日有可疑之人，便当与公众商议，预先设法防御，以靖[8]地方。

注

[1] 不谨：不小心。[2] 壁脚：墙壁根基底部。[3] 火砖：以耐火黏土或其他耐火原料烧制而成砖头，能耐高温，不易龟裂，比较坚实牢固。[4] 关锁：门锁，借指可以关闭、上锁的设施（如围墙、门扇等）。[5] 要著：首要之事。[6] 相机而动：观察时机，看到适当机会立即行动。[7] 远贼必有近脚：远来的贼偷东西，一定有邻近的人引路、提供情况。[8] 靖：平定，使秩序安定。

第十二章　仆　婢

俭朴之家，妇人自治炊爨[1]，役仆婢者恒少。然世运日进，人事加繁，一家之中，不能不役使仆婢，以理繁剧[2]之任。顾役使之责任，皆主妇所宜留心；盖此辈生长卑贱之家，无学无识，在主妇驾驭得法，操纵咸宜耳。作役使婢仆，凡十编。

注

［1］炊爨：烧火煮饭。［2］繁剧：繁重的事务。

第一　选择

雇役仆婢，必先选择，以身体强壮、质朴诚实者为宜。若奸猾者流，外面善于迎合，甚似亲切，究之口是心非[1]，背面即懒惰不堪，殊不可用。又或身有宿疾[2]，极不皎洁，以及体弱不堪重力者，尤宜禁止勿用。

注

［1］口是心非：口所言说的与心中所想的不一致。［2］宿疾：一向有的病；旧病。

第二 价值

仆婢之忠诚确实，而年富力强，克胜重任者，此等善良，颇不易得，苟其得之，不可惜费，自宜较他人之价值独厚。世俗吝惜者多，往往不肯出价，以致雇役残弱之人，究之废事失业，虽多雇数人，不及强壮者一人之胜任愉快，非治家之良法也。故选择宜慎，而价值亦不过轻。

第三 职务

仆婢数人，主人当定以职务，吩咐详明，使各分任其事，如是则彼自能专其职任，做去都有条理；若漫无专责，必至泛滥不一，而勤劳者常勤劳，怠惰者终怠惰矣，甚至互相推碍，避劳就逸，舍难趋易，卒至事事沮滞[1]，毫无成功，岂是善道？在多役仆婢者固不待言，即役使一二人，亦须定其责任、布置得宜，须使彼辈互相辅助，同心合力，以融洽其交情。

注

[1] 沮滞：阻滞。

第四 训练

仆婢之辈，生长卑贱，其根性[1]既劣，往往不通正理、不娴善言、不守家法、无规无矩，势所不免，故主妇不可不为之训练。当其入门时，即教以严肃之家法，示以正确之规矩；万不可任其东摆西掉，及引诱儿子、糊言乱语，所宜切戒。又此辈初来，事多不熟，或赋性[2]稍钝，不能处处合法，须从容善导，一一开示详明[3]，久之自然纯熟，不至失错。盖使其驯染[4]我家庭严肃之风范，又使其感激我平日开导之知能[5]，必能激而思奋矣。尝有一女事于富家，主妇教以陈列茶具，女每忘之，屡被谴责；一日有客来，主妇又使陈列，女又遗忘，而款客之时已迫，主妇来视之，愤其不备，怒气填胸，既而平心静气，更以温言[6]谕之，事毕而去，客去后，召之，恳戒[7]其过，告以主客之失意，与将来之宜慎，女感其诚，自是不复蹈前辙[8]云，此事虽小，可以喻大也。

注

[1] 根性：本性，本质。[2] 赋性：天赋本性。[3] 详明：详细明白。[4] 驯染：逐渐地感染熏陶。[5] 知能：智慧才能。[6] 温言：温和的话语。[7] 恳戒：恳切告诫。[8] 复蹈前辙：

重新踏上先前车轮碾过的痕迹。比喻不吸取教训，重犯错误。

第五 管理

仆婢之管理，不可稍疏，盖近日人心不古，奸诈者多，诚实者少，当面勤恳，背面懒怠[1]，皆婢仆之常情。故主人宜于早起，安排清楚，使不至晏兴误事，尤宜随时亲身察看，如事在外间，亦须唤儿童不时查看，以防偷安。凡主人不知管理之法者，仆役断未有不懒惰废事也。

注

[1] 懒怠：懒惰。

第六 赏罚

赏罚严明，则勤者益奋，而惰者知惧，亦主人鼓励之法也。事有缓急，力有重轻，若值事势紧急，万不容缓，必出以苦力始能就绪者，有此勤劳，主人当格外奖赏，以激其锐进[1]之心；如有失业废事等弊，则不得不督责之以惩其后，又须抉摘[2]确凿，能责出其所以废失之实，方能令彼心服。然同辈数人中，或专赏一人，不免生众人之猜忌，卒至互相倾挤[3]，亦非善策；若一例赐予，又近于例赏，不足以劝能者而愧不肖[4]。治家者宜相机处置，务得其当。

注

[1] 锐进：锐意进取。[2] 抉摘：揭发指摘。[3] 倾挤：倾轧排挤。[4] 不肖：不成材，不正派。

第七 仁恕

仆婢以身役人，为贫所迫，主妇当推爱子之念而郑重之，时时存彼等亦人子之心。若待之如驱逐犬马，苛虐[1]不堪，最为恶德。故宜亲切遇之，叮咛托之，示之以至信，感之以至诚。凡事先问饥寒，次讲训练，总须宽严并用、恩威相济。偶有失错之事，不必即见诸词色[2]，徐徐诰诫[3]，使之悔悟前非[4]，而徐图后效[5]。若徒为刻薄，彼亦将傲慢不服，其能得忠良之仆役哉？

注

[1] 苛虐：严厉残暴。[2] 词色：言语和神态。[3] 诰诫：告诫。[4] 悔悟前非：醒悟后悔以前的错误。[5] 徐图后效：从容地设法谋取后来的成绩。

第八 饮食

仆婢委身于主人，事事从命，不敢放纵，心身束缚，不能自由，既无耳目之乐，又无远大之望，其所欲不过饮食耳。家计富厚者，固不待言；即在小康之家，亦宜优与饮食，遂其嗜欲[1]。且若辈日日劳苦，而长此浊蔬粗饭[2]，哽咽不下，亦觉可怜。是在为主妇者，发其慈祥耳。

注

[1] 嗜欲：嗜好与欲望。[2] 浊蔬粗饭：粗糙的饭菜。

第九 劝蓄积

仆役所得之钱财由苦心劳力所致，一年除制衣、零用外，所剩又有几何[1]？且有需此养父母妻子者，若赌博嗜酒，不思蓄积，终必至于流荡[2]。主妇宜时加劝导，养成其勤俭之心，每月所余工资，务使铢积寸累[3]，以谋蓄积，或主人为之经理，俟雇工期满，取而付之，或归乡里，或适他人，渐渐推广，得有赀本[4]，以营家业，其补助者不少。盖主人能为之谋，彼等虽属小民，亦必节省自守，而蓄积之念，且油然生矣。

注

［1］几何：多少。［2］流荡：闲游放荡。［3］铢积寸累：形容一点一滴地积累。［4］赀本：资本，本钱。

第十　广开导

仆役虽贱，岂有甘于终为人役之理？不特宜待遇亲切，使之安心执业，以生其感激之心；且须开导详明，使之随事认真，以充其上进之念。谁非人子？谁无室家？贫者未必不富，衰者未必不兴，只要有志锐进，点石亦有成金之时。此等愿力[1]，愚人苦不自觉耳，故主人当随时顺情开导。行有余力，或导之学字习算、裁缝衣服、调理饮食，及一切增进智识之事；更宜导以居心正直，对人谦逊，作事活泼，爱惜物品，磨练精神，一切自立门户之道，要使他刻刻存一今日我为人役，异日亦有人为我役之望。如此开导，不特仆役感激，他人亦服主人之公道矣。

注

［1］愿力：佛教语，心愿的造业力，意愿之力。

图书在版编目（CIP）数据

近代湖湘经典女训著作《曾氏女训》《聂氏重编家政学》笺注 /（清）刘鉴，（清）曾纪芬著；阳海燕，唐红卫笺注. -- 湘潭：湘潭大学出版社，2022.5
ISBN 978-7-5687-0761-9

Ⅰ. ①近… Ⅱ. ①刘… ②曾… ③阳… ④唐… Ⅲ. ①妇女教育－研究－湖南－近代 Ⅳ. ①G776

中国版本图书馆 CIP 数据核字（2022）第 076516 号

近代湖湘经典女训著作《曾氏女训》《聂氏重编家政学》笺注

JINDAI HUXIANG JINGDIAN NÜXUN ZHUZUO
《ZENG SHI NÜXUN》《NEI SHI CHONGBIAN JIAZHENGXUE》JIANZHU

（清）刘鉴 （清）曾纪芬 **著**
阳海燕 唐红卫 **笺注**

责任编辑：李志红
封面设计：李 平
出版发行：湘潭大学出版社
社　　址：湖南省湘潭大学工程训练大楼
电　　话：0731-58298960 0731-58298966（传真）
邮　　编：411105
网　　址：http://press.xtu.edu.cn/
印　　刷：广东虎彩云印刷有限公司
经　　销：湖南省新华书店
开　　本：710 mm×1000 mm 1/16
印　　张：20.25
字　　数：236 千字
版　　次：2022 年 5 月第 1 版
印　　次：2022 年 5 月第 1 次印刷
书　　号：ISBN 978-7-5687-0761-9
定　　价：66.00 元